GRAVITARE

The Fall of France

The Nazi Invasion of 1940

法兰西的陷落

1940纳粹入侵

的陷落

Julian Jackson

[英] 朱利安·杰克逊 —— 著

魏本超 —— 译

张怀远 —— 校

SPM 南方传媒　广东人民出版社

· 广州 ·

图书在版编目（CIP）数据

法兰西的陷落：1940纳粹入侵 /（英）朱利安·杰克逊（Julian Jackson）著；魏本超译. —广州：广东人民出版社，2022.2（2023.11重印）
书名原文：The Fall of France: The Nazi Invasion of 1940
ISBN 978-7-218-15405-3

Ⅰ.①法… Ⅱ.①朱… ②魏… Ⅲ.①第二次世界大战—史料—法国—1940 Ⅳ.①K565.46

中国版本图书馆CIP数据核字（2021）第242352号

著作权合同登记号：19-2021-274号

FALANXI DE XIANLUO：1940 NACUI RUQIN

法兰西的陷落：1940纳粹入侵

［英］朱利安·杰克逊 著 魏本超 译　　　　　版权所有 翻印必究

出 版 人：肖风华

丛书策划：施 勇　钱 丰
责任编辑：陈 晔　张崇静
责任校对：施 勇
责任技编：吴彦斌　周星奎

出版发行：广东人民出版社
地　　址：广州市越秀区大沙头四马路10号（邮政编码：510199）
电　　话：（020）85716809（总编室）
传　　真：（020）83289585
网　　址：http://www.gdpph.com
印　　刷：恒美印务（广州）有限公司
开　　本：889毫米×1194毫米　1/32
印　　张：11.25　字　数：250千字
版　　次：2022年2月第1版
印　　次：2023年11月第5次印刷
审 图 号：GS（2020）6588号
定　　价：78.00元

我们必须谨记，军事史上那些流畅而简单的叙述与混乱而复杂的战争现实是多么不同。

致道格拉斯

致　谢

　　这本书的大部分内容是在 2001 年秋季的学期休假里写的。我要感谢我的系主任诺埃尔·汤普森（Noel Thompson）教授，感谢他给了我这个假期。在过去的 15 年里，我一直在斯旺西历史系（Swansea History Department）教授一门关于法国沦陷的特设课程。后几年的教学效果明显要好很多。整体而言，这段经历使我收获良多，而且我也乐此不疲（我希望学生们也一样）。通过与马丁·亚历山大（Martin Alexander）、彼得·杰克逊（Peter Jackson）以及塔尔博特·伊姆利（Talbot Imlay）交谈，不管是电子形式还是其他形式，我都获益匪浅。承蒙塔尔博特·伊姆利好意，给我看了他即将出版的关于假战争①的书中的一些章节。非常感谢牛津大学出版社的编辑凯瑟琳·里夫（Katharine Reeve）对这本书给出的意见和建议。同样感谢帕特里克·希金斯（Patrick Higgins）花时间仔细阅读了整部手稿。得益于他的批评和建议，这一版有较大改进。如果这些意见和建议我都能接受，这本书会更好。最后，我还要感谢埃莉诺·布罗伊宁（Eleanor

---

　　① 假战争（Phony War）也被称作"静坐战"，指第二次世界大战爆发初期，英法两国在西线对德国"宣而不战"的状态，时间起止为 1939 年 9 月到 1940 年 5 月。在这一期间，英法虽然宣战，但对德并没有实际的军事冲突。（本书脚注皆为译注或者编者注。）

Breuning）抽出数小时来阅读校样，并为我指出了包括排字等多方面的错误。

朱利安·杰克逊

目 录

第一部分　事件回顾

第一章　"我们战败了"

第四章　战争中的法国人民

第二部分　原因、影响和假设

地图目录

简要年表

1934 年

2 月 6 日	巴黎斯塔维斯基骚乱

1935 年

4 月 11—14 日	斯特雷萨会议
6 月 18 日	英德海军协定
10 月 2 日	意大利入侵阿比西尼亚

1936 年

3 月 7 日	德国占领莱茵兰
5 月 3 日	人民阵线赢得法国大选
9 月	法国重整军备计划获得通过
10 月 14 日	比利时退出与法国的军事同盟

1938 年

4 月 10 日	达拉第就任总理
9 月 28—30 日	《慕尼黑协定》签署
11 月 30 日	抗议取消每周 40 小时工作制的大罢工

1939 年

3 月 15—16 日	德国占领捷克斯洛伐克
3 月 31 日	英法给予波兰军事保证
8 月 23 日	苏德互不侵犯条约缔结
9 月 3 日	英法对德宣战
11 月 30 日	苏联入侵芬兰

1940 年

1 月 10 日	梅赫伦事件
3 月 12 日	苏芬和约签署
4 月 9 日	德国入侵挪威
5 月 10 日	德国入侵荷兰、比利时和卢森堡
5 月 13 日	德军在色当横渡默兹河
5 月 15 日	在比利时的英法部队开始撤退
5 月 16 日	丘吉尔抵达巴黎
5 月 18 日	雷诺改组政府, 贝当上台
5 月 19 日	魏刚取代甘末林担任总司令
5 月 20 日	德军到达英吉利海峡阿布维尔
5 月 21 日	魏刚前往伊普尔
5 月 22 日	英法两国领导人批准 "魏刚计划"
5 月 25 日	法国战争委员会首次提及停战
5 月 26 日	雷诺访问伦敦; 戈特决定撤往英吉利海峡
5 月 28 日	比利时投降
5 月 26 日—6 月 4 日	敦刻尔克大撤退
6 月 5 日	雷诺重组政府; 达拉第下台, 戴高乐上台
6 月 5—7 日	德军突破索姆河 – 埃纳河防线
6 月 10 日	法国政府撤出巴黎; 意大利对法国宣战
6 月 12 日	魏刚请求政府停战
6 月 13 日	法英战争委员会在图尔举行最后一次会议
6 月 14 日	德军进驻巴黎; 法国政府迁往波尔多
6 月 15 日	肖当提议政府提出停战条件
6 月 16 日	提议英法同盟; 雷诺辞职; 贝当出任总理
6 月 17 日	贝当宣布停战的广播讲话
6 月 22 日	法德停战协定签署

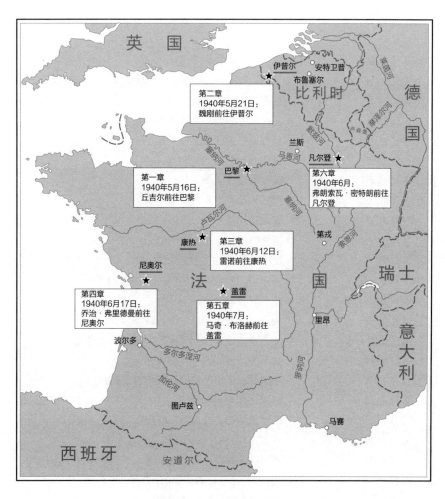

地图一　1940 年的法国

序

1940 年 1 月，大英帝国总参谋长埃德蒙·艾恩赛德（Edmund Ironside）爵士在访问法国后这样总结了他对法国军队的印象：

> 我不得不说，法军从表面上看并无异常。虽然在我们看来，将领们的年龄有点老，但他们个个久经沙场，斗志昂扬。联络官们都认为，即使他们经历了如此漫长的等待，在一番慷慨激昂的战前动员后，士气也丝毫不减。我心想，这要等大战来临方可知晓。1914 年，许多官兵都吃了败仗，但年迈的霞飞（Joffre）元帅牢牢把控住了局势。如果局势和当年一样，那么当闪电战来临时，我们还能扭转局势吗？我必须坦言，我不知道。但我想，我们必须信赖法国军队。这是我们唯一可以信赖的。我们自己的军队实力薄弱，必须依靠法国。我们现在就连像 1914 年那样的精锐部队都没有。一切只能指望法国军队，我们对此无能为力。[1]

艾恩赛德写这段措辞谨慎的话时，英法两国对德国宣战已经超过三个月了，但到目前为止还几乎没有战事发生。英法盟军计划通过实施封锁来扼制德国的战时经济，同时壮大自己的军事力量；一旦准备充分，就在 1941 年或 1942 年发动进攻。如果德军在此期间发起进攻，那么英法盟军必须能够抵挡住攻势。法德边境有马其诺防线（Maginot Line）的保护，而法国与比利时及卢森堡的边境却并未设防。未来这里的战况几乎要完全取决于法军的战斗素质。

5月10日，德军在西线发动攻势，入侵荷兰、比利时和法国。六天后，荷兰投降。5月13日，德军成功从色当（Sedan）渡过默兹河（River Meuse），兵锋直逼英吉利海峡。在比利时境内作战的英、法、比三国军队陷入孤立无援的境地。

5月28日，比利时投降。5月26日至6月4日，大批英军成功地从法国海峡的敦刻尔克（Dunkirk）港撤退，从而逃脱了落入德军之手的厄运。至此，欧洲大陆的英军已经几乎全部撤离。现在德军可以畅行无阻地挥师南下，直逼法国腹地。他们突破了法军在埃纳河（Aisne）和索姆河（Somme）构筑的防线。6月10日，法国政府撤出巴黎。四天后，德军进驻巴黎。6月22日，法国政府与德国签署了停战协定。仅仅六个星期，法国就被打败了。这是法国历史上最耻辱的军事灾难。

艾恩赛德将军对法国军队的疑问似乎已经得到最终的回答。这一回答恐怕比他做过的最坏的噩梦还要糟糕。6月中旬，大批法国民众为了躲避德军踏上了向南逃亡之路。人群中有一位法国观察者，他遇到了一支部队，已不再是五个月前艾恩赛德看到的那样了：

　　　三三两两的士兵踩着路边的杂草向前走着。他们没了武器，双眼低垂。一辆自行车、一辆停在路边的汽车先后擦肩而过，而他们却好像没看见似的。他们像盲人，又像衣冠不整的幽灵在游荡，既远离那些坐在马车上的农民，也不和那些坐在车里的城里人在一起……他们独自前行，像是不再乞讨的乞丐。我们目睹了法军溃败的开始，只是当时我们并不知道。我们误以为他们只是行动迟缓，才被远远甩在大部队后面。[2]

法军溃败带来的后果，对法国来说是毁灭性的。法国的半壁江山被德军占领。在温泉小镇维希（Vichy）——法国南部的一个非占领区——"一战"英雄贝当（Pétain）元帅领导建立了独裁政权。法国已无民主可言。直到1944年英美盟军解放法国才又建立起民主共和国。但1940年的溃败给法国人民留下了挥之不去的创伤。年轻的历史学家勒内·雷蒙（René Rémond）在1940年这样写道：

> 对于一个民族来说，最可怕的考验莫过于军队的失败；就危难的程度而言，这是最大的灾难。不管你以前是和平主义者还是军国主义者，也不管你是憎恨战争还是喜欢逆来顺受，这些都无关紧要……战败给民众带来深深的、永恒的创伤。它伤害了我们每个人身上最基本的东西：对生活的信心，对自己的自豪，还有不可或缺的自尊。[3]

法国的沦陷在全世界引起了强烈反响。法国沦陷后不久，丽贝卡·韦斯特（Rebecca West）就写道：法国沦陷可算得上是一场悲剧，"在历史上，其地位可以与文学艺术上的哈姆雷特、奥赛罗以及李尔王相提并论"[4]。正如《纽约时报》（*New York Times*）在法军最终投降前几天所评论的那样，巴黎被全世界视为"人类精神的堡垒……如果巴黎惨败，那意味着文明世界的惨败"。澳大利亚《悉尼先驱晨报》（*Sydney Morning Herald*）则宣称："世界文明的一盏明灯熄灭了。"加拿大总理麦肯齐·金（Mackenzie King）在6月19日宣布："欧洲已是午夜时分。"莫斯科陷入一片恐慌。斯大林非常清楚：法国战败可能会使希特勒把注意力转向东线。赫鲁晓夫在回忆录中写道："斯大林骂了几句粗话，然后说，现在希特勒肯定会把我们打得头破血流。"[5]这还真让他说中了。1941年6月，希特勒入侵苏联。在远东，法国的溃败使法属印度支那变成了一个权力真空区，进一步激发起日本的扩张野心。简而言之，法国战败导致了战争大规模升级：它使原本仅限于欧洲的冲突演变成一场世界大战。

法国崩溃的速度之快、规模之大一直令人费解。英国外交大臣哈利法克斯（Halifax）勋爵在1940年5月25日写道："法国的失败一直是个谜。过去两年来，法国军队一直是各国赖以依靠的坚强后盾，可他们还是和波兰一样被德军打败了。"后来，哈利法克斯在回忆录中写道：法国沦陷这一事件"在当时是如此令人难以置信，以至于人们觉得这肯定不是真的；如果真是这样，那就是无法估量的灾难"[6]。法国作家安托万·德·圣埃克苏佩里（Antoine de Saint-Exupéry）（名著《小王子》的作者）在1940年还是一名飞行员，他从空中目睹了几乎整场灾难。他在回忆录的开头中这样写道："我肯定是在做梦。"[7]

法国国内旋即开始寻找替罪羊。战败后不久，出现了一系列指责和自我鞭挞类的文学作品，比如：《法国掘墓人》[*The Gravediggers of France*，安德烈·热罗（André Géraud）著]、《我控诉！背叛法国的人》［*J'Accuse! The Men Who Betrayed France*，安德烈·西蒙（André Simon）著］、《法国真相大揭秘》［*The Truth about France*，路易斯·利维（Louis Lévy）著］。1941 年出版的一本书甚至被命名为《上帝惩罚法国了吗？》（*Dieu atil puni la France?*）。答案当然是肯定的。出于意识形态上的偏好，有的人指责政治家或将军，有的人指责共产主义煽动者或法西斯纵队，有的人指责学校教师或工业家，也有人指责中产阶级或工人阶级。他们指责个人主义、唯物主义、女权主义、酗酒、出生率下降、去基督教化、家庭破裂、爱国主义的衰退、叛国、马尔萨斯主义、不道德的文学等。

自 1940 年以来，关于法国沦陷的争论就一直不休，不过现在我们至少可以更加平静地看待这一事件，而不再带有争论和指责的基调。本书的目的就是：叙述战败的来龙去脉，阐释战败的原因，反思战败对法国和世界的影响。书的第一部分叙述了战败的过程；第二部分根据前文的叙述，反思战败的原因及其影响。

法国沦陷涉及许多方面：军事上战败、政治制度崩溃、两国联盟破裂，以及在其最后阶段整个社会几乎全面溃乱等。因此，第一部分的四章分别从不同角度展开叙述。第一章着眼于战败的军事方面：法国的军事理论、军备整顿情况、统帅部的战略部署、军事行动的实施。第二章着眼于法国与盟国之间的关系：为什么在 1939 年法国的盟友如此之少，英法两国如何看待彼此，战争期间又是如何协同作战的，以及主要人物之间的关系。第三章着眼于战败的政治方面：法国的政治背景、政治结构和领导，政客与军方的关系。第四章分析了法国人民的士气：法国在两次世界大战之间的和平主义，法国人民对待战争的态度，法国军队的训练，以及德国进攻时法国士兵的作战方式等。

第二部分探讨了这些不同的方面是如何结合在一起的。军事计划、同盟关系、政治、士气这四个因素中哪个更为重要？它们是如何相互联系的？如此灾难性的战败是反映了整个国家正在走向没落呢，还是说这仅仅是因为军事领导人的误判而造成的？纵观法国历史，如此重大事件是否可以从中找出重要原因？当然，这些问题的答案部分取决于事实，而部分则取决于一个人的哲学假设。英国军事史学家巴兹尔·利德尔·哈特（Basil Liddell Hart）曾这样写道："战争不是一场纯粹靠力量取胜的游戏，而是靠将帅智谋取胜的游戏。"另一方面，列夫·托尔斯泰有句名言，他认为战争的胜败取决于任何个人都无法控制的一种巨大的历史力量。他对拿破仑掌握了博罗季诺战役（Battle of Borodino）主动权的这一说法嗤之以鼻。托尔斯泰由此得出了以下结论："如果在历史学家的叙述中，我们发现战争或战役都是按照事先制定好的计划进行的，那么我们唯一能得出的结论就是，这些叙述都是假的。"[8] 这一悲观的结论至少提醒我们，流畅地叙述军事历史事件很容易掩盖战斗中的真正混乱。托尔斯泰笔下的皮埃尔·别祖霍夫（Pierre Bezukhov）在博罗季诺战场上奔走，一心想参加战斗，结果只发现到处是一团糟；司汤达笔下的法布利斯·台尔·唐戈（Fabrice del Dongo）后来才知道自己参加了"滑铁卢之战"。正因如此，在接下来的叙述中，我尽可能地做到普通士兵和将军、外交官、政治家们一样同等着墨。

第一部分
事件回顾

"他会打仗？"皮埃尔说，"就因为他能够预知意外事件……预知对手的意图吗？"

"但那是不可能的。"安德鲁王子说，好像这件事老早就定了似的。皮埃尔吃惊地看着他。

"可是他们说战争好比下棋。"他说。

"是这样，"安德鲁王子回答说，"但又略有不同。下国际象棋时，只要你愿意，又没有时间限制，每一步你都可以认真思考，还有，马总是比兵厉害，两个兵又比一个兵厉害；而打仗时，一个营有时比一个师还要管用，有时又不如一个连。谁也不可能知道部队的相对实力。"

托尔斯泰，《战争与和平》

第一章

"我们战败了"

1940 年 5 月 16 日：丘吉尔前往巴黎

1940 年 5 月 15 日清晨，也就是在德军在西线发动进攻的五天后，温斯顿·丘吉尔（Winston Churchill）被法国总理保罗·雷诺（Paul Reynaud）的一通电话吵醒：

> 在电话里，他用英语说："我们战败了。"很显然，他压力很大。由于我没有立即回应，他又说："我们输了。我们输了这场战斗。"我说："不可能发生得这么快吧？"他答道："色当前线失守，大批德军的坦克和装甲车不断涌进来。"

雷诺的电话是意料之中的。就在前一天晚上，他已经给丘吉尔发了电报，说情况"非常危急"，并请求英军增派 10 个战斗机中队。丘吉尔尽量安抚雷诺，告诉他说 1914 年和 1918 年也曾有过看起来同样令人绝望的时刻。

那天快要结束时，危机愈发严重。法国陆军总司令甘末林（Gamelin）将军向国防部长爱德华·达拉第（Édouard Daladier）报告说情况糟透了。达拉第在电话里大声叫嚷着说必须予以反击。"怎么反击？"甘末林答道，"我已经没有预备部队了。""你是说法国军队全军覆没了？" "是的，在拉昂（Laon）和巴黎，我连一支可用的部队都没有。"对德军而言，法国首都已是唾手可得。

5月16日上午，雷诺和其他政治领导人就巴黎军事总督赫林（Héring）将军提出的关于法国政府是否撤出巴黎的建议展开讨论。为避免引起平民恐慌，他们决定暂时不撤离。然而在政府内部，恐慌已经占据了上风。当政治家们讨论时，巴黎上空升起股股浓烟，法国外交部的官员开始烧毁文件，以防落入德军之手。大量的文件被扔到了窗外，投进在码头草坪上燃起的篝火之中。一位名叫让·肖韦尔（Jean Chauvel）的高级官员试图在办公室的壁炉烧毁文件，结果却把烟囱点着了。[1]

在旁边的议会大楼都能看到升起的烟雾。下午3:30，雷诺在议会大楼发表了态度强硬却内容空洞的演讲，得到了热烈的掌声。5:30，丘吉尔抵达法国外交部，会晤法国领导人。他回忆说：

> 我们一直没有围着桌子坐下来。人人满脸沮丧。在甘末林面前，放着一个学生用的画架，上面挂着一幅约有两码① 见方的地图，标出了盟军的战线。这条战线上，在色当那儿形成了一块很小却有不祥之兆的突出部……甘末林将军说了大约有五分钟，谁也没有插一句话。他说完后，全场陷入长时间的沉默。我问他："战略预备部队呢？"接着，我又用（从某种意义上来说）不太熟练的法语问："机动部队在哪里？"甘末林将军转向我，摇了摇头，耸了耸肩，说："一支也没有。"

---

① 英制长度单位，一码约等于0.9144米。

又是一阵长时间的沉默。屋外，外交部的花园里，几大堆火冒着滚滚浓烟。透过窗子，我看到德高望重的官员们正推着一车车的档案文件向火堆走去……过了一会儿，我问甘末林将军他打算什么时候、从哪儿向突出部的侧翼发起进攻。他回答说："兵力不足，装备落后，战术低劣。"然后绝望地耸了耸肩。

现在，就连丘吉尔也确信当前形势的严重性。回到英国大使馆后，他给伦敦发了封电报，认为应该按照法国的要求，再增派六个战斗机中队。丘吉尔警告说"法国的抵抗可能早在波兰抵抗之前就被粉碎了"。最后，他说："我再次强调，眼下已是万分危急的关头。"他后来这样描述这段刻骨铭心的日子："我目瞪口呆。我们该如何看待伟大的法国军队及其最高统帅？"[2]

神秘莫测的甘末林将军

德国进攻仅仅六天后，"伟大"的法国军队就濒临崩溃，这怎么可能呢？1939 年 7 月 14 日，魏刚（Weygand）将军在里尔（Lille）的一次讲话中说："我认为，现在的法国军队是有史以来最精锐的军队；一流的武器装备，一流的防御工事，高昂的士气，还有了不起的统帅部。"这样鼓舞士气的公开声明即使不能只看表面，但它反映了法国统帅部上上下下普遍乐观的态度。

1940 年 5 月 10 日，甘末林将军在接到德军进攻的消息时，有人看见一向寡言少语的他"迈着大步，哼着小曲，在要塞的走廊上走来走去。他神情愉快，威武神气"。还有人说"他状态很好，笑得很灿烂"³。也许在经历了这么多次虚惊之后，等待已久的进攻终于到来了，这让甘末林松了一口气，但从他良好的精神状态可以看出，他对法国的前景充满信心。

甘末林在 1939 年 8 月 23 日的一次会议上向法国政府明确表示，军队已经"做好了开战准备"。法国在得知苏联与德国签署了互不侵犯条约的消息后，随即召开了这次会议。这必然会使希特勒在几天之内对法国的盟友波兰采取行动。陆海空三军所有的首长都参加了会议。达拉第问他们，当波兰从欧洲版图上消失时，法国是否可以袖手旁观，又该采取什么措施。甘末林明确表示，法国"别无选择"，只能履行对波兰的承诺。然而，这并不意味着他准备采取攻势。他的策略是准备打一场持久战。法国及其盟友英国对德国实施经济封锁，同时发展壮大本国的武装力量，以便在 1941 年或 1942 年发起进攻。人们相信，英法两国在经济上的优势最终必将成就军事上的优势；同时，两国也已做好了防御准备，随时迎接德军的任何进攻。甘末林在 1939 年 8 月 23 日所提的建议更有分量，因为这与他在一年前慕尼黑阴谋时的态度形成了鲜明对比。当时他极力劝阻政府不要卷入战争。他提醒说战争将导致一场"现代化的索姆河战役"。无独有偶，在 1936 年德国重新占领莱茵兰（Rhineland）时，有人提出要采取军事行动，这一想法也被他泼了冷水。

甘末林以异常谨慎、头脑冷静而著称，他在 1939 年提出的建议自然也很有说服力。不得不说，他的个性难以捉摸。有关他的传记，最好的要数《甘末林之谜》（*The Gamelin Mystery*）⁴，光是书名就恰到好处。到 1940 年，许多关于他的描述都不可避免地带上了某种色彩，用法国"一战"领袖福煦元帅的话来说，"败军之将，不足为信"。

甘末林 1872 年出生在一个军人家庭。因其才智过人，很快就引起了上级的注意。1914 年战争爆发后，他被任命为霞飞将军的参谋。虽然后来他继续在战场上做出了杰出的贡献，但他是以作为参谋而出名的。人们普遍认为，他在马恩河战役（Battle of the Marne）的谋划中发挥了重要作用。马恩河战役成功阻止了德军在 1914 年 9 月的进一步推进。霞飞和甘末林在很多方面截然不同，但他们配合得非常默契。人们相信，甘末林正是模仿了霞飞身上那种寡言少语、沉着镇定的神态。但如果说霞飞是因为常常无话可说才沉默，那甘末林可不是这样。他是一位颇有修养的知识分子，只喜欢谈论绘画和哲学。许多观察人士认为，甘末林更像是一位教士或学者，而不是一名军人。他那"温柔"的握手方式是人们经常议论的话题。

1916 年凡尔登战役后，霞飞被解职。这让甘末林明白了获得政客支持的重要性。的确，他在 1918 年后迅速成名，部分原因就在于他同政治家们搞好了关系。这对他的事业也有帮助。他是少数几个没有被怀疑对反共和主义者怀有仁慈之心的主要将领之一。1935 年，魏刚将军退役后，甘末林成为法国军队的高级官员。他是候任战时总司令兼总参谋长——也就是说，他既负责军事机构的备战工作，又负责战争爆发时的指挥作战。1911 年，霞飞也曾同样身兼两职。

政客们觉得，比起脾气暴躁、喜欢对抗的魏刚将军，甘末林更容易相处。甘末林总是避免对抗。当部下请他在两项建议中做出选择时，他有时会在页边空白处写上"同意"，这可能让人无所适从。一向与甘末林交好的达拉第有一次抱怨说，和甘末林交谈就感觉像是沙子从指缝间滑落。因为甘末林太聪明，总能看到多种可能性，或者说他这人不喜欢承担责任。在他的回忆录中，他的圆滑表现得淋漓尽致。他多次提到，他在某一特定场合所说的话实际上与当时的想法完全相反。因此，他在 8 月 23 日声称法国已经做好了战争准备，后来表明他的本意只是说军队已经准备好了"动员和集结"。

"战争准备"：坦克和大炮

1939 年，甘末林的信心源自法国在 20 世纪 30 年代后半期重整军备所取得的"巨大成就"。这十年中，前五年由于裁减军备的呼声达到顶峰，加之因经济大萧条不得不实行预算经济，军费开支被大幅削减。法国第一个重整军备的计划是在 1934 年通过的，结果在第二年就削减了开支。直到 1936 年 3 月德国重新占领莱茵兰后，重整军备才成为当务之急。这一事件促使新当选的左翼人民阵线政府（Popular Front）于 1936 年 9 月宣布了一项耗资 140 亿法郎的重整军备计划，其中包括生产 3200 辆坦克。1938 年 3 月德奥合并之后，法国又通过了另一个四年计划（耗资 120 亿法郎，主要涉及火炮和高射炮）。1934 年，军费开支占政府所有开支的五分之一；而到 1938 年，这一比例已超过三分之一。

尽管法国早在 1934 年就做出了重整军备的决定，但成效不彰。起初，生产受到一系列阻碍。经过多年的开支削减加上投资不足，法国的军火工业已无法满足新的生产要求。1934年，法国工厂的机床比德国的机床平均老旧13年（20年：7年）。在哈奇开斯（Hotchkiss）工厂，零件还是像19世纪90年代那样用锉刀手工完成的。更糟糕的是，法国军队对武器生产的经济情况知之甚少。军队要求工厂，武器设计一经选定，就必须先提供大量的武器原型才能获准批量生产。例如，1940年最好的反坦克炮之一——47毫米反坦克炮，其原型自1935年就已经有了。但是，就是否有必要配备这种大炮，军队的讨论无休无止，后来又无数次地调整其规格。这意味着在1939年1月之前，第一批大炮还没有准备好。老式勒贝尔步枪的更换问题从1926年就开始讨论了，但直到1936年才决定更换。这种完美主义让制造商们感到不安。如果没有稳定的订单保证，他们也就不会有推动工厂现代化的动力。人民阵线（1936—1937年）领导下的劳工骚乱和罢工也使生产一度中断。1936年，人民阵线政府将一些武器制造商（主要是飞机制造业）收归国有。从长远来看，这有助于工厂现代化；但从短期来看，这进一步加剧了当时的混乱。虽然开支有所增加，但在1936—1938年生产的坦克数量实际上却下降了。

直到1939年年初，军费开支才开始显现成效。那一年生产了1059辆坦克，1940年上半年生产了854辆。重整军备终于取得了显著成效。1940年，法国东北部的法军约有2900辆现代化坦克。这一数量比德军坦克（其中包括被德军缴获的捷克坦克）略微多一些。

法国坦克在质量上也胜过德国坦克。质量的比较是很难进行的，这是因为需要同时考虑规格、速度、装甲厚度、火力、机动性

表1 法国坦克产量统计表

年份	B1	总产量
1934	3	3
1935	–	50
1936	27	467
1937	35	482
1938	25	403
1939	100	1059
1940（1—6月）	187	854

来源：罗伯特·弗兰肯斯坦（Robert Frankenstein），《法国重整军备（1935—1939）》（1982：228）。

等多个不同标准，而且还必须根据坦克具体执行的任务来判断。尽管如此，人们普遍认为，就综合性能而言，1940年最好的装甲车是法国索玛S35型（SOMUA S35）坦克。这是一种中型坦克，机动性好、防护力强，火力也比德国对等的坦克（三号坦克，Panzer III）更强。

法国也有最优秀的重型坦克：B1型和B1bis型[5]，其火力和防护优于德国对等的四号坦克。B1型的装甲厚度是德国坦克的两倍。火力上，炮塔装备有47毫米短管加农炮和安装在车体上的75毫米火炮。但B1型坦克也存在一些缺点。速度比德军四号坦克慢（时速25公里：40公里），而且，由于体积庞大，耗油量也大。这意味着它只能行驶3—5.5小时。B1坦克本应配有可在任何地形作业的履带式油罐车，但这种油罐车数量不足，因而有时不得不靠民用油罐车来加油。这在1940年被证明是一个大问题。索玛坦克和B1

型坦克还有另一个缺点，那就是塔炮只容一人操作，他必须同时负责装填、瞄准和射击。对德军坦克来说，这些任务是由两三个人完成的。这意味着德军坦克发射速度要快三四倍。最后一点，由于B1坦克的主炮安装在车体而不是炮塔上，因而只能通过转动整个车体才能控制主炮。总之，B1坦克虽然威力强大，但机动性不及四号坦克。

如果说法军和德军在坦克数量上尚能势均力敌的话，那么法军11 200门火炮这一数量就大大超过德军的7710门，而且法军大口径重炮的比例也更高。然而，法军装备的反坦克炮数量远不及德军。47毫米火炮生产上的延误，导致只列装了270门反坦克炮。如果按每个步兵师配备12门的标准，那么要全面列装的话，这一数量是远远不够的。威力稍弱但同样有效的还有1934年生产的25毫米火炮，虽然这种炮的数量不那么稀少，但还是不够。多个师不得不继续使用上次战争淘汰下来的37毫米火炮，这些火炮不能有效摧毁现代坦克。所有这些火炮的缺点在于要依靠马车运输或者通过改装的拖拉机来牵引。更为严重的是，法军高射炮数量匮乏，其中中等口径以上的火炮加起来也只有大约3800门，而德军有9300门。90毫米火炮——这一法军最强大的武器，装备极为紧缺。许多部队被迫使用1918年遗留下来的75毫米火炮，甚至是轻机枪。

法国在1939年9月尚未完成军备重整，这点毫无疑问，但如果此时甘末林准备应战，那是因为武器生产速度的不断加快使他相信，尽管军备短缺仍然存在，但很快就能够解决。宣战后没几天，政府就首次创建了军备部，由拉乌尔·多特里（Raoul Dautry）领导。法国一直擅长培养技术管理人才，多特里便是其中的佼佼者。

多特里毕业于顶尖的巴黎综合理工学院（École Polytechnique），他的大部分职业生涯都在管理法国铁路。但是，一个人的精力再多也是有限的，后天可以获得的组织才能也是有限的。在假战争期间，法国重整军备深受种种问题的困扰。数万名技术工人被征召入伍。在巴黎附近的雷诺（Renault）工厂，工人总数在短短几天内就从3.5万下降到1.2万。即使混乱局面得以妥善解决，那些被征召入伍的工人得以返回工厂，也得花上数月时间才能恢复生产。包括 Bis 在内的坦克产量在 1939 年第四季度实际上反而下降了。

表2 法、德坦克主要参数表

法军						德军					
型号	重量（吨）	速度（公里/小时）	装甲（毫米）	武器（n×n毫米大炮/n机枪）	乘员（人）	型号	重量（吨）	速度（公里/小时）	装甲（毫米）	武器（n×n毫米大炮/n机枪）	乘员（人）
B1bis	32	28	60	1×75（车体），1×47（炮塔）/2	4	四号	25	40	30	1×75/2	5
索玛S35	20	40	50	1×47/1	3	三号	20	40	30	1×37/2	5
哈奇开斯H39	12.5	20	40	1×37/2	2	二号	15	27	30	1×20/1	3
哈奇开斯H35	11	25	40	1×37/2	2	一号	6	39	13	0/2	2
雷诺R35	10.5	19	30	1×37/1	2						

到 1940 年春，形势有所改善。反坦克炮数量不足的问题也得到极大缓解。从 1939 年 9 月到 1940 年 4 月，47 毫米火炮的月产量翻了一番。截至 5 月，47 毫米火炮数量达到 1000 门。德军进攻前，这些火炮的数量本应足够按照配额装备给每个师，但其中很多火炮都是最近才在工厂完成生产，还没有全部配发到部队。

空军

空军经历的问题最为严重。1934 年，随着所谓的"第一计划"的启动，法国开始重整军备，预备生产 1343 架飞机。当时法国的飞机制造业分散在大约 40 家半手工制造工厂之中，这些工厂由于订单突然激增而陷入一片混乱。由于该计划启动时正值重大技术转型期，所以实际上这些飞机一交付就已经过时了。根据第一计划，空军订购的样机是兼具轰炸机、战斗机和侦察机（BCR）等多种功能的多用途飞机，这使问题更为严重了。结果，这种多用途飞机在哪一项上都不突出。长期以来，人们一直对空军应扮演的恰当角色存有争议。建造侦察机的决定不过是因此产生的一种不令人满意的妥协方案罢了。意大利理论家朱里奥·杜黑（Giulio Douhet）认为，空军完全可以通过"战略"轰炸——即通过轰炸工业目标来摧毁敌人的经济实力——独立打赢战争。许多飞行员都被这一思想所吸引。然而，陆军希望空军的主要任务是支持陆军的地面作战。

1936 年 9 月，新计划（第二计划）启动。因为新任空军部长皮埃尔·科特（Pierre Cot）转而支持战略轰炸理论，所以新计划重点考虑优先生产轰炸机和战斗机——数量分别是 1339 架和 756 架。第二计划的命运比第一计划好不到哪儿去。人民阵线的国有化计划进一步加剧了工厂的混乱。从 1937 年第四季度到 1938 年第一季度，飞机的月均产量从 40 架降至 35 架。1936 年，德国空军在质量和规模上都超过了法国空军。1937 年 11 月，法国总理访问伦敦时，英国首相就法国空军的糟糕状况向他发难。几个月后，法国空军参谋长维耶曼（Vuillemin）将军警告政府说，如果爆发战争，法国空军不出几日就会被摧毁。一年来，他不断地警告，尤其是在 1938 年访问德国之后，德国空军强大的实力令他印象深刻（这也是他意料之中的事）。达拉第动身前往慕尼黑时，随身带着一封维耶曼写给他的信。在信中，维耶曼提醒他，法国没有空军力量可言。

很显然，空军目前的状况亟须改进。因此在 1938 年 3 月，政府决定把重整军备的重心转移到空军。那一年，在国家军费开支中，空军部首次占到最大比例（42%）。另一项新计划（第五计划）[6]提出将现有产量再翻一番的目标，新生产的飞机中的大多数（41%）是战斗机，34% 是轰炸机。这一重点的改变主要是因为战斗机的制造时间更短、成本更低（而且众所周知，英军有轰炸机）。但事实是，法国空军正在逐步抛弃对战略轰炸理论教条式的信奉，转而更加开放地接受陆空协同作战这一思想。法国观察人士指出，在西班牙内战（Spanish Civil War）中，德国空军能够有效地支援地面作战。然而，法国空军在将其转化为新的作战理论上进展缓慢。例如，空军对生产俯冲轰炸机始终无所作为。这种轰炸机曾在西班牙用于支持地面部队的进攻行动。在与陆军协同作战这个问题上，法国空军的观点一直比较保守，他们认为生产战斗机是为了不让敌军飞机进入法国领空。

表 3 空军重整军备情况表

计划	日期	总计
第一计划	1934 年 4 月	1343
第二计划	1936 年 9 月	2851
第五计划	1938 年 3 月	4739
第五计划（修订）	1939 年 3 月	5133
第五计划（修订）	1939 年 9 月	8176

从慕尼黑阴谋到宣战的这段时间，第五计划的生产规模扩大了两倍。同时，法国政府投入巨资用于工厂现代化。1938 年 1 月至 1940 年 6 月间就投资了 40 亿法郎。继慕尼黑阴谋后，卓有成效的工业管理官员阿尔伯特·卡柯（Albert Caquot）受命管理收归国有的飞机工厂。这些努力终于在 1939 年开始有了回报。飞机的月产量从 1938 年 11 月的 41 架稳步增长到 1939 年 9 月的 298 架。事实上，法国的现代飞机工业几乎是在两年内从无到有建立起来的。这一点从飞机工厂雇佣劳动力的显著增加就可以看出。

在 8 月 23 日召开的会议上，甘末林声称已做好战争准备，空军部长查布雷（Guy La Chambre）也发了言。虽然他不像甘末林那样自信，但也认同空军的情况正在改善。1940 年以前，轰炸机极度短缺，但英国可以在短期内弥补这一点。他最后说道："我们空军的状况已经不再像 1938 年那样还需要对政府的决策施加压力了。"而维耶曼将军则一言不发。三天后他在给查布雷的留言中更加谨慎地指出，自慕尼黑阴谋以来，法国轰炸机的数量几乎没有增加。但即便如此，维耶曼还是相信，在 6 个月之内，英法盟军联合起来的空军实力能够与轴心国相匹敌。这看似不像是对战争的有力支持，但对比他前一年悲观的看法还是乐观了不少。

宣战后，第五计划确立的生产目标再次上调，但战争动员引发的工业问题严重影响了飞机制造业。两个月来，飞机的实际产量下降了。1940 年 1 月，卡柯绝望地辞职了。

更糟糕的是，飞机零部件及配件的生产商们根本无法跟上飞机工厂如此之快的生产节奏，而且飞机还需要进行测试以及最后的调整，这可能需要几周的时间。因此，每月的飞机生产数字实际上比军队装备的飞机加上备战飞机的真实数量还要有所虚高。

形势非常令人担忧。在慕尼黑阴谋后，达拉第派法国银行家让·莫内（Jean Monnet）赴美国购买飞机，以弥补法国军备的不足。为达到这一目的，达拉第在财政上不惜采取几乎任何办法。1939 年初，莫内订购了 550 架飞机。宣战之后，已是英法采购委员会（Anglo-French Purchasing Committee）负责人的莫内再次达

表4　飞机工业的劳动力规模统计表

日期	劳动力
1934 年 11 月	21 500
1936 年 12 月	35 200
1938 年 5 月	48 000
1940 年 1 月	171 000
1940 年 5 月	250 000

来源：P. 费肯（P. Facon），《动荡中的空军：法国战役 1939—1940》（1997：133）。

表5　假战争期间的飞机产量统计表

月份	计划产量	实际产量
10月	422	254
11月	615	296
12月	640	314
1月	805	358
2月	1066	279
3月	1185	364
4月	1375	330
5月	1678	434

来源：费肯（Facon），《动荡中的空军》，134。

成了一项购买4500架飞机的协议，不过这些飞机要等到1940年10月才能开始交付。德军发动进攻时，只有大约200架美国飞机在法国本土待命。

1939年8月，维耶曼希望英法盟军的空军实力能在六个月内能与德军势均力敌，但无论在规模上还是质量上，这二者都远不能实现。法国使用的轰炸机大多还是过时的型号，新型号的飞机才刚刚开始运达。法国最好的战斗机德瓦蒂纳（Dewoitine）D520的最高时速可达530公里，与任何一款德国飞机相比都不相上下，但其原型机直到1939年秋才最终定型，从12月开始生产，但到1940年5月却只生产了80架，停战协定签订时又生产了430架，结果在1941年，德军将这些飞机全部投入到了东线战场。

对法国和德国空军的飞机总数，在1940年5月时有很多不同的估计，差别在一定程度上取决于统计的范围。是包括所有飞机，能投入战斗的飞机，还是只包括那些已经列装空军中队的飞机？新型飞机和老式飞机都算吗？算上空军所有的飞机还是只算东北战线的飞机？

表6 法、德军队飞机情况统计表

飞机类型	法军	德军
战斗机	632	1210
轰炸机	262	1680
侦察机	392	640
总计	1286	3530

来源：费肯（Facon），《动荡中的空军》，169。

不管采用什么原则，法德空中力量的对比在当时没有什么争议。而上表是对 1940 年 5 月 10 日在法国领土能随时作战的法国空军飞机总数与德国空军飞机总数最新的估计。

即使加上派驻到法国的 416 架英国飞机，盟军的飞机总数也远不及德军。盟军轰炸机的劣势尤为突出。在与德国的这场争分夺秒的较量中，法国空军在 1940 年 5 月 10 日开战时仍然远远落后。

法军战术："撤至西奈山"？

法国军队想打一场什么样的战争？又打算如何打这场战争？人们普遍认为，由于自满、保守加上思维怠惰，法军未能实现军事思想现代化，还是像以前那样备战。1950 年，议会对法国战败的原因进行调查，并得出如下结论：“在真相已经大白、连最后残存的一点辉煌也即将消失殆尽的情况下，总参谋部撤到西奈山（Mount Sinai），全力以赴地维系着这个陈旧过时的机构。”[7] 真是这样吗？

法国军队面对的主要指责是，他们没有适应运动战的思想，并且忽视了坦克集群独立作战的可能性，并不像在第一次世界大战中那样仅仅发挥支援步兵的作用。让－巴蒂斯蒂·埃斯蒂安（Jean-Baptiste Estienne）将军是最早主张坦克战的人之一，被称为法国“坦克之父”。他在 1919 年开始主张开发可以独立于步兵部署的突破坦克。在 1921—1927 年担任战斗车辆发展部总监期间，埃斯蒂安开始研究装甲车辆的发展。虽然他对军事政策的影响力日渐下降，但他在 1921 年委托制造的重型坦克原型便是 B1 坦克的原型。要不是他，法国在 20 世纪 30 年代初恐怕连一辆重型坦克都没有。

在魏刚将军的推动下，军队现代化早在 20 世纪 30 年代初就开始了，这甚至比通过第一次重整军备计划的时间还要早。1930 年，魏刚启动了一项计划，将 7 个步兵师摩托化，并于 1933 年 10 月开始在骑兵部队中组建装甲师。这个“轻型机械化师”（DLM）的建立意味着，法国非但没有陷入过去的泥潭，反而拥有了世界上第一个常备装甲师（比德国早两年）。然而在这一阶段，装甲部队缺乏真正强大的战斗车辆，“轻型机械化师”表面上听起来比在实战中更令人印象深刻。在此背景下，索玛坦克应运而生，一旦下线列装，轻型机械化师就有了可供作战的强大的装甲车辆。[8] 即便如此，直到 1938 年初，第 1 轻型机械化师才全面形成战斗力。1937 年成立了第 2 轻型机械化师，1940 年 2 月又成立了第 3 轻型机械化师。[9] 此外，剩下 5 个骑兵师也已部分实现摩托化，由马和机动车辆（"油和燕麦"）组成。这些发展确实遭到一些传统主义者的反对，比如勒内·阿尔特梅耶（René Altmayer）将军，他认为骑兵部队最适合骑马作战，担心机械化会过于依赖汽油。但也有像让·弗拉维尼（Jean Flavigny）将军这样热情的军队现代化拥护者，他参与了索玛坦克的研发，并担任了第 1 轻型机械化师的指挥官。

成立轻型机械化师是为了执行侦察、掩护和阻滞等骑兵部队的常规任务，而非突破敌人的防线。如果要突破敌人防线，必须组建更多能够独立作战的重型装甲师。但实现这一目标的进展非常缓慢。为了研究发展重型装甲师的可行性，1932 年 9 月法国军队进行了试验演习。问题是，由于当时陆军只有三辆重型（B1）坦克，而演习必须配合轻型步兵坦克（H35、R35）才能进行。这两种不同类型的坦克无法配合作战，因而这次演习被认为是失败的。因此，陆军暂时放弃了发展重型装甲师的尝试，而把精力主要放在生产轻型步兵支援坦克上。另一方面，尽管不清楚将如何部署，生产线上的 Bis 坦克仍在不断地缓慢下线。鉴于法国军队在这一阶段尚未形成重型坦克作战的战术，因此，这算是埃斯蒂安的"遗产"尚能有所作为的一个证据，毕竟还有重型坦克正在生产。但这也是一个缺点。这意味着法国军队不是根据军事战术的需要来确定这些装甲车辆的规格，而是根据正在生产的坦克来制定相应的战术（这跟骑兵部队的情况相反，骑兵部队的索玛坦克是设计用来满足特定需要的）。

1934 年，还不太知名的戴高乐（Charles de Gaulle）上校出版了《建立职业军》（*Vers une armée de métier*）一书，用雄辩的言辞公开呼吁发展独立装甲师。1940 年，这本书被翻译成英语，书名为《未来的陆军》（*The Army of the Future*）。封面上写着："1934年的预言！法国忽视它！德国正在做！"戴高乐的书在许多方面都可谓有先见之明，但这无助于推动他所倡导的事业。事实上，因为将坦克部署的技术问题与职业军队这一政治敏感问题联系起来，戴高乐甚至可能损害了自己所给出的论据。虽然军队现代化可能需要招募一些专业人员，比如无线电操作员、机械师等，但这并不一定意味着完全职业化。戴高乐把这一点作为其中心论点，对那些出于政治原因而对职业军队持怀疑态度的政治家们而言，势必会引起他们的反感。戴高乐的书充满了对职业军队的军事使命以及它在国家复兴中所起作用的浪漫和隐晦的颂扬。不过，这并不是使那些反对者转变的最好方法。

然而，在统帅部，还有其他一些人在更谨慎、更有效地推进装甲师的发展。最热情的支持者是皮埃尔·赫林（Pierre Héring）将军和加斯顿·比约特（Gaston Billotte）将军，而最持怀疑态度的是陆军总监迪菲厄（Dufieux）将军。Bis 坦克生产进度缓慢，依然阻碍着试验的进行，这给了保守派以借口。正如战后迪菲厄所说："根据我们拥有坦克的数量和可能性……我们只能放弃事先的规划。"很难说甘末林当时的立场是什么。他从 1936 年就赞成发展装甲师，但他的其他一些言论贬低了装甲师的重要性。1939 年，他说"装甲师……可以应对像压缩包围这样的局部作战，但不是进攻"。1939 年 7 月，他对参、众两院军事委员会说："我们不能夸大机械化师的重要性。机械化师固然能够在扩大突破口方面起到辅助作用，但并不能像德军所设想的那样作为主力部队使用。"尽管如此，在 1938 年 12 月，陆军战争委员会（CSG）最终还是决定组建两个重型装甲师，称其为预备役装甲师（Divisions Cuirassées de Réserve）。然而生产上持续存在的瓶颈意味着这一命令不可能立即变为现实，因此使用坦克作战的消息也就几乎没能得以流传开来。1938 年起草的《关于使用坦克的临时通知》内容极为保密，乔治（Georges）将军被迫在 1940 年 1 月给总参谋部写信："如果想让坦克广为人知，就不能无限期保密。"[10]

对德宣战时，第 1 预备役装甲师还没有组建起来。鉴于德军入侵波兰时使用了坦克，1939 年 12 月，在比约特的倡议下，法国决定再组建两个预备役装甲师。截至 1940 年 5 月初，法军已有 3 个预备役装甲师。不过由于 B1bis 坦克数量不足，有的部队就只能装备原本是为步兵设计的威力较弱的装甲车。第 4 预备役装甲师是在 5 月 15 日的那场激战中组建起来的。即便算上第 4 预备役装甲师，在 1940 年法军的 2900 辆坦克中，也只有大约 960 辆被分配给了装甲师（3 个轻型机械化师和 4 个预备役装甲师）。余下的坦克则分散在其他陆军部队配合步兵作战。另一方面，德军把他们所有的 2900 辆坦克集结成 10 个装甲师，组成了装甲军团。法军预备役装甲师和轻型机械化师平均约有 160 辆坦克（其中约一半为轻型步兵坦克）；而德军装甲师平均约有 270 辆坦克。

尽管决定组建预备役装甲师，但法国陆军的战术思想并未对其给予充分重视。预备役装甲师可以对防御不严密或者已被削弱的敌人发动打击，可以和轻型机械化师发起联合进攻，也可以乘胜追击。但无论承担何种任务，预备役装甲师都要受军团或陆军指挥，也就是隶属于步兵部队。换句话说，预备役装甲师必须符合陆军的主流战术思想，这一思想可以概括为"循序渐进战法（*bataille conduite*）"。"循序渐进战法"必须基于这样一个前提：在现代战争中，防御一方在火力强度上占有巨大的优势。为了成功发动进攻，所需物资的集中是一项复杂的、有组织的行动，需要精心准备。

军队最想避免的是突如其来的"遭遇战"。此种情形下，行进中的两军偶然相遇，根本来不及构建各自的阵地。而法军的战术思想则强调，凡是战斗必须严密指挥，而最高领导层掌握所有决策权。这与德军的思想形成了鲜明的对比，后者更鼓励下级指挥官的主动性。

如果敌军成功突破了法军的战线，法军的反应是"堵截"（*colmatage*），即派遣预备役部队在敌军进攻路线上实施堵截，从而堵上战线的缺口，恢复战线完整，并迟滞敌军前进的速度。步兵仍然是取胜的关键："在步兵部队和炮兵部队的双重火力掩护下，偶尔以坦克和飞机作为先锋。……步兵横扫一切。在地面上，征服的是步兵，占领的是步兵，组成战线的还是步兵。"这是 1921 年《军团战术运用的临时命令》（*Provisional Instruction on the Tactical Employment of Large Units*）中的一句话。后来这份被编纂成法军军事思想的著名文件在 1936 年进行了修订，但新修订稿坚称 1921 年版是"由我们杰出的领袖确定下来的"，必须"作为我们的宪章继续沿用"。在确立了这一点之后，它确实提供了一些标准。文件指出"战斗宜速战速决"，并肯定"进攻是最明智的战斗方式"，而防御则是"指挥官在无力进攻情况下的无奈之举"。文件最后写道："无论防线多么坚固，这一结论……只有经过实践才能得出，其中速度和机动性至关重要。"这似乎充分体现了一种典型的甘末林式的矛盾心理，在势不可挡地进攻和凭借固有优势进行防御之间，法军的作战思想有些摇摆不定。"循序渐进战法"描述了一次成功的进攻可能需要的条件，但却为取胜设定了几乎不可能的、苛刻的前提。这无异于要把圆的变成方的。

最后，虽然不能说 1940 年的法国军队未吸取任何教训，就又准备打最后一仗——1940 年的法国军队与 1918 年相比，已经大不相同——也不能说法国军队没有就进行军队现代化的最适当方式进行深入讨论，已发生的改变基本上是对原先军事思想所作的逐步调整。尽管这些调整很重要，但并没有从根本上改变什么。

比利时战争：D 计划

法国军队很清楚他们要打什么样的战争，也清楚他们期望（和想要）在哪里打这场战争，那就是比利时。法军沿法德边境修筑了防御工事，所以这一点几乎可以确信无疑。这些防御工事被称为马其诺防线（以开始建造时的战争部部长的名字命名），从瑞士边境的巴塞尔（Basel）一直延伸到卢森堡边境的隆维（Longwy）。法国与比利时的边境上并没有设防，因为法国设想德军会像 1914 年那样从比利时北部和中部发动进攻。

加强法国边境的想法自 20 世纪 20 年代初就开始讨论了。第一次世界大战的战火也烧到了法国本土。1918 年以来，法国的军事决策者们一直盘算着保证"国家领土的不可侵犯性"，从而杜绝类似情况再次发生。有些人主张沿着比利时边境修筑防御工事，一直修到英吉利海峡，但法国东北部常年积水的地形无疑使得这一方案成本高昂，技术上也难以实现。再者说，法国和比利时于1920年结成军事同盟，隔离两国边境毫无意义。因此，法国军方认为，法国北部的军事防线应该放在比利时和德国之间的边界上。这样一来可以防止法国重燃战火，二来可以保护法国的重工业密集区。1932年，陆军战争委员会（CSG）投票，决定不在东北边境设防。关于是否提供资金在比利时—德国边境修筑防御工事也曾多次进行讨论，但都因成本太高而被否决。

全长140公里的马其诺防线于1930年开工建造，1937年建成。这一防御系统由地下铁路所联结，还有发电站等配套设施，是一项相当了不起的技术壮举。人们常说，马其诺防线使法国军队盲目乐观，一心防御，从而导致了法国的战败。这种指控毫无根据。当然，马其诺防线是为防御战略服务的。1935年，法国议会就戴高乐的一项提案展开辩论。当时的战争部部长莫林（Maurin）将军针对法国的现状辩解说："我们花了几十亿才修筑起一道防御屏障，居然还有人觉得我们在考虑进攻？我们会疯到越过这道屏障去冒险进攻吗？"这样的言论在辩论中是可以接受的，但马其诺防线从未被设想成中国的长城，用以将法国与外界隔离开来。修筑马其诺防线是为了解放人力，以便用于在其他地方的进攻行动——考虑到法国在人口上不如德国，这一点尤为重要——同时还可保护机动部队。20世纪30年代，魏刚支持军队机械化和现代化，其背后的逻辑是法国军队能够迅速挺进比利时。法国的战略是以在比利时实施提前防御为基础的。在比利时建立阵地后，法国军队就会准备进攻，并最终赢得战争。

1936 年，比利时政府取消了与法国的军事协定，宣布中立。这一战略便宣告破产。而当时法国政府的财政资源已全部用于重整军备，因此不可能再在比利时边境构筑防御工事。虽然法国在东北部修建了一些半永久式防御工事作为第二道防线，但法国军队仍然力求在比利时境内作战。由于甘末林极力避免遭遇战，比利时的中立立场使他的计划更加复杂。法国和比利时军队再也不可能事先协调他们的防御计划。但甘末林希望通过与比利时的伯根（van den Bergen）将军保持秘密的非正式接触来解决这个问题。

比利时有三道可能的防线。第一道防线是在比利时与德国边境附近的阿尔贝运河（Albert Canal）。但是，除非比利时军队愿意在德军进攻之前就邀请法军入境，否则法军就不可能在此建立阵地。由于建立这道防线可能性不大，那么还剩另外两种选择。一是沿斯海尔德河〔River Scheldt，法国人称之为埃斯考河（Escaut)〕构筑从根特（Ghent）到安特卫普的防线。这就是著名的 E（Escaut）计划。二是沿默兹河构筑从法国边境上的日韦（Givet）到那慕尔（Namur），再沿代勒河（Dyle River）到安特卫普的防线。这就是著名的 D（Dyle）计划。因为 E 计划无需从法国边境长途跋涉，所以风险比 D 计划小。代勒河距离边境大约 96 公里，到达这道防线并做好战斗准备大约需要 8 天的时间。而且相比代勒河，埃斯考河是一道更加难以逾越的障碍，而代勒河不过是一条宽阔点的溪流。D 计划的最后一个不利之处是，代勒河的终点瓦夫尔（Wavre）和默兹河上的那慕尔之间有 40 公里的开阔平原。位于平原中心的让布卢（Gembloux）小镇没有任何可用作防御的天然屏障可言，因而被称为"让布卢缺口"（Gembloux gap）。不过，D 计划也有很

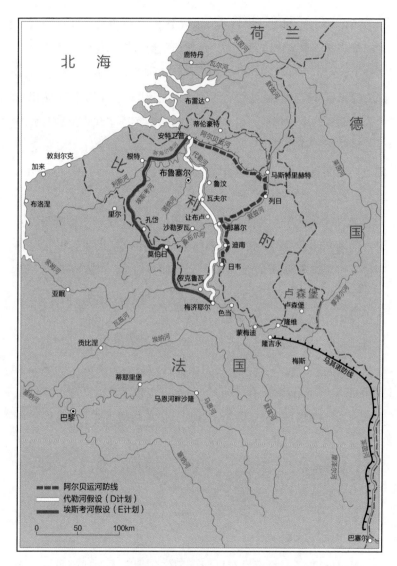

地图二　马其诺防线和比利时可能的防御阵地

多可取之处：防线比 E 计划缩短了 70—80 公里，可使包括重要工业区在内的更多比利时的领土不会被德军快速攻占；而且 D 计划也将大大增加与比利时军队联合保卫阿尔贝运河的机会。

在战争的最初几周，甘末林更倾向于 E 计划，不过比利时军队正在让布卢缺口设防的消息让他倍感鼓舞，（在征得英国的同意后）他决定只要条件允许就采用 D 计划。这也为法国军队向安特卫普以北推进，进而联合荷兰军队提供了可能。1940 年 3 月，甘末林决定充分利用这一可能性，于是对 D 计划作了修改。他在盟军的最左翼部署了一支军队，以便向荷兰的布雷达（Breda）推进，并与荷兰军队联合保卫斯海尔德河口。这一任务交由吉罗（Giraud）将军的第 7 集团军承担，该集团军配备了法国军队中最具机动性的几个师。如果要迅速进军荷兰，速度至关重要。吉罗的七个师以前隶属于中央预备队，其职责是应对突发情况。甘末林的副手乔治将军就曾对 D 计划抱有怀疑，这一"布雷达之变"更令他生疑，就像比约特和吉罗一样。乔治警告说："面对德军的行动，不要把我们预备队的主力都投入到这一战区。那只不过是德军的佯攻而已。举例来说，如果德军进攻……在默兹河和摩泽尔河（Moselle）之间的中心地带，或者在我方战线，我军都不具备组织反攻的必要手段。"[11] 后来可知，这一警告颇有先见之明。

斗牛士的斗篷

甘末林推测，德军会像 1914 年实施著名的"施里芬计划"

（Schlieffen Plan）那样，经比利时中部发起主攻。他的计划正是基于这种假设。1939年10月，希特勒命令极不情愿的总参谋部立即准备对法国发动进攻。总参谋部制定了一份类似"施里芬计划"的方案，代号为"黄色计划"（Plan Yellow），但里面的措辞要温和得多。"施里芬计划"的目标是在战争一开始就彻底击败法军，而"黄色计划"并不指望能取得彻底胜利。它仅仅是为了攻占比利时和荷兰，夺取空军和海军基地，以便将来对英国采取行动。这份计划相对来说毫无野心。这意味着希特勒对它从来就不感兴趣。正因如此，同时也为了打消部分德军高级将领的疑虑，在接下来的几个月里，德国总参谋部对"黄色计划"作了几处调整。所作的修改还是基于德军通过比利时中部从右翼发起主攻（B集团军）这样的设想，但修改后的计划也愈加突出了发挥左翼（A集团军）保护主攻方向南翼的作用。尽管有这些变化，但"黄色计划"的基本构想并未改变。

1940年1月10日，一架德军飞机因大雾在比利时梅赫伦（Mechelen）附近坠毁。涉及入侵计划的机密文件因此落入了英法盟军手中。希特勒随即下令重新审查德军的计划，这为曼施坦因（Manstein）将军提供了机会。几个月以来，曼施坦因一直敦促德军从更南部的阿登高地（Ardennes）发起主攻。在2月17日的会见后，他终于赢得了希特勒的支持。他的想法也就成为对德国战略作出重大调整的灵感来源。

根据"曼施坦因计划"（Manstein Plan），由冯·伦德施泰特（von Rundstedt）将军率领A集团军穿过阿登高地发起主攻，然后像一把镰刀一样转向西北挺进（因此这一计划后来命名为

Sichelschnitt：镰刀收割），从而切断比利时境内的盟军与后方的联系。与此同时，B 集团军向比利时北部推进，用利德尔·哈特的话说，将扮演"斗牛士的斗篷"，引诱毫无戒备的盟军北上。A 集团军规模从 22 个师增加到 45 个师（其中有 7 个装甲师），而 B 集团军从 43 个师减少到 29 个师（其中有 3 个装甲师）。勒布（Leeb）将军率领 C 集团军（17 个师）向马其诺防线推进，以牢牢牵制住法军。这份新计划和"施里芬计划"如出一辙。"施里芬计划"就像一扇旋转门，德军穿过比利时，然后转向东南绕到向东挺进洛林

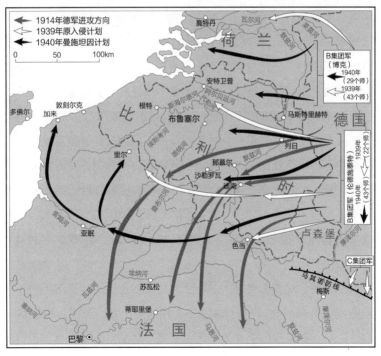

地图三 施里芬计划、黄色计划和曼施坦因计划

（Lorraine）的法军后面；而这一次是顺时针旋转，德军向西北挺进，绕到进入比利时的法军后面。

计划成功与否取决于德军装甲部队是否能够在法军做出反应之前突破阿登高地。虽然马其诺防线没有修到阿登高地，但这一地区层峦叠嶂，森林茂密，最西端是又宽又深的默兹河，河岸极其陡峭。曼施坦因自己并不是坦克专家，故而向装甲专家海因茨·古德里安（Heinz Guderian）将军请教，古德里安认为大规模的坦克集群是可以突破阿登高地的。

古德里安曾研究过坦克在第一次世界大战中的运用，也读过许多英国军事作家如利德尔·哈特和富勒（Fuller）的作品。他在自己所著的《注意！坦克》（Achtung Panzer）一书中，主张组建能够协同作战的机械化装甲师。他认为装甲师战斗力强大，足以突破敌军防线，而且行动迅速，能以迅雷不及掩耳之势打击敌人。

德军计划最大的风险在于，在步兵主力部队行进缓慢的情况下，就贸然由坦克装甲部队强渡默兹河，而后又在其侧翼毫无掩护的情况下，让坦克部队直扑英吉利海峡。许多德国作战专家对此持保留意见。冯·伦德施泰特将军的参谋长索德斯特恩（Soderstern）将军更倾向于让步兵冲锋，坦克紧跟其后，虽说这样更耗时。此刻，就连古德里安也疑惑不定了。哈尔德（Halder）将军在 1940 年 2 月 14 日的日记中写道："古德里安已经失去了信心。"这些疑惑是可以理解的。规模如此庞大的军队穿越这一地区，且道路不便，其复杂程度可想而知。经过 1940 年 2 月的两次地图推演，德军得出的结论是，在进攻的第 9 天之前无法突破默兹河防线，而古德里安则设想在第 4 天就能突破。德军的计划完全是一次孤注一掷的赌博。

德军总参谋长哈尔德将军在 3 月 12 日写信给伦德施泰特说："即使这次行动只有 10% 的胜算，我也会坚持下去。因为只有这样才能打败敌人。"[12]

考虑到德军的这种迟疑不决，法军未能预料到德军会从阿登高地发起主攻也就不足为奇了。1934 年 3 月，贝当在参议院军事委员会发表演讲时，曾宣称阿登高地是"难以穿越的"。他接着说："如果敌人在此进攻，一穿过森林就会遭到钳形攻击。这一地区很安全。"甘末林本人在 1937 年曾说过，阿登高地"从来就不利于大规模作战"[13]。事实上，法国军队也并不像人们有时所认为的那样自满。贝当在谈到阿登高地"难以穿越"时，还补上了一句："只要我们做一些特殊的准备。"1938 年春天，法军在地图上推演，假设德军装甲部队用 60 个小时穿过阿登高地。这个时间是 1940 年德军穿过阿登高地实际所用的大致时间。然而，随后德军还要渡过默兹河，法军也不能完全确信阿登高地就是"难以穿越"的，但法军确信即使德军在此发动进攻，那么在德军渡河之前，法军还是有足够时间来增援该地区的。

盟军的战斗命令

甘末林在部署进入比利时的兵力时，认为阿登高地是整条战线上最不容易受到攻击的地区。如地图四所示，从左到右，盟军的兵力部署如下：

（1）吉罗的第 7 军将沿英吉利海峡一路北上，向布雷达挺进。

（2）从安特卫普到鲁汶（Louvain）之间的代勒河地区由比利时军队的22个师防守。如果他们在阿尔贝运河无法抵挡住德军，就撤回到这一地区。

（3）英国远征军（BEF）的9个师防守鲁汶到瓦夫尔的代勒河地区。

（4）布朗夏尔（Blanchard）将军率领的第1军的10个步兵师负责掩护比利时中部的让布卢缺口。

（5）安德烈·科拉普（André Corap）将军的第9军将进入比利时的阿登高地，并占领沿默兹河从那慕尔到色当以北的阵地。

（6）最后，夏尔·安齐热（Charles Huntziger）将军的第2军在默兹河流入法国的地方驻扎，就在色当以北，并掩护南部直到马其诺防线终点的这段战线。

因此，第9军和第2军的接合部也就成了法军战线的关键。所有这些法国部队都隶属于比约特将军统率的第1集团军。再往南，第2和第3集团军分别驻守马其诺防线后面和阿尔萨斯-洛林地区（Alsace-Lorraine）；第10集团军则守卫阿尔卑斯山脉和意大利边境。

在德军进攻前夕，双方的总兵力旗鼓相当。法军有79个师和13个要塞师。这79个师中，有第1集团军的35个师驻守比利时方面的阿登高地；17个师属于总预备队（另有2个摩托化步兵师和3个预备役装甲师）；还有第2集团军的27个师，第3集团军的7个师以及第4集团军的3个师。再加上英军10个师、比利时军队22个师及荷兰军队12个师，共136个师对抗德军的135个师。[1]

---

① 原文数据如此。

德军方面有 10 个装甲师，而法军有 3 个预备役装甲师和 3 个轻型机械化师。法军的精锐部队已被派往比利时中北部，而由最弱的部队守卫阿登高地。

吉罗的第 7 军包括第 1 轻型机械化师和 2 个摩托化步兵师。布朗夏尔的第 1 军，3 个步兵师已全部实现摩托化，5 个步兵师仅仅部分实现摩托化。布朗夏尔还有另外 2 个轻型机械化师，编入由勒内·普里乌（René Prioux）将军指挥的骑兵部队。由于让布卢缺口极易受到攻击，普里乌的任务是在大部队前面抵挡住德军，以便布朗夏尔有充足的时间在代勒河站稳脚跟。防守阿登高地的科拉普和安齐热所率的部队则要弱得多。科拉普的 9 个师必须防守直线距离约 80 公里的战线，但由于默兹河蜿蜒曲折，他们实际上防守的距离要更长。其中有 2 个轻骑兵师，他们的任务是推进到默兹河对岸，以拖延德军的前进，从而为步兵进入阵地赢得时间。科拉普的 7 个步兵师中只有 2 个师是正规部队；还有 1 个要塞师、2 个 B 级预备役师（61 师和 53 师），士兵年龄都在 35 岁以上，服兵役超过 20 年。阿登高地位于法国境内 75 公里的范围由安齐热的 9 个师防守，其中包括 2 个 B 级步兵师（55 师和 71 师）。71 师指挥官鲍德特（Baudet）将军已不再胜任这项工作。5 月 10 日德军进攻时，他正要被撤换。由于安齐热并不打算让部队继续前进，他们防守的地区又未建有工事，所以大部分时间他都让部队构筑防御工事。该地区的情况使他的部队既不同于在他北面可以向前推进的部队，也不同于南面有马其诺防线掩护的部队。此举成功地增加了这一地区碉堡的密度，但士兵们大部分时间都在挖掘战壕和浇筑水泥，以至于没什么时间来加强训练。每当分配新装备时，他们和所有 B 级预备役部队一样

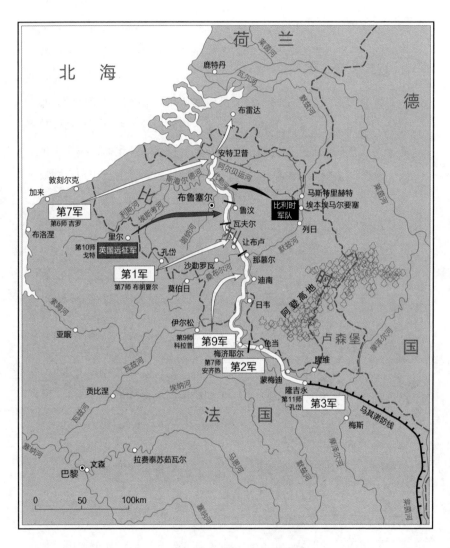

地图四 盟军的计划阵地

总是排在最后。这也妨碍了部队战斗力的提升。

科拉普曾多次向甘末林抱怨他的部队兵力不足。但没有人听他的。安齐热则更加自满。1940 年 3 月，议会军事委员会视察前线。随后调查员皮埃尔·泰亭哲（Pierre Taittinger）向达拉第和甘末林递交了一份危言耸听的报告，指出色当兵力"严重不足"，并将其描述为法军防御的"特别薄弱之处"。安齐热愤怒地回复道："我认为没有必要采取紧急措施来增援色当前线。"[14]

作为最高统帅，甘末林把他的司令部设在了巴黎郊外的文森（Vincennes）城堡。他不想离政府太远。法国战败后，有人因此指责甘末林与他的部队和下级指挥官疏于联系。戴高乐的回忆录中有这样一段著名的描述：甘末林躲在他的司令部里，就像"一个科学家被关在实验室里，尝试找出胜利的神奇公式"。事实上，甘末林的确经常从他的藏身之处——文森城堡里出来到前线视察，但许多见过他的人都证实了他给人的印象就是相当孤高冷漠。甘末林的副手乔治将军是东北战区（即第 1、第 2 和第 3 集团军）的总司令。他将司令部设在了文森以东 70 公里远的拉费泰苏茹瓦尔（La Ferté-sous-Jouarre）。许多人认为乔治会是比甘末林更好的总司令人选，尽管他没有甘末林的聪明睿智。1934 年，正在法国访问的南斯拉夫国王亚历山大（Alexander）遭到刺杀，乔治在刺杀事件中身受重伤。法国战败后，总有人声称乔治的伤势从未完全恢复。但在当时人们似乎并未感觉到这一点。被提拔的不是乔治而是甘末林，主要是出于政治上的原因。乔治曾跟随过魏刚，也因此被怀疑有右翼倾向，尽管他不像魏刚那样是一个公开的反对派。

1940 年 1 月，甘末林决定将总参谋部的一部分从拉费泰（La

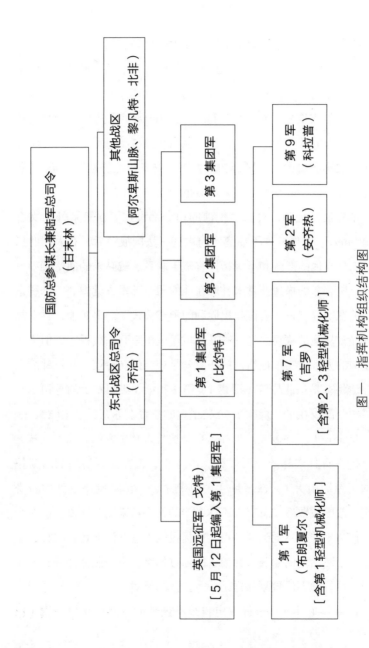

图一 指挥机构组织结构图

Ferté）搬到芒特里（Montry）。芒特里位于文森和拉费泰中间，距离两地各约40公里。同时，他任命艾梅·杜芒克（Aimé Doumenc）将军为新的总参谋长。艾梅·杜芒克是后勤和通信方面的专家，因在1916年凡尔登战役中成功运送补给而闻名。如此精心的安排形成了三个权力中心：文森（甘末林）、芒特里（杜芒克）和拉费泰（乔治），这可能是为了削弱乔治的影响力。甘末林的传记作家评论说："甘末林选择了一个折中方案，如若成功，他便可得利，如若失败，那就全是乔治的问题。"[15]乔治和甘末林两人的关系变得异常紧张。甘末林向乔治保证，他是站在他一边的，恨他的人是达拉第。而乔治确信是甘末林试图削弱他的权力。

5月10—15日：入侵比利时

5月9日晚，荷兰和卢森堡边境的守军听到德军"密集的低语"①。凌晨4点35分（法国时间），德国的入侵开始。德军空降兵开始空降荷兰，同时，陆军也越过卢森堡和比利时边境。凌晨1点左右，从布鲁塞尔和卢森堡传来情报说，德军的入侵已火烧眉毛。凌晨3点左右，这一情报传到文森和芒特里。之前陆军情报部门曾多次被假警报所蒙蔽，故而对此充满怀疑，担心再次落入圈套。直到早上6点30分，醒来的甘末林才得知德国已经发动袭击，比利时政府也已呼吁法国施以援手。此时距离入侵开始已过去2小时，

---

① 即大机群飞过天空的声音，此处代表德军的空军已开始行动。

距离法军第一次接到紧急情报也整整 5 小时了。随后,甘末林下令实施 D 计划。

有关法国沦陷的原因,大多的研究认为是德军成功突破了默兹河防线;但即使是在比利时和荷兰,也就是法国预计德军会发起进攻的地方,战事的发展也出乎意料。吉罗将军的第 7 军一路冲锋,其先头部队于 5 月 11 日抵达布雷达。但是,德军空降兵早已占领了荷兰中心地区的穆尔代克(Moerdijk)堤道(位于默兹河口),因此荷兰军队不得不向北撤至阿姆斯特丹和鹿特丹。这使吉罗的大军与荷兰军队联合作战的布雷达行动化为泡影。5 月 12 日下午,吉罗接到命令放弃这一行动计划,重新部署军队,南下向安特卫普挺进。荷兰军队坚守了两天,最终在德军轰炸鹿特丹后于 5 月 14 日投降。

在阿尔贝运河,比利时军队重要的防御工事要数坚不可摧的埃本埃马尔(Eben-Emael)要塞。在一次出色的战术打击中,德军成功地利用滑翔机降落在埃本埃马尔要塞。5 月 11 日中午时分,德军占领了马斯特里赫特(Maastricht)的两座桥梁,一举夺取了埃本埃马尔要塞。比利时军队再也无法守住阿尔贝运河防线了,不得不立即撤退到代勒河一线。这严重影响了法军的计划。法军希望比利时军队尽可能拖住德军,以便布朗夏尔的第 1 军有足够时间构筑阵地。5 月 11 日,普里乌将军率领布朗夏尔所部的骑兵先遣部队到达让布卢缺口。令他震惊的是,比利时军队在该地区的防御工事几乎没有。下午,他紧急电告比约特和乔治,请求放弃 D 计划,转而采用较为稳妥的 E 计划。因为英国远征军和第 7 军已经出发,他的这一请求也就被否决了,但他们决定将布朗夏尔大军的行进时间提前 24 小时，以便在 5 月 14 日前进入阵地。

由于比利时抵抗力量的崩溃，普里乌所率军队变得孤立无助，但他不得不尽量拖住德军。5 月 12—14 日，普里乌的两个轻型机械化师在距离让布卢缺口几公里处的寒尼村（Hannut）附近抵挡住了德军的两个装甲师[16]。最终，5 月 14 日下午，普里乌得以撤退至已进入阵地的布朗夏尔大军后方。在这场"寒尼战役"（Battle of Hannut）中，普里乌成功完成了自己的任务，这是历史上第一次坦克大战（在第一次世界大战中，只有协约国一方将坦克投入战争）。除了德军最重型的加农炮外，索玛坦克能抵御其他所有武器的火力。法军共计损失了 105 辆坦克，德军损失了 165 辆。由于德军仍占据有利地形，他们能够夺回或修复其中约 100 辆坦克，而法军损失的坦克则彻底无望收回了。第二天（5 月 15 日），布朗夏尔的先头部队在代勒河遭遇德军进攻。虽然法军守住了防线，但这正是甘末林所不希望的遭遇战。几乎就在同时，扭转整个战场局势的关键性事件也在南方悄然发生。法军在比利时取得的战术上的胜利有可能演变成战略性灾难：法军在代勒河抵抗的同时，德军却在默兹河实施强渡。5 月 16 日，布朗夏尔奉命撤回法国边境。

5月10—12日：突破阿登高地

担任阿登高地主攻任务的德军装甲部队是由埃瓦尔德·冯·克莱斯特（Ewald von Kleist）将军指挥的"克莱斯特集群"。该军团共有 5 个装甲师，分配至两大军团：一是古德里安率领的第 19 军团，包括 3 个装甲师 [17]，向（第 2 军防守的）色当进发；二是莱因哈特（Reinhardt）将军率领的第 41 军团，包括 2 个装甲师 [18]，向（第 9 军防守的）蒙特尔梅（Monthermé）进发。再往北，穿过阿登高地北部，是霍特（Hoth）将军的第 15 军团，包括 2 个装甲师 [19]，向也由第 9 军防守的迪南（Dinant）进发。第 15 军团最初的计划主要是掩护主攻部队的侧翼，结果发挥的作用远不止于此，这主要是因为统帅第 7 师的隆美尔（Rommel）将军所采取的行动。要在弯弯曲曲的山路上运送冯·克莱斯特所率的由 134 000 名士兵还有 1600 辆车辆（其中有 1222 辆坦克）所组成的大军穿越阿登高地，这一后勤行动非比寻常。这是"欧洲迄今为止最严重的一次交通大拥堵"[20]。第一批德军部队于 5 月 12 日下午 2 时抵达默兹河。正如一名德国将军在战后所说，这"并不是一次真正意义上的战术行动，而是接近敌人的一次行军。当初制订计划时，我们认为在抵达默兹河之前不可能遭遇任何严重的抵抗"。[21] 总的来说，德军有如此大的信心是有理由的。在他们到达默兹河之前，这支德军的大部分士兵一路上连一个敌人都没有遇到。

那些遭遇到法军的德军也没遇到什么麻烦。5 月 10 日和 11 日，古德里安的先头部队遭遇安齐热的骑兵部队。这支骑兵部队被派往阿登高地，而其他部队则被要求按兵不动。经过两天的混战，法军撤退。遭遇如此一支劲旅完全出乎法军意料。但是法军更不知道的是，他们无意中遭遇了德军的主攻部队。再往北，科拉普的两个骑兵师也已渡过默兹河，但他们甚至连一次交战都没有，就在 5 月 12 日被科拉普下令撤回了。就这样，科拉普错失良机，未能拖住隆美尔第 7 装甲师前进的步伐。科拉普之所以决定撤兵，部分原

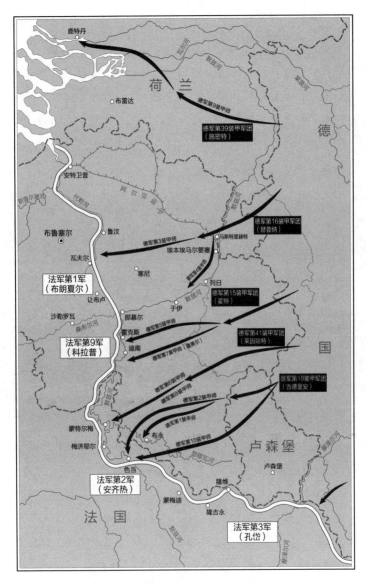

地图五　德军攻势：1940 年 5 月

因在于安齐热骑兵的撤退已经无形中暴露了他骑兵部队的右翼。此外，令他担心的是，并不是所有步兵都已进入默兹河阵地。即使所有部队都已就位，这条战线也被拉得太长，兵力很薄弱。因此，他认为权宜之计是利用骑兵部队增援法军防线。这很有必要。但这并不意味着科拉普担心默兹河危在旦夕。法军认为他们在阿登高地遇到的德军是一路急行军的小股先头部队，其主力部队还远远落在后面，肯定不会立即穿越阿登高地。

如果法军统帅部能意识到发生了什么，那么行进在阿登高地错综复杂道路上的那些庞大的德军装甲集群就会成为盟军轰炸机的活靶子。事实上，大多数轰炸机都被派往了比利时北部，以阻止德军在该地的推进，为布朗夏尔大军进入阵地争取时间。

马斯特里赫特的桥梁成为盟军集中轰炸的目标。德军在空袭中伤亡惨重。英军在法国部署了 135 架轰炸机，到 5 月 12 日时，仍在服役的只剩下 72 架。此前一天，法国空军侦查发现在阿登高地有"相当数量的机动部队和装甲部队在移动"，并注意到德军携带了大量的架桥设备。5 月 12 日下午，乔治随即下令将空中轰炸的优先支援对象从第 1 军（在比利时）转向第 2 军（在默兹河）。比约特将军宣称他对此感到"震惊"，但他关注的焦点仍在比利时中部，对乔治的命令置若罔闻。他下令将三分之二的空中支援给第 1 军，三分之一给第 2 军。而安齐热本人一如既往的自满，并没有请求增派轰炸机支援他的防区。5 月 11 日和 12 日，乔治决定再从总预备队抽调 6 个师（包括第 3 预备役装甲师）增援给第 2 军。但他认为这一命令并不需要紧急执行，他命令部队在 5 月 11—13 日之间开拔，那时运输车辆不至于那么紧张。没人认为阿登高地危在旦夕。还有一点值得注意，之所以把这些预备役部队调往这个方向，是因为法军认为德军穿过阿登高地后会逆时针向东南推进，以便攻击马其诺防线后方。事实上，德军的计划是向西推进。这也就是说，一旦德军突破阿登高地，附近就没有几支能够快速反应的法军部队了。

乔治的这些行动似乎表明法军总参谋部现在已经意识到阿登高地可能面临战术威胁，但他和甘末林仍然更加关注比利时北部。5月12日，甘末林的一名副官推测，既然德军几乎没有轰炸进入比利时的法军先头部队，这说明法军可能正在一步步迈入德军设下的圈套。可是没人理会他的这种担忧。在德军从三处突破了默兹河后，5月13日，甘末林司令部的一份报告最后甚至还说："目前尚不能确定敌人的主攻区域。"[22]当晚9时25分，乔治打电话给甘末林，说色当的"麻烦相当严重"。

5月13日：德军渡过默兹河

色当，这座拥有1.2万居民的小城，主要位于阿登高地默兹河河畔，因1870年德军在此大获全胜而尽人皆知。法军早已决定，如果色当遭袭，就放弃色当并摧毁所有桥梁。法军会凭借默兹河及其左岸的制高点所提供的天然屏障防守默兹河。从马尔菲（La Marfée）森林密布的山丘上，法国守军可以俯瞰河对岸的德军。因此，安齐热认为在他的防线上，色当最不容易受到攻击。他主要担心的是，德军可能会继续进攻东南部的莫桑（Mouzon），以便从后方攻占马其诺防线。为了应付这种可能，安齐热把他最精锐的部队部署在右翼。17公里长的色当防区左翼由第55师的B级预备役部队防守。他们除了预备役士兵自身的问题以外，防空武器也极为

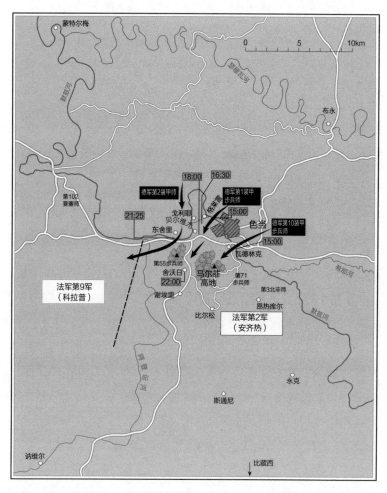

地图六　色当防区详图：1940年5月13日

匮乏，整个地区只有一个炮台。德军飞机袭击时，许多士兵只能用机枪和步枪还击。

5月12—13日晚，陆续抵达默兹河的德军部队和装甲部队成为法军大炮的靶子。法军的炮火有效阻止了德军向默兹河以北推进。5月13日上午7时，德军飞机开始轰炸法军阵地。克莱斯特军团约有1000架飞机可用，大多部署在色当周围。对于如此狭小的防区来说，这是空中力量的一次大规模集中使用。在接下来的8个小时里，一批又一批的德军斯图卡轰炸机轮番对法军狂轰滥炸。这是迄今为止军事史上最猛烈的空袭之一。虽然空袭并未对法军的掩体和炮位造成多大破坏，但对法军士气而言却是毁灭性的打击。

经过长时间的轰炸之后，下午3点左右，德军开始强渡默兹河。古德里安计划用3个师分三路展开进攻。第10装甲师从左路渡河，过河后迅速占领瓦德林克村（Wadelincourt）上方的马尔菲高地（Marfée heights）制高点。渡河异常艰难。为了到达河边以把橡皮艇放下水，德军不得不蹚过水草地。这些德军也就成了防守马尔菲高地的法军士兵所攻击的最佳目标。多数船只还没来得及下河就被射得粉碎。德军能成功地渡河并在对岸站稳脚跟，首先要归因于少数人的主动。这其中包括鲁巴特（Rubarth）上士和他的突击工兵小分队。由于携带了沉重的装备，他们的小船只能摇摇晃晃地漂到对岸。成功渡河后，他们异常轻松地冲向法军的掩体。后来，鲁巴特自己这样描述了那次渡河：

经过斯图卡轰炸机一阵猛烈的轰炸，敌军防线被炸毁了。

15:00时，随着最后一颗炸弹被投下，我们继续前进，在步兵的火力掩护下进攻。猛烈的机枪火力立即向我们扫来。士兵们不断倒下。我带领着队员们穿过一片树林，冲到了默兹河岸……敌人的机枪从我们右翼贴着默兹河河面扫射过来……我们划着橡皮艇开始渡河……渡河时，我们的机枪不停地向敌人开火，因而没有人员伤亡。在一处坚固的小掩体附近，我跳上岸，然后和一等兵波德兹祖斯（Podszus）一起毁掉了橡皮艇……我们绕到下一个掩体后面。我引燃了炸药包。顷刻间，掩体后部就被炸飞了。我们趁机用手榴弹攻击掩体里的敌人。经过短暂的战斗，敌人举起了白旗……我们士气大振，接着又冲向另外两个就在我们左半边大约 100 米远的小掩体，但因为必须要穿过一片沼泽，因而不得不暂时在齐腰深的水里行走。[23]

最终，鲁巴特和他的队员成功摧毁了 7 个掩体。他们没有看到法军"间隙"部队[①]的影子。这些法军本应在掩体两侧负责戒备，可能是为了躲避德军轰炸机而找掩护去了。到晚上时，鲁巴特已赶到瓦德林克村外。这一路上，他原来 11 人的小分队伤亡了 6 人。由于这一战绩，他后来被授予铁十字骑士勋章。

色当地区至关重要的渡河点被分派给了德军第 1 装甲师。他们将从色当西面的格莱雷村（Glaire）渡河。这个村子地处默兹河拐弯处形成的一个面积不大的半岛上。德军把数百艘橡皮艇抛入河中，随后跳上橡皮艇。许多士兵死于法军的炮火，但大部分都

　　[①]　即掩体两侧的侧翼掩护部队。

成功抵达河对岸，冲向法军防线。由赫尔曼·巴尔克（Hermann Balck）中校指挥的德军第 1 步兵团战绩尤为辉煌。巴尔克是一名非常有感召力的指挥官。他是一名在第一次世界大战中负伤五次的坚强老兵，在后来"二战"结束时，他已经是某集团军的将军了。巴尔克率领士兵成功地渡河，前进中他们发现了四个法军掩体。他们绕过了其中一个，还有两个掩体被轻易拿下（可能早就被里面的守军放弃了），第四个掩体坚持抵抗了大约 3 个小时便被占领。到晚上 7 点，巴尔克所率部队已从默兹河向纵深行进了 2.5 公里，到了贝尔维尤城堡（Château of Bellevue）；他们继续往南行进了 3 个小时后，约 3 公里的路程到达舍沃日村（Cheveuges）。下午 5 点 30 分，德军在左岸建立的据点已经足以让工兵架桥；同时，木筏也在加紧渡运架桥设备。到晚上 11 点，一座承重 16 吨的桥梁已经架好了。第一批坦克开始渡河。

德军在色当的三个师中，第 2 装甲师的渡河任务最为艰难。他们要从右路的东舍里村（Donchery）发起进攻。他们遭到了对岸法军密集炮火的攻击。大部分船只被毁，只有一名军官和一名士兵成功渡河。但两人立即游了回来。直到第 1 装甲师在对岸站稳脚跟后，第 2 装甲师的部队才有可能在晚上 10 点左右开始渡河。直到 5 月 14 日上午 9 时，德军才开始架桥。法军的炮火持续不断，这意味着需要 20 个小时才能架好桥梁。然而，第 2 装甲师一旦全部渡过了河，就将起到重大的战略意义。这是因为第 2 装甲师攻击的方向恰好是法军第 9 军和第 2 军之间的接合部。

当天（5 月 13 日）结束时，德军在色当地区已成功地从三处渡河。尽管有零星的猛烈抵抗，但法军的整体防御在空袭中已被大大削弱。下午，55 师的部分士兵开始逃离阵地。到了晚上，这演变成一场全面的恐慌。除了在色当渡河，德军还在另外两处突破了默兹河。事实上，5 月 13 日首批渡河的德军并不是在色当，而是在迪南北部 4 公里处的霍克斯村（Houx）。隆美尔第 7 装甲师的部队趁着夜色，沿着一座连接小岛和河岸的旧河坝秘密渡河。为防止默兹河水位太低，河坝的水闸并没有被法军破坏。因此，5 月 13 日凌晨，隆美尔的部分士兵已经到达了默兹河对岸。

上午晚些时候，隆美尔部队发起了进攻。科拉普的 18 师和 22 师尚未全部进入阵地。这对隆美尔极为有利。科拉普的这两个师没有一个是机械化师。22 师不得不步行 85 公里才能到达默兹河。三次夜行军后，5 月 13 日，22 师才终于到达默兹河。而 18 师要走的路程稍远一些。法军指挥部只要求他们在 5 月 14 日上午全部就位。5 月 13 日已进入阵地的法军部队也因长途行军而人困马乏，而且还有四个营尚未抵达。此外，霍克斯村的渡河点恰好在这两个师的接合部。尽管存在这些问题，但法国守军还是进行了顽强抵抗。如果没有隆美尔激励人心的领导，还有他的足智多谋，德军不大可能成功渡过默兹河。隆美尔下令点燃渡河点上游的房屋，制造大量烟幕。面对河对岸法军凶猛的机枪火力，德军的工兵一时吓得慌了手脚，隆美尔随即调来坦克提供火力掩护。面对德军的攻势，法军因为缺少反坦克武器而束手无策。隆美尔亲自指挥一个营，并坐上第一批船渡过默兹河，与那些一大早就已登岸的士兵会合。

5 月 13 日德军的三次渡河作战中，最艰难的是莱因哈特的第 41 装甲军团，他们要在蒙特尔梅（位于色当以北约 32 公里处）渡河。默兹河在这里的流速要比在色当更快，悬崖峭壁直插河中。西侧是一个小地峡，地势陡然上升。蒙特尔梅就坐落于此。这里绝对是易守难攻。5月13日晚，德军渡过了默兹河，但只成功建成了一个小桥头堡。因为法军的拼死防守，德军没能把坦克开过河去。

到那天结束的时候，德军已经建立了三个桥头堡——一个离色当大约5公里，一个离霍克斯不到3公里，一个离蒙特尔梅仅仅1.5公里。法军终于认识到形势的严重性。5月14日凌晨3时，博弗尔（Beaufre）将军在杜芒克的陪同下抵达乔治所在的司令部。他目睹了法国统帅部的绝望：

> 房间里光线昏暗。纳弗罗（Navereau）少校低声重复着传来的消息。其他人都沉默不语。参谋长罗顿（Roton）将军躺在扶手椅上。屋里的气氛就像一个家庭刚刚失去亲人一样凝重。乔治猛地站起来，来到杜芒克面前。他脸色苍白得可怕。"色当失守！我们的战线崩溃了……"他一下子瘫坐在椅子上，大哭起来。
>
> 他是我在这次战役中见到的第一个流泪的人。唉，该哭的又何止他一人呢。那件事给我留下了极坏的印象。[24]

5月14—15日：反攻失败，三个预备役装甲师的悲惨命运

乔治就是哭得再伤心，德军桥头堡本身也算不上什么灾难性的后果。法军真正的失败，与其说是他们放任德军渡河，倒不如说是他们无力发起有效的反攻。事实证明，法军的"循序渐进战法"思

想不足以应对德军的进攻速度。

在色当，法军本应该在 5 月 13 日晚就发起反攻，当时德军的桥头堡还非常脆弱，但致命地将进攻拖到了第二天早上。5 月 13 日晚 7 时，两个步兵团和两个轻型坦克营已被补充给了拉方丹（Lafontaine）将军的 55 师，以便发起反攻。仅仅 9 个小时后，他就下令反攻。拉方丹接受过"堵截"理论的教导，也接受过精心准备的步炮联合反应的训练，他不愿意仓促派出部队。道路被撤退下来的士兵堵得水泄不通，在这样的道路上行军谈何容易；再加上通讯延误，这些因素致使拉方丹无法快速派出部队。他的坦克只能缓慢行进。延误是灾难性的。而此时，大批的德军坦克正源源不断地开过默兹河，然后一刻不停地继续向前推进。

黎明时分，法军坦克终于发动进攻了。起初，法军是占上风的。后来，大批德军坦克不断涌来，法军节节败退。法军的大部分轻型坦克都被摧毁。经历了前一天的重创，55 师士气低落，从此失去战斗力。55 师的溃败严重影响了附近 71 师的士气，71 师也是 B 级预备役师。71 师师长鲍德特把他的指挥所向后迁移，还和他的部队失去了联系。由于接不到任何明确的命令，再加上 55 师溃败的传言，部队士气低落，士兵纷纷出逃。到 5 月 14 日结束时，71 师还未曾作战就几乎瓦解了。

这场战斗的一个显著特点是，盟军飞机几乎没有升空（除了在霍克斯附近的两次轰炸外）。当然，部分原因在于盟军的空中力量不占优势，但也因为他们把有限的空中力量集中在错误的地方——比利时中北部。5 月 13 日，驻法的英国空军指挥官——空军上将巴勒特（Barratt）认为，英国空军在荷兰和比利时战役中遭受了重大损失，有必要休整一天。当盟军意识到他们的错误时，确实在 5 月 14 日黎明派出了飞机，飞往色当去轰炸德军在默兹河上架起的桥梁。约有 152 架轰炸机和 250 架战斗机在色当上空集结，结果战损率达到了 11%。由于目标很小，他们的任务难度提升了不少；而且，以 10—20 架为一组的方式组成空袭编队，降低了空袭的效果。71 架英军轰炸机中，只有 41 架返回。根据英国皇家空军官方公布的历史，"英国皇家空军从未在一次行动中有过这么大的损失"[25]。下午，由于没有其他轰炸机，法军只得派出了过时的阿米奥 43 型轰炸机。该轰炸机完全不适合这种行动，同样伤亡惨重。

　　5 月 14 日，空军已经无法挽回局势，一切就看装甲部队的表现了。我们已经看到，乔治在 5 月 11 日就开始派遣部队增援第 2 军，其中包括第 3 摩托化步兵师和第 3 预备役装甲师。这些部队被编入弗拉维尼将军率领的第 21 军。弗拉维尼是法国最有机械化作战经验的将领之一。5 月 13 日晚，这些部队被派往第 2 军的左翼，准备发动反攻。色当南部是一座山脊，迪厄山森林（Mont-Dieu）和斯通尼村（Stonne）就在这个山脊上。这个山脊控制着向南进入法国中部的交通要道，地理位置非常重要。事实上，古德里安并没有进一步去保卫这座山脊，而是立即决定让他的两个装甲师掉头向西，深入法国领土，只留下第 10 装甲师来巩固这一阵地，而法军对此一无所知。古德里安的长官克莱斯特起初反对这一部署，认为这样做太过冒险，这会使德军的侧翼遭到南部法军的反攻。古德里安的这一计划为预备役装甲师提供了一个真正的机会，能让法军给德军制造麻烦。

　　然而，事实证明，第 3 预备役装甲师的行动非常令人失望。它在 1940 年 3 月 20 日才被组建起来，几乎没有时间进行训练，又缺少关键装备（履带式油罐车、反坦克炮、坦克用无线电），而且从未作为一个师被调遣过。加上第 3 预备役装甲师刚从预备役部队的驻扎地沙隆（Châlons）赶来，坦克需要补充燃油。基于所有这些原因，预备役装甲师指挥官布罗卡尔（Brocard）将军认为他在 5 月 15 日之前无法做好进攻准备，而弗拉维尼则希望他在 5 月 14 日上午行动。最后，他们决定在 5 月 14 日下午进攻，但进一步的延误使行动受阻。现在，弗拉维尼很快就对布罗卡尔发动快速进攻的能力失去了信心，于是他决定取消当天的进攻。他命令布罗卡尔在巴尔河（River Bar）以西直到斯通尼这 12 英里长的河边道路上，把坦克分散排成"口袋"阵形。这样，在古德里安冲出桥头堡时，法军也就失去了拦截的最好机会。

第二天早上（5 月 15 日），第 3 预备役装甲师的一个 B1 型坦克连和德军的第 10 装甲师在斯通尼发生了激烈的战斗。但法军要把前一天晚上被打散的坦克再重新集结起来，还要给早上参加战斗的那些坦克补充完燃油，才能发起联合反攻。最后，期待已久的反击以一个坦克营的夜间突袭而告终，当时许多坦克还在无所事事，没有参与战斗。5 月 16 日及随后的几天里，在斯通尼又发生了几次战斗。法军坦克表现良好，斯通尼村几经易手。不幸的是，这场战斗已经变得无关紧要了，因为古德里安已经沿西北方向进军法国了。弗拉维尼和布罗卡尔的小心谨慎和优柔寡断，古德里安的冲动鲁莽和大胆无畏，是对 1940 年法德两军差异的完美概括。

5 月 14 日，隆美尔在等待他的大部队过河时，他的桥头堡还很脆弱，而更北部的第 1 预备役装甲师再一次错失良机。北非第 4

师在那一天发起反攻，并且如果是与第 1 预备役装甲师联合反攻，效果会更好。这支部队最初被当作第 1 军的预备队，5 月 10 日被派往沙勒罗瓦（Charleroi）。也就是说，5 月 13 日那天，北非第 4 师的坦克就在隆美尔的桥头堡以北仅仅 40 公里处，但是比约特仍然无法确定德军的主攻方向，迟迟不肯下令他们向南进攻。直到 5 月 14 日清晨，第 1 预备役装甲师才接到命令，前往科拉普军队后方。然而，命令在传达过程中出现了延误。当第 1 预备役装甲师最终在下午 1 点出发时，又因为道路上挤满了大批难民，行进非常缓慢。第二天早上，第 1 预备役装甲师的指挥官布鲁诺（Bruneau）将军还没有做好进攻准备。他的坦克需要加油，而他犯了一个错误——把油罐车放在了他的纵队后面。由于路上交通混乱，他们耽搁了几个小时才到达。隆美尔的部队在从桥头堡向西南方向前进时，遇到了两个正在加油的 B1 型坦克营。接着便是一场混战。如果法军能把大部分坦克准备就绪的话，就能够对隆美尔构成有力的挑战。结果，隆美尔得以继续前进，只留下第 7 装甲师来对付其余的法军坦克。下午，德军坦克和加完油的法军坦克展开了激烈的战斗。尽管德军约有 100 辆坦克被摧毁，但法军也遭受了严重的损失，他们的坦克被打得七零八散。到那天结束时，整个第 1 预备役装甲师几乎已经损失殆尽了。

至此，科拉普的第 9 军已经处于完全瓦解的状态，面临北面隆美尔、南面古德里安的双重威胁。5 月 15 日凌晨，科拉普获准放弃默兹河防线，撤退到从沙勒罗瓦到勒泰勒（Rethel）的一条大致南北走向的防线上。但这里没有天然屏障可用于防御，而且撤军引发的混乱只会加速科拉普军队的崩溃。[26]

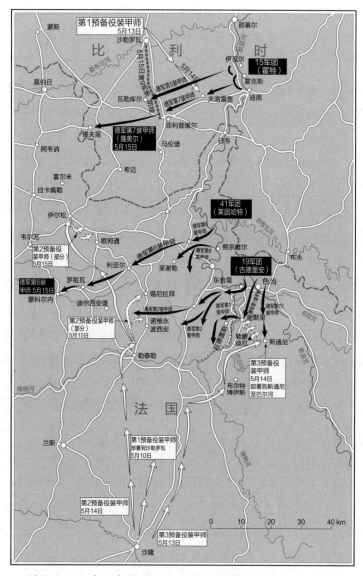

地图七　3 个预备役装甲师的行进路线：5 月 13—16 日

　　德军在 5 月 15 日取得的最突出的进展，既不是来自隆美尔也不是来自古德里安，而是来自蒙特尔梅第三桥头堡的莱因哈特。法国守军成功地牵制了其整整两天时间，但在 5 月 15 日早晨，他终于突破了法军的防线。隆美尔和古德里安在两边的突破已经致命地削弱了法军的中坚力量。阿利斯泰尔·霍恩（Alistair Horne）对此作了形象生动的描述——安齐热在 5 月 14 日打开了一道水闸，科拉普第二天又打开了另一道水闸，"洪水即将通过这两道水闸涌入法国"[27]。现在已经没有什么能阻挡莱因哈特了。正如我们所看到的，乔治一度已经察觉到阿登高地所面临的威胁，他最初就认为危险来自安齐热的右翼，于是他调遣预备部队来应对这种不测。这就是问题所在。这使他忽视了这可能对安齐热的左翼——第 2 军和第 9 军之间的缺口构成威胁。当他终于意识到这种可能性时，他决定调集一支由图松（Touchon）将军指挥的部队（不久被命名为第 6 军）来堵住缺口，并进攻德军的侧翼。

　　事实证明，足够快地集合图松的部队是很困难的。第 2 预备役装甲师就是分配给他的部队之一。5 月 14 日一早，第 2 预备役装甲师奉命从其驻扎的沙隆向沙勒罗瓦进发，参加对隆美尔的反攻。然而在坦克出发前，命令又取消了，因为很明显他们根本无法在短时间内赶到沙勒罗瓦。随后这项任务交给了第 1 预备役装甲师，而第 2 预备役装甲师则奉命前往锡尼拉拜（Signy-l'Abbaye）地区，对德军的主要桥头堡展开反攻。不幸的是，随行的轮式车辆早已出发赶往沙勒罗瓦，不得不在上午 10 点左右改道。从东部逃来的部队也拖慢了他们行进的速度。与此同时，坦克正被装上火车运往伊

尔松（Hirson），这是一项耗时的工作。结果便是，5 月 15 日，第
2 预备役装甲师的部队广泛分散在瓦兹（Oise）河和埃纳（Aisne）
河之间的地区。一些坦克正被卸下，另一些仍在火车上，而轮式车
辆还在往这儿赶呢。莱因哈特的装甲部队在向西前进时，竟然在无
意之中穿过了法军卸载坦克的区域。这一天，第 2 预备役装甲师徒
劳地分散在莱因哈特的两翼——坦克主要在北，大部分轮式车辆和
支援火炮在南。除此之外，并无其他进展。在三个预备役装甲师均
不成功的反击中，这支部队的努力被证明是最失败的。

　　5 月 15 日下午 4 点，莱因哈特的部队行进了大约 60 公里到达
蒙科尔内（Montcornet）。一路上几乎没有遇到什么抵抗。那天结
束的时候，图松意识到他已经无法堵住缺口了，因为在他计划部署
部队的地点以西已经出现了莱因哈特的部队。因此，他命令部队南
下埃纳河。现在，德军与英吉利海峡之间已经没有任何障碍了。

　　第二天（5 月 16 日），到了隆美尔带头冲锋的时候了。他亲
自率领两个坦克营抢在大部队前面冲锋陷阵——这是整场战役中
最英勇无畏的事迹之一。为了不让自己慢下来，他日夜兼程，绕
过较大的法军聚集区，直到 5 月 17 日早上 6 点到达勒卡托（Le
Cateau）才停下来，行程大约 110 公里。把一支部队如此暴露地远
远推到步兵和炮兵前面冲锋，这既不符合常规，也很危险，但这种
大胆的行为只会使法军士气受挫，从而进一步瓦解他们的防线。隆
美尔的进军与其说是一场战斗，不如说是扫荡，因为赶来增援这条
防线的法军震惊地发现，他们赶到如此遥远的西部却仍遭遇了德
军。到 5 月 16 日，德军在默兹河建立的三个桥头堡已经形成一个
紧凑的整体，最宽处达 95 公里。这就是丘吉尔 5 月 16 日抵达巴黎

与雷诺召开紧急会议时的形势。

5月17—18日：突出部

5月17日，看起来德军无意立即直取首都，而是可能向海岸进军，此时巴黎的恐慌情绪才有所缓解。这至少为法国提供了喘息之机。雷诺对政府进行了改组，邀请第一次世界大战的传奇英雄菲利普·贝当（Philippe Pétain）元帅出山来鼓舞士气。与此同时，对于德军进攻的速度，就连许多德军指挥官也大吃一惊。他们还记得1914年时他们是怎么逼近巴黎的。尽管德军部队正在加速向前推进，来"划定"德军突出部的外围战线，但其侧翼却暴露在危险之中。克莱斯特之前已经两次试图让古德里安放慢行进速度，现在则直接命令他停止前进。古德里安一气之下递交了辞呈，而第二天又继续前进。

克莱斯特担心的薄弱之处对英法盟军来说同样显而易见。正如丘吉尔在5月18日以鲜明的比喻所说："这只乌龟的头已经危险地远远伸出了壳外。"问题是，法军还没有能力对此采取任何行动。5月15日上午，乔治用吉罗换掉了科拉普。但到下午吉罗准备接管时，整个第9军的局面是灾难性的。只是由于通讯混乱，没有人知道到底有多么糟糕而已。为防止被向海岸逼近的德军所切断，从5月16日起，在比利时的法军开始撤退。与此同时，法军正在从阿尔萨斯－洛林地区以及马其诺防线后方抽调各个师，在德国走廊南部成立新的第7军［由弗雷尔（Frère）将军指挥］，这又需

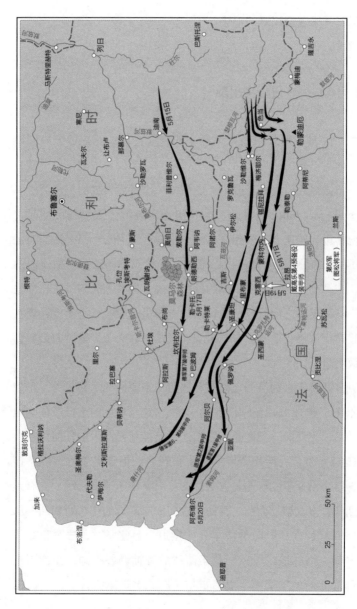

地图八　德军进军英吉利海峡

要时间；而且，来自瑞士情报部门的情报称，德军将通过瑞士发动入侵，这让统帅部颇感担忧，因而在抽出多少师来组建第7军的问题上犹豫不决。这种恐惧在5月15日后便消退了；但即便如此，德军一旦到达海岸，是否会转向南面进攻巴黎？这种不确定性使如何部署弗雷尔的第7军变得尤为复杂：弗雷尔是应该集中兵力全力一击呢，还是沿着走廊分散部署以守住通往巴黎的道路呢？

因此，尽管法军确实发起了几次局部反击，其中一些还取得了战术上的成功，但就此时而言，法军还无法对德国走廊发起任何联合行动。5月17日，戴高乐（现在仍然是上校）指挥第4预备役装甲师在蒙科尔内向古德里安发起了进攻。这支部队隶属于图松指挥，几天前才刚刚由一个步兵支援坦克营、一个B1型坦克营和其他几个中型坦克营仓促集结而成，共有大约95辆坦克。他们之前从未集中训练过，也没有无线电、反坦克炮以及空中支援。这次进攻把德军打了个措手不及，但德军还是没费太大力气就击退了他们。戴高乐的那支仓促拼凑起来、组织松散的部队未能取得更大的战绩，但这并未有损戴高乐的声誉。在德国走廊以北，5月17—18日，德军与从荷兰赶来的第1轻型机械化师在莫马尔森林（Forest of Mormal）发生激烈战斗。5月19日，戴高乐的第4预备役装甲师在拉昂附近发起了另一次进攻，在战术上这次进攻比第一次更成功。但最终所有这些攻击都像是苍蝇在乌龟头上嗡嗡作响，却从未积聚起强大的力量来危及它的颈静脉。

5 月 19—20 日：“不希望插手……”——甘末林的终结

在这段戏剧性的日子里，甘末林至少在表面上还依然保持着传说中的沉着冷静。他经常去乔治的司令部，光 5 月 14 日就去了两次。尽管乔治显然因种种事务忙得不可开交，但甘末林刻意避免直接干预“乔治指挥的战斗”。甘末林说，他来就是为了给乔治打气。考虑到两人极不稳定的关系，甘末林默默地出现在司令部，这可能更令人不安，而不是令人鼓舞。用甘末林一位副官的话说，甘末林的出现让总部的气氛沉闷，“前厅和走廊里，总有人神神秘秘地进进出出”。而甘末林本人“表面上看似平静，但实际上明显受到一种潜移默化的恐惧的折磨”[28]。5 月 18 日，他按照达拉第的要求起草了一份报告，解释了溃败的原因，并指责除自己以外的所有人。

甘末林现在被杜芒克说服了，认为他必须出面控制事态。5 月 19 日，他草拟了自开战以来的第一份也是唯一的一份命令。开头写道：“虽不希望直接干预这场由东北前线总司令指挥的战斗……”这种表述是出于对礼仪的严格遵守呢，还是一种推卸责任的优雅方式呢？甘末林这份命令的实质是让法国军队在“几个小时内”从北部和南部进攻德国走廊的侧翼。这显然是受形势所迫，但甘末林掩盖了所有现实中的困难，首先声称必须在数小时内采取行动。甘末林的命令与其说是一份计划，不如说是一张愿望清单。命令要求“特别机动部队”从南部发起攻击，但他们有特别机动部队吗？命令强调“保持”北方空中优势的必要性，但他们有过这种优势吗？命令还建议沿着德军进军方向的南翼延伸战线，以确保巴黎的安全，但这难道不需要把部队沿战线向外延伸出去，而不是集中力量进行反击吗？

甘末林起草这份文件时，就知道他的日子屈指可数了。5月17日，雷诺召唤在黎凡特（Levant）指挥法国军队的魏刚将军立即前往巴黎。第二天魏刚就到了。甘末林很确定这意味着什么。因此，甘末林的命令主要是着眼于后世。这或许也就解释了甘末林向乔治传达命令时那种相当随意的方式。5月19日清晨，他到达乔治的司令部后就把自己关起来起草命令。然后，他把写好的命令装到信封里，又一言不发地交给乔治。虽然甘末林留下来吃了午饭，但对那份文件的内容却避而不谈。当时的场面有点离奇。一位在场的人曾这样描述（毫无疑问带有某种诗意）：

> 然后，我们坐下来吃午饭。甘末林还是那么平静，一副漠不关心的样子。这顿饭给我留下了可怕的回忆。厨师和我们大家一样，对这次军事上的失败深感绝望。他沮丧地展现着自己所有的手艺，仿佛准备着一桌真正的婚宴。乔治脸色苍白，心力交瘁；他的高级军官们几乎都因疲劳和忧虑而面无生气。午餐的气氛更像是在葬礼上的烤肉。但是，坐在中间的甘末林，他当时就知道自己已经失去了政府的信任……觉得有必要装模作样，说说这个，聊聊那个，开开玩笑。这一切听起来都是假的。然后甜点来了：一个巨大的甜点，上面还盖着棉花糖。我想哭，或者希望天花板会掉下来砸在我们身上。这甜点既荒唐又可悲。甘末林像往常一样镇定自若。他尽情地吃着，喝着咖啡，然后就离开了。卫兵走上城堡的台阶，团部的号角响起。我再也见不到他了。[29]

晚上9点，甘末林回到他在文森的司令部，得知魏刚接替了他的职务。第二天（5月20日）早上，魏刚来接管。两个人没说几句话。据甘末林说，魏刚陪他走到门口，轻轻拍了一下他拿着的文件夹说："我知道福煦的锦囊妙计。""我本来可以反驳说，我有霞飞的锦囊妙计，福煦那些锦囊妙计对我来说算不了什么。但霞飞元帅没有锦囊妙计。"[30]当晚，第一批德军坦克到达英吉利海峡的索姆河口，在比利时的法国军队完全被包围了。

第二章

靠不住的盟友

1940 年 5 月 21 日：魏刚前往伊普尔

魏刚接任总司令一职后，很快就意识到盟军唯一的希望就是从北部和南部同时对德国走廊的最狭窄处发起进攻。这一地区地处阿拉斯（Arras，靠近英军防区）和索姆河（弗雷尔的新军正在那里集结[1]）之间。这和甘末林的观点不谋而合。为了评估这一计划的可行性，魏刚决定前往北方部队视察，而此时北方的部队几乎全部已经从比利时撤退到了法国边境。

魏刚在 5 月 21 日的北上之行深受各种问题的困扰。这使他能够目睹当时的混乱局面。早上 7 点，魏刚就抵达了巴黎附近的勒布尔热机场（Le Bourget airport），结果等了整整两个小时才找来一架飞机和一名护卫。在到达西北部的贝蒂讷（Béthune）空军基地时，他还指望指挥北方部队的比约特将军会来接他。结果，魏刚和他的副官发现这里早已被遗弃了：

> 我们经过飞机库，里面一架飞机也没有。一切都表明他们撤离得是多么仓促。我们终于见到了一个小士兵，浑身脏兮兮的，相貌却很英俊。他告诉了我们事情的经过。因为没有人给他任何命令，他就问我他该怎么处理那两万升汽油，这是他最

关心的事情。要是有一部电话该有多好，可是现在连一部电话也没有。这位刚刚受命指挥所有战区作战的将军……和他的副官被孤零零地抛在这偏远的农村，根本没有任何方式可以联系到他来佛兰德（Flanders）要见的那些人，或者是那些接到此次视察通知的人。[2]

他们找到了一辆卡车，那个"脏兮兮的"士兵开上车带他们去找电话。他们终于在一个村庄的邮局里找到了一部电话。联系上比约特后，魏刚才得知，比约特以为他们是在加来（Calais）见面，白白在那里找了他一上午。从那以后，比约特就消失了，没有人知道他在哪里。魏刚从早上到现在就没吃过东西，在一家乡村小旅馆匆匆吃了一个煎蛋卷。小旅馆的墙上还挂着一张 1918 年他陪福煦在雷通德（Rethondes）签署停战协定时的照片。

吃完后，魏刚就乘飞机去了加来。由于跑道被炸毁，飞机着陆并不顺利。比约特仍毫无音信。有消息说，比利时军队总司令利奥波德三世国王（King Leopold III）正在伊普尔市政厅等着魏刚和比约特两人。魏刚随即又驱车赶往伊普尔。一路上到处都是难民，把路都堵塞了。下午 3 点，他终于赶到了市政厅。利奥波德还在来的路上。在等待国王时，魏刚与比利时政府的三位大臣攀谈起来。

当天下午在伊普尔一共举行了三次会议，都没有什么明确的结果。利奥波德国王首先同魏刚举行了会谈，军事顾问范·奥弗斯特拉滕（van Overstraeten）将军也参加了。魏刚希望比利时军队继续向西撤退到伊瑟河（River Yser），这样就可以缩短盟军战线，英法两军便可向南进攻。利奥波德对此提不起丝毫兴趣。他认为，他的部队已经因撤退而士气低落、组织涣散，如果再继续撤退，他的部队就会彻底失去战斗力；而且还有更重要的一点，魏刚的这一提议意味着比利时将失去几乎所有领土，仅剩下很小一部分。表面上，法国和比利时之间的讨论是在亲切友好的气氛中进行的，但实际上双方对彼此都毫不信任。1936年利奥波德宣布比利时中立以来，法国就怀疑他有亲德倾向，而范·奥弗斯特拉滕则是将他引向歧途的罪魁祸首。在这一背景下，魏刚早已断定：利奥波德已经不再信任盟军，对盟军也没有什么义务可言，而且已经在打算向德军投降了。实际上，魏刚从利奥波德的大臣那里多多少少听说过此事。那些大臣已经和法国人一样，对他们的君主失去信任了。

利奥波德说，有必要先听听英军指挥官戈特勋爵的意见，然后再做决定。这次伊普尔会议并没有通知他。戈特又不知在何处视察部队，要找到他谈何容易。这时比约特赶来了。利奥波德又和比约特及魏刚进行了第二次会谈。魏刚记得，比约特经历了过去的两周所发生的一系列事情之后，明显已经"疲惫不堪，忧心忡忡"。比约特对法军的战斗力很悲观，撤退使军队陷入了一片混乱；他认为迄今为止几乎没有参加战斗的英国远征军仍有潜力发动攻击。比约特还证实，要想缩短战线，就必须依靠比利时军队的协助。魏刚此时也一改他此前对比利时军队的要求，问他们是否至少准备将战线延长，以便英军得以脱身转而向南进攻。这对利奥波德来说更容易接受一些，但他坚持认为关键还是要弄清楚戈特的态度。于是，范·奥弗斯特拉滕便开车去找他。

魏刚原本打算待一晚，见见戈特再走，最后还是决定先返回巴黎。德军炸毁了机场，坐飞机回巴黎已经是不可能了，但还是可以从敦刻尔克乘鱼雷艇到瑟堡（Cherbourg）。晚上 7 点，魏刚离开伊普尔赶往敦刻尔克，而后他又趁着空袭的间隙离开了敦刻尔克。魏刚离开伊普尔一小时后，戈特就到了。第三次会谈开始了，只是这次少了魏刚。对英国远征军是否有能力发起进攻这一问题，戈特并不像比约特先前那样乐观，但他也没有当场拒绝发起进攻。总的来说，这次会议没有任何定论。人人都对分配给自己的角色感到不满，但谁也不愿意公开表态。正如范·奥弗斯特拉滕所说："快 9 点半时，会议才结束。法国的那几位将军一致认为英军反击仍然会有决定性的影响，而戈特和波纳尔（戈特的参谋长）似乎对此不以为然……戈特临走时对国王说：'这差事糟透了。'"[3]

至于魏刚，他在第二天上午 10 点终于到达了巴黎。离开伊普尔时，他就确信戈特迟迟不肯露面至少是对他的蔑视。尽管他自己在那天的不幸遭遇足以说明，对于戈特的缺席没有必要不怀好意地加以曲解，但后来他开始相信，这证明英国已经在打算背叛法国了。魏刚没有见到戈特，这让他对英军能够（或者愿意）做些什么产生了一种完全错误的印象。他正是带着这种错误的印象离开了伊普尔。但也许即使他们见过面，魏刚也只会听到他想听或需要听的话，而不是戈特想告诉他的话。

寻找盟友：1920—1938 年

这一连串的误解、毫无结果的会议以及彼此之间的猜疑提醒我们，法国的沦陷不仅是法国的失败，同时也是盟国的失败。法国战败，部分原因在于法国未能充分协调盟国采取军事行动，还有一部分原因则在于 1939—1940 年，盟国几乎无所作为。法国最终在 1939 年参战时只有英国一个盟友，这本身就表明法国在两次世界大战之间所做的建立有效同盟体系的外交努力失败了：这场战争部分是由于缺少盟友而失败的。贝当对 1940 年法国战败言简意赅地评论道："孩子太少，武器太少，盟友太少。"这个观点的第一项和第二项都有争议，而第三项是无可争辩的。1914 年法国、英国与俄国结盟，1915 年意大利和罗马尼亚也加入进来。将德军在 1914 年 9 月的马恩河战役中失利的原因归结为冯·毛奇（von Moltke）觉得有必要把两个军调往东线，这一说法至少是有争议的。因此，我们在进一步探讨英法同盟的不足之处之前，必须先研究为什么法国在 1939 年开战时只有一个盟国。

法国要实施对德国两线作战的战略，就需要在东部寻找与之相抗衡的力量。俄国在 1914 年以前一直充当这一角色。俄国革命爆发后，法国领导人先后与新成立的一些东欧国家签订了一系列条约来取代俄国：波兰（1921 年，1925 年）、捷克斯洛伐克（1924 年，1925 年）、罗马尼亚（1926 年）和南斯拉夫（1927 年）。此外，法国在 1920 年还与比利时结成军事同盟。虽然捷克斯洛伐克、罗马尼亚和南斯拉夫组成了一个被称为"小协约国"（Petite Entente）的松散同盟，但再怎么说，这些零零散散的条约也并没有形成一个同盟"体系"。法国的这些所谓的盟友，它们唯一的共同点就是捍卫凡尔赛协议。然而，这并没有阻止他们彼此之间的激烈纷争。其中最严重的一次发生在波兰和捷克斯洛伐克之间，两国在泰申（Teschen）地区的边界问题上争执不下，那里波兰人很多。

1938 年，法国面临着是否为保护捷克斯洛伐克的领土完整而对德国开战的两难境地，而波兰政府则明确表示不会提供任何帮助；实际上，波兰利用捷克的弱点在 1938 年 10 月占领了泰申。

法国的同盟在 20 世纪 30 年代开始走向瓦解。1934 年 1 月，波兰与德国签订了互不侵犯条约。这并不意味着波兰与法国的同盟关系就此终结，但这表明，面对更加坚定自信的德国，波兰人认为他们不得不考虑自身的利益。如我们所见，1936 年 3 月，比利时废除了与法国签订的军事条约，并于同年 10 月宣布中立。这样做的原因之一是避免因为法国对中欧的承诺而被卷入战争；而且，那些说佛兰芒语的人从来就不看好与法国结盟，他们不信任法国对比利时事务的影响力。1936 年 3 月，德国重新占领莱茵兰，法国在其盟国中的威望深受打击。这一事件削弱了法国代表其盟友进行有效干预的能力，人们甚至对法国是否会进行干预产生怀疑：如果法国连自己的利益都不能维护，那它又怎么会维护他国利益呢？当法国的威望在下降时，德国却同时在努力扩大它在中欧和东欧的影响力。1937 年 6 月，希特勒的外交部长冯·诺伊拉特（von Neurath）巡访了这一地区。

法国政府时断时续地试图巩固其外交地位。1937 年 12 月，法国外交部长伊冯·德尔博斯（Yvon Delbos）开始了自己的东欧之行，先后访问了华沙、布加勒斯特、贝尔格莱德和布拉格，但这次公关活动并没有让法国付出言语之外的其他代价。在向盟国提供物资援助方面，法国主要针对的是波兰。为了对抗与德国签订互不侵犯条约的幕后主使——外交部长约瑟夫·贝克（Jozef Beck）的亲德倾向，法国试图扶植波兰的军事领袖爱德华·雷兹 - 希米格维

（Eduard Rydz-Smigly）元帅。1936年9月，在甘末林访问华沙之后，雷兹－希米格维在巴黎受到了隆重的接待，并签署了一项协议。法国政府据此给波兰提供了价值20亿法郎的军事贷款。

然而，总的来说，法国缺乏经济资源，无法靠物质援助来巩固这种同盟关系。法国到底有多想这么做，这也有待商榷。从20世纪30年代中期开始，德国的威胁与日俱增，因而一些法国政客开始疑惑，他们的盟友对法国而言是否更多的是一种负担，而不是力量来源。1938年4月出任外交部长的乔治·博内（Georges Bonnet）便是其中之一。博内深信，法国还太弱，充当不了欧洲警察，因而应该摆脱条约义务，放任德军在欧洲东部的行动。但大多数政客并没有考虑得这么长远。事实是，用历史学家罗伯特·扬（Robert Young）的话来说，他们想要的是"愿意为法国而战的盟友，而不是让法国为他们而战的盟友"[4]。这使法国的政策显得前后不一、优柔寡断、表里不一。例如，1936年夏天，罗马尼亚领导人蒂图列斯库（Titulescu）提出了一项新的协定，以加强"小协约国"彼此之间的义务，但法国政府一直不表态，讨论也就不了了之。然而在1937年夏天，罗马尼亚和南斯拉夫的参谋长们在参加法国的军事演习时受到了最隆重的礼遇，而在秋天时甘末林也参加了南斯拉夫和罗马尼亚的军事演习。

影响法国与盟国关系的一个问题是，法国的地理位置使其不能直接向盟国提供军事援助，因此，法国对盟国的吸引力正在减弱。解决这个问题的一个可能是与意大利结盟，在地理位置上，意大利像是中欧和巴尔干的桥梁。借助于意大利的铁路，法国就可以在几周内将大批法国军队运送到多瑙河。与意大利结盟还有其他好处：

意大利在地中海的海军力量可以保护法国与其北非殖民地之间的海上通道；而且，一旦法国不再需要保卫法意边境，就能腾出 15 个师调往东北部。

意大利的潜在重要性在 1934 年得到了证明，当时墨索里尼（Mussolini）把部队调到布伦纳山口（Brenner Pass），借以警告希特勒不要有吞并奥地利的企图。1935 年 1 月，法国总理皮埃尔·赖伐尔（Pierre Laval）访问罗马。随后，英国、法国和意大利于 4 月在斯特雷萨（Stresa）举行会议，申明他们对奥地利独立的共同承诺。两个月后，甘末林和意大利总司令巴多格里奥（Badoglio）元帅围绕对德战争中的军事合作问题举行了会谈。但是，1935 年 10 月，墨索里尼入侵阿比西尼亚，激怒了英法两国的公众舆论，这使迅速发展的法意关系遭到破坏。墨索里尼认为赖伐尔已授权他全权处理阿比西尼亚的事务，他这样理解是否正确？赖伐尔可能一直含糊其辞，希望墨索里尼能在不发动战争的情况下就得到他在非洲想要的一切。赖伐尔显然并不认为阿比西尼亚问题的重要性足以损害法意关系，但他顶不住对意大利实施制裁的压力。"斯特雷萨阵线"完全瓦解了。

1936 年西班牙内战爆发后，法意关系进一步恶化。意大利站在佛朗哥（Franco）一边进行干涉，而法国政府则奉行不干涉政策。当时，赖伐尔已经不再掌权，而法国政府是一个左翼政府，在意识形态上对墨索里尼有强烈的反感。1936 年 11 月至 1938 年 10 月，法国没有驻罗马大使，因为政府不承认墨索里尼征服了阿比西尼亚。尽管甘末林继续将希望寄托在他与巴多格里奥的私人关系上，但从 1937 年开始，法国的军事决策者就不得不假定，意大利在未来的任何冲突中都将是敌对国。1938 年 3 月，墨索里尼承认希特勒对奥地利的吞并。

难以捉摸的阿尔比恩：1919—1939 年的英法两国

英国强烈支持就阿比西尼亚问题制裁意大利，法国为此不得不牺牲与意大利的友谊。在意大利和英国二者之间做出选择时，没有哪一个法国领导人会犹豫，即使是像赖伐尔这样反英的人。如果背后没有大英帝国的支持，法国不可能打赢一场旷日持久的战争。同样，在 1937 年讨论加强"小协约国"彼此之间联系的可能性时，法国反应谨慎，原因之一是英国对法国在中欧的纠葛一直持谨慎态度，因此法国担心这可能使法国与英国的关系复杂化。

自从 1919 年克列孟梭（Clemenceau）为了不疏远英国而决定不推进法国对莱茵兰的主权要求以来，法英关系就一直是法国政策的精神支柱。然而，令人难堪的事实是，在两次世界大战之间的大部分年份里，英国始终拒绝对法国作出任何具有约束力的军事或外交承诺。法国人发现，为了一个看似强大却并不存在的虚无缥缈的法英同盟，他们正在损害现有同盟的根基。因此产生的懊恼情绪是可以理解的。法国人痛恨自己什么都要依赖英国人，但他们知道他们最终离不开英国人；而英国人痛恨的则是这样一个事实：尽管对法国的政策经常是出于同情，但他们知道他们最终不能让法国失望。

法英关系是建立在一系列假设、偏见、谎言和两国彼此的回忆基础之上的。虽然两国一起参加了第一次世界大战，这给他们留下了美好的回忆，但同时也留下了不好的回忆。1914 年，英国远征军司令弗伦奇（French）将军曾一度几乎要决定撤回英国。1918 年 3 月底，法英关系也一度变得紧张。当时，德军突破了盟军防线，英法两军之间即将被撕开一个口子。英军的黑格（Haig）将军要求贝当反击，以防止这一情况发生。贝当却拒绝了这一要求，他的命令是不惜一切代价保卫巴黎。通过这一事件，黑格确信法国人的自私自利一点也没变；而贝当认为英军一直在寻找机会迅速逃往海峡港口。

胜利的喜悦并没有完全抹去这些记忆。黑格在 1919 年评论道："我不想和福煦或者一群外国人在伦敦的大街上参加任何胜利游行。"20 世纪 20 年代，英国无法理解法国对德国复兴的无端恐惧，认为法国人是自找麻烦。劳合·乔治（Lloyd George）认为法国是"一个可怜的赢家"，而贝尔福（Balfour）却称："法国人愚蠢得让人无法忍受……他们非常害怕被老虎吃掉，却还不停地去戳它。"20 世纪 20 年代，法国保守派民族主义政治家雷蒙·普恩加莱（Raymond Poincaré）是英国人的眼中钉。寇松（Curzon）勋爵有一次和他偶遇，感到特别难受，尖叫道："我受不了那个讨厌的小男人。我受不了他。我受不了他了！"还有一次，他在巴黎北站（Gare du Nord）和普恩加莱道别后，关上车窗就嘀咕了一句"你可以下地狱了"。工党的反法倾向甚至比保守党更甚。当法国在 1923 年派军（有些是黑人）进入鲁尔区（Ruhr）时，菲利普·斯诺登（Philip Snowden）谴责这种"莱茵河上的恐怖"——这些"野蛮人……带着强烈的性本能"直插欧洲的心脏。[5]

20 世纪 20 年代，英国把法国视为欺凌德国的恶棍；到 20 世纪 30 年代，英国又成了欺凌法国的恶棍，对法国越来越粗暴。1935 年 6 月 18 日，英国与德国单独签署了海军协定，这一天恰逢滑铁卢（Waterloo）纪念日！1936 年 3 月，当德国重新占领莱茵兰时，法国政府起初发出了好战的声音，但当英国明确表示不支持时，法国就悄然默认了。1936 年 7 月西班牙内战爆发后，法国政府的最初反应是打算对西班牙共和政府施以援手，但英国明确表示不赞成，法国就同意签订互不干涉条约。到 1938 年，英国对法国的欺凌已经成为他们的第二天性，英国大使埃里克·菲普斯（Eric Phipps）爵士更是肆无忌惮地干涉法国内政。1938 年 4 月，他公开表示英国政府强烈反对任命约瑟夫·保罗 – 邦库尔（Joseph Paul-Boncour）为外交部长，原因是他反对绥靖政策（他曾戏称墨索里尼是"游乐场里的恺撒"）。保罗 – 邦库尔就没有被任命。虽然与捷克斯洛伐克结盟的是法国，而不是英国，但这主要是因为英国政府带头极力迎合德国对苏台德区（Sudetenland，捷克斯洛伐克的一个讲德语的地区）的主权主张。张伯伦（Chamberlain）甚至都没有事先通知法国，就把朗西曼（Runciman）勋爵作为独立谈判代表派往德国；9 月 14 日，他去见希特勒时也没有带上法国总理达拉第。在那个月月末的慕尼黑会议上，达拉第和张伯伦几乎没有任何接触；后来，张伯伦没和达拉第商量，又与希特勒进行了一次秘密会晤。

法国对受到如此傲慢无礼的对待感到焦躁不安。1935 年担任总理的赖伐尔抱怨说，英国对待法国就像对待葡萄牙一样。对赖伐尔和法国舰队司令达尔朗（Darlan）上将来说，海军协定的签订完美诠释了英国这个"背信弃义的阿尔比恩（Albion）"［这个说法是波舒哀主教（Bishop Bossuet）在 17 世纪英格兰皈依新教后所创造的］的名词。1940 年，法国人肯定有这样的想法——英国动不动就牺牲盟友来跟德国达成协议，与其等着英国打败德国后再签订协议，法国还不如先跟德国议和。1935 年，法英关系处于两次世界大战之间的低谷时期。也就在这一年，新闻记者亨利·贝劳德（Henri Béraud）出版了著名的小册子《英格兰应该沦为奴隶吗？》。在简要叙述了从圣女贞德到拿破仑时代法国对英国的种种对抗后，他最后写道："我说我恨这个民族……我再说一遍，英格兰必须沦为奴隶。"

　　尽管法国坚持说英国总是让他们失望，但事实要复杂得多。例如，现在回想起来，对莱茵兰的重新占领应该是阻止希特勒最后的机会，然而在当时人们却并不这样认为。1936 年，法国军事将领们更担心的是被意大利疏远，而不是他们期待已久的德国重新占领莱茵兰。1936 年 3 月 11 日，外交部长皮埃尔·埃蒂安·弗朗丹（Pierre Étienne Flandin）在伦敦宣布，如果英国愿意提供帮助，法国就准备将德国军队赶出莱茵兰。当时他最怕的，应该是得到英国积极的回应。英国则给了法国一个什么都不做的托辞，让他们在既没有军事准备也没有心理准备的情况下摆脱尴尬的困境。在慕尼黑，情况也多半是如此：如果可以指责英国，那么抛弃捷克人在良心上就会好过一点。

　　如果法国对英国如何让法国失望一直喋喋不休，那是希望这样能迫使英国以对未来做出承诺的形式进行补偿。因此，莱茵兰被德国重新占领实际上被法国政府视为一次机遇而非危机。但是，英国对欧洲大陆的任何承诺都有所保留，而且他们提供的条件始终低于法国的要求。在莱茵兰被德国重新占领后，英国确实同意举行会谈，但这些会谈仅限于武官之间的低层次的信息交流。直到慕尼黑会议结束后，1939 年 2 月，英国才最终同意与法国举行高层人员会谈。从这个意义上说，牺牲捷克斯洛伐克终于实现了法国 20 年来的夙愿。这种政策上的根本转变之所以发生，是因为 1939 年初的一份（假）情报引起了英国政府的恐慌，情报称德国下一步的行动方向是向西而不是向东。与此同时，英国人开始担忧，用 1939 年 1 月英国参谋长备忘录中的话来说，法国正被诱使"放弃遏制德国进一步扩张这项不平等的任务"。希特勒违背了他在慕尼黑所做的承诺，进军布拉格（Prague）。此后，1939 年 3 月 30 日，英国进一步向法国靠拢，承诺保障波兰的安全。4 月，英国政府开始征兵。法国的东部盟友已所剩无几，但英国最终站在了法国一边。

　　双方正在努力增进两国之间的友好关系。早在 1938 年 7 月，乔治六世国王（King George VI）和伊丽莎白王后（Queen Elizabeth）就对法国进行了为期四天的访问。这件事在当时得到了大规模的宣传。在巴黎市中心，几乎家家户户的窗户上都装饰上了英国国旗，公共汽车也挂着英法两国的国旗。法兰西喜剧院（Comédie-Française）的一位女演员在广播里朗诵了一首《英格兰颂》；法国还发行了一套邮票，上面画的是从英国国会大厦（Houses of Parliament）和凯旋门（Arc de Triomphe）伸出的两只手跨越英吉利海峡紧紧握在一起。1939 年 3 月，法国总统勒布伦（Lebrun）到伦敦进行国事访问。作为英国议会上下两院的客人，他被邀请参加在威斯敏斯特大厅（Westminster Hall）举行的招待会。随后，法国演员萨卡·圭特瑞（Sacha Guitry）和英国女演员西塞莉·卡特奈姬（Cicely Courtneidge）等人表演了节目。气氛是真诚友好的。当然，一些仇法分子所说的不可理喻的言论也是在所难免，比如保守党议员"薯条"钱农（"Chips" Channon），他把整个事件斥为是为艾登（Eden）和丘吉尔这些"亲法国佬的男人"而安排的"法国佬周"。但即使是内维尔·张伯伦（Neville Chamberlain）——他当然不是"亲法国佬的男人"——也对勒布伦的演讲留下了深刻的印象。接下来的娱乐表演节目让他狂笑不止，还不断地打嗝。1939 年 4 月，由马塞尔·莱尔比埃（Marcel L'Herbier）导演的法国宣传影片《友好协约》（Entente cordiale）在巴黎上映，博内和菲普斯也出席观看了。

　　20 年的相互猜疑无法在几周内就彻底消除。英国已经习惯于带着一种屈尊俯就的态度对待法国，而且对法国一直抱有成见。在他们眼中，法国政治是拜占庭式的，法国政客是轻浮的，整个国家是堕落的。菲普斯评论说："我很遗憾地说，诚实并不是一般政治家的强项，但没有其他法国政治家在场的情况下，从他身上探取到真相的机会要大得多。"这种傲慢的官腔甚至影响了像哈罗德·尼科尔森（Harold Nicolson）这样的亲法派。他把 1937 年 4 月访问伦敦的达拉第说成是"拜访罗马元老院的伊比利亚商人……跟我们自己那些星光灿烂的大臣们比起来"。英国的政治家中几乎没有几个人会说法语，除了知道艾克斯莱班（Aix-les-Bains）或者尼斯（Nice）这样的度假胜地以外，许多人对法国几乎一无所知。在英法首轮参谋会谈时，没有译员在场。甘末林的语速很快，以至于当时的帝国总参谋长戈特将军几乎没听懂几句，却还不时乐观地低声

说着"同意"。⁶

另一边，法国政治家对英国（和英语）的无知程度，甚至超过了英国政治家对他们的无知。"背信弃义的阿尔比恩"这一形象深入人心。1939 年 1 月，张伯伦访问罗马时，达拉第向美国大使威廉·布利特（William Bullitt）吐露了他的心声，布利特又将其转达给了罗斯福（Roosevelt）：

> 他（达拉第）完全预料到了英国会背叛他，并补充说，这是英国盟友的一贯作风。达拉第接着说，他认为内维尔·张伯伦是一根干柴，国王是个白痴，而王后则是一个野心勃勃的女人，为了保住英国王后的地位，她会不惜牺牲世界上任何一个国家。他还说，他认为艾登是个年轻的白痴，他连一个英国人都不认识，却一味仰慕他们聪明又绅士。在他看来，现在的英国已经变得如此衰弱不堪。

达拉第经常这样向布利特倾吐心声，两人因此建立了极其亲密的关系。但他与英国驻巴黎外交代表的关系一直不太好。菲普斯因为跟法国的绥靖派走得太近而名声扫地。他的继任者罗纳德·坎贝尔（Ronald Campbell）爵士于 1939 年 10 月接任，他的人品并不为人所知，不过他那相当冷漠的态度倒是很符合法国人对英国人冷漠和矜持的看法。

一旦从英国那里获得了虚无缥缈的承诺，法国的决策者们就对英国变得更加坚定自信。这一点在两国对意大利的政策中表现得最为明显。法国向墨索里尼寻求支持的努力就从未完全停止过。1938

年 10 月，法国最终承认意大利对阿比西尼亚的征服，并向罗马派驻大使，从而消除了影响两国关系改善的障碍。但是，当意大利媒体发起了一场显然经过精心策划的运动，要法国把一些殖民地甚至还有一小块法国领土割让给意大利时，法国的希望顷刻之间破灭了。1938 年 11 月 30 日，法国新任大使应邀在意大利议会目睹了一场喧闹的示威活动，集会的议员们都站了起来，高喊着"尼斯，科西嘉，突尼斯"。这似乎使任何让墨索里尼与希特勒划清界限的希望都化为泡影。然而，英国依然对此抱有希望，这就是为什么张伯伦要在 1939 年 1 月访问罗马，他们并不是意大利帝国野心的目标。英国向达拉第施压，要求他对墨索里尼多加安抚，结果遭到了拒绝。有些法国政治家仍然相信意大利可以被说服，但 1939 年 3 月以后，这就不再是官方观点了。一位部长轻蔑地说："可以给他们一座码头，但不能再多了。"[8] 达拉第告诉菲普斯，意大利人就是一帮"匪徒"。尽管英国在 7 月又重拾这一问题，但达拉第却不为所动。英国外交大臣哈利法克斯勋爵担心，达拉第正在变成另一个"普恩加莱"。在英国人看来，这可不是什么恭维的话。法国已经很久没有这样反抗过英国了。

不再是盟友

在慕尼黑阴谋之后，法国政府开始试图挽回一些它在中欧、东欧和南欧的地位，希望能阻止希特勒发动战争，如果不能的话，也好在战争爆发时建立反对希特勒的第二阵线。1938 年 11 月，由埃尔韦·阿尔方德（Hervé Alphand）率领的高级别经济代表团被派往罗马尼亚、保加利亚和南斯拉夫。但这些重申法国影响力的努力收效甚微。法国的财政及经济资源不足，难以支持这样的外交政策。他们能给罗马尼亚提供的一点实际帮助便是购买更多的粮食，但这也被法国农业部长否决了。

在 4 月 7 日墨索里尼入侵阿尔巴尼亚后，巴尔干各国便再次被推到了风口浪尖上。由于担心这是希特勒进军罗马尼亚以抢占石油资源的信号，在英国的支持下，法国向罗马尼亚和希腊做出了保证，就像上个月向波兰做出保证一样。巴尔干各国安全的关键在于得到土耳其的支持。英法两国从 1939 年 4 月就开始谈判，同时又和土耳其谈判，并于 5 月 12 日签署了一项英土宣言。然而，与法国的谈判却因亚历山大勒塔（Alexandretta）桑贾克（Sanjak）区的长期争端而变得尤为复杂。这里是法国托管的在叙利亚的一块讲土耳其语的飞地。直到法国同意割让桑贾克，三国才于 10 月 19 日签署了一项条约。这一协议受到严格限制，英法同盟所作出的承诺比土耳其还多。

人们希望，土耳其可以成为法国在东欧和南欧（巴尔干各国）的安全支柱，但中欧和东欧呢？更确切地说，法国能为波兰做些什么呢？在这里，唯一能够提供直接帮助的国家是苏联。因此，英法两国在 1939 年开始尝试与苏联结盟。实际上，法国早在 30 年代初就与苏联举行过会谈，而这一不快的先例也就在一定程度上解释了为什么斯大林会对 1939 年的谈判持怀疑态度。

20 世纪 30 年代初，自 1917 年以来几乎不存在的法苏关系开始缓和。从 1932 年起，法国开始向莫斯科派驻大使。面对德国日益增长的威胁，1935 年 5 月两国又签署了法苏互助条约。苏联政府立即敦促法国将其变成一个全面的军事同盟。但大多数法国军方的领导人对苏联的军事能力表示怀疑。结果那些对此持反对立场的人都受到了排挤。卢瓦佐（Loizeau）将军便是被排挤的对象之一。他在 1935 年 9 月参加了红军演习并给予积极的评价，为此受到了斥责。更能代表法国军方观点的是施魏斯古特（Schweisguth）将军。他在 1936 年观察了军事演习，对自己的所见所闻做了完全负面的描述。他的这种所谓的专业判断无疑带有反共色彩。施魏斯古特猜测，苏联的意图是把法国推入跟德国的战争中，然后再来收拾残局。很少有政治家会强烈推动与苏联结盟，因为那意味着挑战军方的判断。

另一方面，法国虽无意缔结军事同盟，但还是担心苏德关系会像 1922 年签订《拉帕洛条约》（Rapallo Treaty）那样出现和解。法国不相信苏联会是盟友，但也担心苏联会成为敌人。因此，法国的政策是允许试探性的会谈，同时避免作出明确的承诺。甘末林在 1937 年 1 月通知他的谈判代表"拖延谈判"。到了 3 月，他又指示说："争取时间，但不要进行参谋级别的会谈。" 1937 年夏天，谈判因苏联国内的大清洗而结束。这为那些坚称红军一无是处的人提供了更多的有力证据。

这便是 1939 年英法两国试图建立英法苏三国同盟以对抗希特勒这个敌人的背景。这一次斯大林掌控了局势。他知道，西方列强需要他来有效兑现他们对波兰的保证。1939 年初，德国开始通过其驻莫斯科大使频频向斯大林示好。4 月，斯大林开始与英法两国谈判。6 月，英国派遣外交官威廉·斯特朗（William Strang）前往莫斯科。在最初阶段，英国人比法国人更加沉默寡言。张伯伦觉得自己是被内阁逼着来谈判的，因而他的态度自始至终都很冷淡。7月，他写信给妹妹说："我很怀疑苏联所能提供帮助的价值，即使没有他们，我也不会觉得我们的处境会有更大的恶化。"[9]在几周的外交准备期间，苏联确定了他们的条件：将保证的范围从波兰和罗马尼亚进一步扩大到波罗的海诸国，并在达成任何政治协议之前要先达成一项全面的军事协定。

英法同盟在7月做出最后让步后，便开始任命军事谈判代表。在这件事上，英国比法国多花了10天时间。8月5日，联合军事代表团终于乘慢船从伦敦出发了。具有象征意义的是，斯特朗选择了最快的方式——乘飞机离开莫斯科，而军方谈判人员则以最慢的方式抵达。法方代表是杜芒克将军，英方代表是雷金纳德·普伦基特–厄恩利–厄尔–德拉克斯（Reginald Plunkett-Ernle-Erle-Drax）爵士。他们二人都没有得到各自政府的明确指示。在杜芒克出发前一晚，达拉第告诉他"不惜任何代价"也要拿回一份协议。但在最棘手的波兰问题上，达拉第并未给他任何指导性意见。由于苏联与德国没有共同边界，这意味着对法国提供任何军事援助都要穿越波兰。但波兰人对苏联的怀疑甚至超过了对德国的怀疑，因而不太可能同意这么做。波兰在1919年至1920年的俄波战争中占据了苏联的领土，他们担心苏联会趁机夺回这些领土。正如一位波兰官员1939年对博内所说的："波兰政府决不允许苏联人占领我们1921年从他们手中夺走的领土。你们会允许德国人进入阿尔萨斯–洛林吗？"[10]苏联同盟和波兰同盟之间可谓水火不容。这是法国军方在20世纪初不愿加入苏联同盟的另一个原因。

在四天的航行途中，英法代表团起草了一份含糊其辞的提案，借以安抚苏联。他们于 8 月 10 日抵达，两天后会谈就开始了。8 月 14 日，谈判几乎完全陷入了僵局。当时，苏联的谈判代表伏罗希洛夫（Voroshilov）元帅一有机会就喜欢折磨英法的两个谈判代表，他一针见血地发问："如果波兰遭袭，英法两国参谋部会认可苏联陆军进入波兰领土，同敌人展开正面交战吗？"对这个问题，杜芒克和德拉克斯并未做出回答，而是一味拖延。但是伏罗希洛夫仍然不依不饶："我想要你们明确回答我这个再清楚不过的问题。"现在法国试图对波兰施加压力，匆匆派了法国代表团的博弗尔上尉赶往华沙，但波兰不为所动。8 月 21 日，绝望的达拉第授权杜芒克向苏联保证苏联军队已被允许取道波兰，然而巴黎方面尚未得到波兰方面的类似保证。伏罗希洛夫在第二天明确表示，他要求有关各方均需正式表示同意才行。法国肯定无法说服波兰接受这些条件，但无论如何都为时已晚。1939 年 8 月 23 日，德国和苏联政府签订了互不侵犯条约。

那些批评同苏联结盟的人坚信斯大林是不可信任的；直到今天，也没有人知道他在 1939 年是否还准备与西方列强订立同盟。在苏联领导层中，总有一些人不信任与西方结盟；考虑到同西方结盟的在西方频频遭受冷遇，苏联在 1935—1938 年却始终坚持不懈地奉行这一政策，这就值得我们注意。如果在 1939 年西方列强仍有可能与苏联缔结同盟——当然这是不太可能的，毕竟德国给出的条件更多——那么西方列强就需要表现出更多的诚意和紧迫感。希特勒把里宾特洛甫（Ribbentrop）派往莫斯科，而英国派出的是德拉克斯海军上将，这颇具象征意义。问题在于，德国对苏联持敌对态度时，西方列强却过于自负；一旦他们不再敌对，西方列强想结盟时也就为时已晚了。一位英国外交官在 9 月 11 日愤愤不平地说："从未有人告诉我们，德国和苏联已经开始谈判了。"[11]

甘末林的失望：波兰、比利时、英国

苏德互不侵犯条约的宣布震惊了西方国家，但如果真的让法国军方在苏联和波兰之间做出选择，即使在现在他们也会选择后者。谈到甘末林，英国当局告诉我们，直到波兰战败，他都一直坚信"比起苏联，波兰才是抵抗德国的最佳堡垒"[12]。我们绝不能低估苏联大清洗动摇西方国家对红军战斗力的信心的程度，虽然现在回过头看这是很明显的。另一方面，波兰陆军是欧洲第四强陆军，排在德国、法国和苏联之后；而且，他们在 1936 年又得到了法国提供的一大笔贷款，以进行装备现代化整备。但法国政府并没有采取任何措施来跟进这件事，根据法国自己的经验，要想保证重整军备的成功进行，光花钱是不够的。

法国最终选择相信波兰，因为除了波兰，也没有谁更值得相信了。法国这二十年来在东欧为了建立针对德国的安全体系所付出的所有努力，如今却只剩下波兰了。1939 年 5 月，在法国和波兰有关人员的会谈中，双方讨论了在对方遭到攻击时各自该怎么做。甘末林承诺，法国将在动员后 3 天内发起有限的进攻，以减轻波兰的压力；16 天后，一旦完成动员，法国的主力部队就会展开救援性进攻。维耶曼也底气十足地说法国空军可以给予支援。所有这些保证都毫无根据，因为法国根本没有这样的大规模行动计划。英法两国清楚他们对波兰无能为力。他们压根就不想拯救波兰，至少在短期内是这样。波兰的作用是让西方列强能够有喘息之机，从而可以拯救自己。1939 年 7 月，甘末林对戈特说："我们非常关注这场东欧国家爆发的战争。战争要逐渐地扩大。那样，我们就能从容地调动英法军队的全部兵力。"[13]

结果，波兰令人大失所望。甘末林原先预计波兰能撑 4—6 个月，但德军进攻还不到一周，他的这一预计显得太过乐观了。9 月 7 日，法国军队越过马其诺防线进入萨尔（Saar）。9 月 12 日，部队就停止前进。他们已经沿着约 12 公里的战线行进了约 8 公里，还"占领"了几个被遗弃的德国村庄。法军在这次"萨尔攻势"中只投入了 10 个师，而这代表了西方国家对波兰的全部支援。波兰战败后，法国军队在 10 月 4 日撤退到了马其诺防线以内。

波兰的战败意味着甘末林将不得不更早地面对法国及低地国家遭到进攻的可能性，这可超乎了他的预期。在秋天，德国即将入侵的警报频频发出。其实在 1939 年 10 月，希特勒就曾命令他的军事指挥官们立即准备进攻法国。因此，甘末林的担心不无道理；而且，比利时的中立使他的计划变得更加复杂化，这让他更为恼火。这是甘末林的第二大失望。即使在 1936 年比利时退出法比同盟之后，甘末林还是与比利时军队总司令范·登·伯根将军保持着非正式的、高度机密的接触。他依然抱有这样的希望：一旦宣战，比利时最终还是会按照法国军事计划理论上要求的那样，邀请盟国参战。但是甘末林的如意算盘打错了，他没有考虑到比利时极力避免成为下一个战场的合理愿望。英国驻巴黎公使奥利弗·哈维（Oliver

Harvey）在日记中写道：

> 可怜的利奥波德进退两难。如果他承诺签订军事协定，那么德国人会说他违反了他的中立立场，德国也就有理由公然发动入侵。如果他不跟我们和法国达成协议，我们就不能在他受到攻击时给予他适当的帮助——这是一个恶性循环。此外，德国不应该入侵比利时，因此比利时也不应该挑衅德国，这可以说是一种利益共存。我想，答案是，只要有利于德国，不管比利时做什么，德国都会入侵比利时。[14]

尽管在假战争时期，甘末林和英国仍然通过在比利时皇室的朋友罗杰·凯斯（Roger Keyes）爵士保持着与比利时的联系，也尽管范·奥弗斯特拉滕确实允许和法国之间进行情报交流，但这些都不能代替真正的联合军事计划。虽然没能成功，但比利时确实想让盟军同意，如果盟军获准进入比利时，就要向阿尔贝运河防线推进。尽管这里离法国边境最远，而且相比其他任何阵地，推进到这一地区需要更多的情报支持。

在假战争时期，英法两国时常会认为比利时将邀请他们参战。梅赫伦事件后就曾有过这样的时刻，那份泄露的方案似乎证实了德国入侵比利时的计划。1月14日，甘末林在边境集结部队，但因为比利时重申不会违背中立立场，而又不得不撤军。范·登·伯根因为其过于亲盟军的立场而被免去参谋长一职。德国入侵挪威后，盟军再次请求（在4月11日）进入比利时，结果又一次遭到拒绝。然而，盟军在4月23日举行的联合会议上确实做出了决定，如果

德国入侵的是荷兰而不是比利时，那么盟军就会不顾比利时政府的
态度而强行进入比利时。不过至少目前来说，这是英法两国站在自
己的立场的各自决定。

比利时的态度引起了极大的不满。一向温和的甘末林在10月
份写道：

> 比利时人……是没有头脑、目光短浅的平庸之辈……在很大
> 程度上要为波兰的毁灭负责；他们本可以在许多方面提供帮助，
> 然而却严重阻碍了英法两国的行动……比利时对此负有很大责
> 任，它会沦为各国列强角逐的战场，这就是它要付出的代价。[15]

戈特的参谋长亨利·波纳尔（Henry Pownall）将军的日记里也
充斥着蔑视性的批评，指责比利时人在假战争时期所表现出的自私
自利。种种愤恨之情后来又重新出现过。

英国几乎没能帮上多少忙，这同样让甘末林失望。他最想从英
军那里得到两个装甲师来补充法军兵力的不足，但这恰恰是英国所
欠缺的。德国发动进攻、英国远征军被困比利时之后，1940年5月，
英军第1装甲师才准备好赴法作战。英国打算派出的是步兵而不是
装甲部队。1939年春，英国战争大臣莱斯利·霍尔－贝利沙（Leslie
Hore-Belisha）宣布，英国正准备集结一支由32个师组成的部队。
但人们很快就发现这一说法过于乐观。波纳尔在1939年4月的日
记中写道："至少需要18个月甚至更长的时间……这支有名无实的
军队才能变成一支实实在在的军队。"[16]1939年11月，新任命的
帝国总参谋长埃德蒙·艾恩赛德将军认为英国要到1940年9月才

能出动 15 个师。

到 1939 年底，英军已有 5 个正规师抵达法国。考虑到英国陆军部在计划开始时甚至还没有拿到最新的法国地图这一事实，这已经是相当大的成就了。到春天时，英国又派出了 8 支本土防卫军部队。但这些部队的装备严重不足，而且大多数士兵仅仅承担过防卫任务。戈特曾在 4 月视察过其中一个师，他写道，他从未"相信在英国军队中竟然会看到这样邋里邋遢、滑稽可笑的部队。那些士兵没有刀叉，没有杯子"。[17]

在法军看来，英军还有更严重的缺陷。由于英国皇家空军坚决执行战略轰炸策略，因而英国远征军几乎没有得到过空中支援。英国皇家空军部署在法国的先遣空中打击部队（AASF）由 10 个强大的中队组成，直接听命于轰炸机司令部，而不是配合地面部队作战。它的任务是轰炸德国。英法两国的指挥官都认为光靠英国远征军自己专门的空中部队是完全不够的。波纳尔颇有先见之明地评论道："在我们这个国家应该维持什么样的空军，又该将什么样的空军派遣至法国，这一难题将是我们在整个战争期间所面临的主要的也是长期的困难之一。"[18]

到 1940 年 5 月，英国远征军已经有 10 个师准备好了战斗。[19]英军指挥官十分清楚，无论是英国作为盟友所尽的责任，还是远征军所能起的作用，都非常有限，因此在计划决策时他们多是遵从法军的决定。1939 年 11 月，当甘末林提出向代勒河推进的计划时，英军毫无异议地接受了分配给他们的任务。指挥英国远征军的戈特将军向法国东北战区总司令乔治将军负责。因此，英法军队有着统一的指挥。在上一次战争中，统一指挥这一目标直到 1918 年 4 月、开战将近四年时也未能实现。但 1940 年的情况则有些不明朗。英法双方达成的共识是，如果戈特认为他接到的命令可能危及他的部队，他就可以向乔治的上级提出上诉。但当艾恩赛德问霍尔－贝利沙戈特能找谁上诉时——"是内阁、首相、陆军部还是什么？"——并没有得到明确回答。[20]

戈特是一名诚实正直、真诚坦率的军人，有时被戏称为"快乐的营长"。他的传记作者形容他是那种"认为接受外国人是不得已而为之，完全反感于同胞身上的异国情调和倾向的英国人"。尽管如此，英国远征军指挥官和法国军方之间的关系并不坏。英军指挥官与法国军官联系频繁。这就少不了要经常请客吃饭——"这是对两国友好关系的一次重要检验。"艾伦·布鲁克（Alan Brooke）将军吃完一大盘牡蛎后说道——但波纳尔认为这些努力是值得的："如果总司令部也能在上一场战争中多做一点这样的事，就能成功解决出现的一些困难。"在他看来，与 1914 年的黑格将军和弗伦奇将军相比，戈特更善于跟人打交道，而后者在这方面"做得相当糟糕"[21]。

在戈特的军长们看来，戈特的主要缺点是缺乏大局观，而过于纠缠于细节。刚到法国时，他首先关心的一个问题是：钢盔不戴的时候是应该背在左肩还是右肩。戈特的大部分时间都在部队视察，就连他的参谋也常常搞不清他的行踪，5 月 21 日在伊普尔就是这个情况。与其说这是一个总司令的美德，还不如说这是一个师长的美德。戈特和艾恩赛德的关系冷淡，艾恩赛德觉得戈特现在的职务本应该委任给自己，但他们两人都一致厌恶霍尔－贝利沙，认为他是一个粗俗的宣传员（身为一个犹太人，他有着戈特不欣赏的那些

"异国情调")。1940 年 1 月，霍尔－贝利沙受到不公平的指责，说他公开批评英国远征军，因而被迫辞职，此后，这个造成戈特和艾恩赛德关系紧张的根源就被消除了。

总之，一旦将这种对法国的判断产生影响的文化偏见排除之后，英国军方似乎也就对法国军队有信心了。波纳尔认为法军需要加强训练，但除此之外，他对他们的表现也没有很不满。令艾恩赛德印象深刻的是，他见到的所有军官"脸刮得干干净净的，有在战壕里的，有在战壕外的……他们个个身体健壮，着装整洁，可好看多了"。这可不像是 1914 年时的景象了。反对这些肯定性观点的英国人主要是布鲁克将军，他对法国人几乎没有信心——他在 9 月时曾指出"法国人的邋遢、肮脏和无能比以前还要糟糕"——但他的同僚们普遍认为，他当时有一种"非常消极的心情"。甘末林试图逐渐给英国人灌输扩充军队的紧迫性，他可能更希望英国人不那么相信法国，但又不好明说。[22]

假战争期间的英法两国

在政治层面，英法关系在战争开始时还算和谐，但很快就恶化了。为了配合战略需要，盟国立即成立了最高战争委员会（SWC），轮流在英国和法国开会。在上一次战争中可是足足花了三年时间（直到 1917 年 11 月）才建立起一个类似的实体组织。为了协调两国的经济规划，1939 年 11 月，成立了英法联合采购委员会和英法协调委员会，由让·莫内担任主席。1939 年 12 月，英法两国达成了一项财政协议，对两国政府各自对战争的财政捐款作了分配（根据两国的国家财富确定——法国占 40%，英国占 60%）。此后，两国又签订了贸易协定（1940 年 2 月 16 日）和工业协定（1940 年 3 月 7 日）。

官员们花了大量时间来讨论如何让英法两国民众对彼此更有好感。这些想法有的令人称赞，有的荒唐可笑。有人建议，电影院可以在播放完《天佑女王》后再播放《马赛曲》，还可以把英语作为法国学校的一门必修课，反之亦然。英国教育委员会主席建议让英国儿童"学习一些法国饮食，我相信在伦敦有很多失业的法国厨师，我们可以请他们到各个学校做做法国菜"。还有一些其他不切实际的想法，用一位外交部官员的话说就是——建立"一个英法永久统一体系"，使两国在战后作为一个"单一的统一体"出现在国际舞台上。只有法国人得到了诸如此类的保证，英国人才会觉得他们可以避免产生在战争胜利后把一些惩罚性和平条款强加给德国的想法，为此，还专门成立了以汉基（Hankey）勋爵为主席的委员会来研究这种可能性。[23]

然而，关键是必须要打赢这场战争。两国政府就基本战略达成了一致：避免任何的贸然行动，共同振兴战时经济。这一计划是准备进行持久战，但两国在战时该做什么的问题上却产生了分歧。差不多是不管法国提出什么建议，都会遭到英国的拒绝，反之亦然。总的来说，法国有 270 万人在备战，他们担心完全的无所作为会打击士气，因而法国往往比英国更热切地期望采取某种行动。尽管没有公开承认，但法国越来越渴望做点什么，在假战争结束时，法国几乎要放弃持久战的战略了。

9 月 12 日，最高战争委员会在阿布维尔（Abbeville）召开了第一次会议。张伯伦后来跟他妹妹说，这是"我参加过的最令人满意的会议"。这可能是因为这次会议决定不采取任何行动。达拉第就没那么乐观了。他告诉布利特"自从他上次见到张伯伦以来，张伯伦已经老得很厉害了……而且已经从中年进入了老年"。在达拉第看来，他是一个"典型的英国人，和狄更斯笔下的人物绝无二致"。[24]

在接下来的三次最高战争委员会会议上（9 月 22 日、11 月 17 日、12 月 19 日），法国极力推销开辟"巴尔干战场"的想法，提出将目前驻扎在黎凡特的盟军部队派往萨洛尼卡（Salonika）或者伊斯坦布尔（Istanbul）。这被认为是先发制人的行动，可以应对德军任何可能的向东南方向的行动，并将巴尔干半岛各国（这些国家的军事力量加在一起，乐观估计约有 100 个师）纳入盟军的势力范围。然而，英国担心这可能会激怒意大利，而且也不相信法国有信心说服意大利同意此举。英国外交部常务次官亚历山大·卡多根（Alexander Cadogan）爵士认为这项计划纯属"谬论"。[25]

英法两国在巴尔干国家问题上的分歧，部分源于两国在第一次世界大战中的不同经历。英国始终难以忘却远征加利波利（Gallipoli）的惨痛记忆，而法国出征萨洛尼卡则是一次比较愉快的经历。在这种情况下，英国的观点占了上风，英法盟军暂时搁置了在巴尔干采取行动的想法。另一方面，英国提议，如果德国入侵比利时，英国皇家空军就将轰炸鲁尔区的工业目标，这一提议被法国否决了。法国的观点是，这对阻碍德国在比利时的行动无济于事，只会招来对英法两国的报复。换句话说，法国人热切地想做点"事情"，但绝不是在自家后院。尽管存在这些分歧，最高战争委员会前几次会议的气氛总体上还是友好的。艾恩赛德在其中一次会议后写道："一切都很顺利，但当时也没有什么不幸能让法国人比平常更矫情。"26

到1939年底，斯堪的那维亚半岛（Scandinavia）已经取代巴尔干半岛成为可能的行动地点。1939年11月30日，苏联入侵芬兰。公众舆论对"勇敢的小芬兰人"普遍表现出同情，他们最初取得的军事胜利赢得了人们的钦佩。芬兰没有向德国宣战，盟军也没有向苏联宣战，因此这场地区战争并没有对更大规模的战事产生影响。在反苏情绪强烈的法国，许多人坚信，帮助芬兰进攻苏联也就相当于间接地削弱了德国。有鲜明反苏立场的外交部北方事务部也持相同观点，理由是德国从苏联获得了大量的经济援助。然而，总的来说，在反苏情绪不如法国强烈的英国，这样的论调并没有多大吸引力；而且，如果不能让人们看到通过切断德国从瑞典进口铁矿石的供应路线进而破坏德国战时经济这一前景，那么为了芬兰而出面干涉的想法就不会得到更多的支持。在波罗的海冰封的冬季，瑞典向德国的铁矿石出口大多经由挪威的纳尔维克港（port of Narvik）。从战争一开始，英国海军大臣温斯顿·丘吉尔就想在纳尔维克附近的水域布设水雷。这一提议被英国战时内阁否决了，但现在又有一个比它更加雄心勃勃的计划，那就是派远征军去斯堪的那维亚半岛。它的借口是帮助芬兰人，但真正目的是在途中占领并控制瑞典的铁矿。

在最高战争委员会2月5日举行的会议上，英国否决了法国提出的远征芬兰佩萨莫港（port of Petsamo）的计划，理由是这会使盟军与苏联发生正面冲突，卡多根称之为"愚蠢的计划"；但英国在和法国一起向挪威和瑞典两国递交了一份共同照会后，接受了法国的另一计划——远征纳尔维克。会议气氛很和谐。艾恩赛德写道："每个人都愉快地轻声低语。我想知道，如果有一点点不幸来骚扰我们，我们所有人是否还会处于同样的状态。"这一言论很有先见之明。不出所料，挪威和瑞典不顾一切地保持中立，拒不同意。英国认为这意味着行动无法继续，而法国则声称他们已经决定无论如何都要继续行动。达拉第对英国人的拖延越来越恼火。他"歇斯底里"的行为并没有影响卡多根："我想我们必须勇敢地面对法国人。这是1920—1924年的再现——他们自行其是、一意孤行。我们应该狠狠地抽他们的嘴巴。"艾恩赛德也有同样的观点："并不负责执行军事计划的法国人提出了最不切实际的想法。他们做任何事都是那么肆无忌惮。"这一僵局还没得到解决，芬兰就在3月13日和苏联签署了停战协定。[27]

芬兰战败，干涉斯堪的那维亚半岛的借口自然也就不成立了。英法两国的国内政治均受到影响。张伯伦被迫改组内阁，然而这一举措并没能完全平息对他日益激烈的批评声音。在法国，对政府的批评致使达拉第于3月20日辞职。保罗·雷诺继任总理。雷诺是众所周知的亲英派，会说英语，又和丘吉尔关系不错，所以雷诺任总理有望改善法英关系。也许正是后一个事实使伦敦政治圈对法国政府的更迭感到不满。尽管他们意见不一，张伯伦还是欣赏达拉第的务实可靠（如果他知道了达拉第私下是怎么说他的，他可能就不会这么欣赏他了），并且认为雷诺有一种"狡诈的样子"；他告诉妹妹"勒纳尔"（法语里是"狐狸"的意思）这个名字更适合雷诺。雷诺被认为是一个易冲动的人，英国大使坎贝尔认为他的品质"被他永不满足的野心严重破坏了"。

事实上，尽管雷诺的风格比达拉第更加坚定自信，但他却没能推出新的政策。他继续敦促对斯堪的那维亚半岛采取行动，以打击德国的铁矿石进口，并称必要时无需征得挪威和瑞典同意。他还提出了另一项计划（由达拉第组织起草），即在远离法国边境的地方发动再一次军事行动——轰炸位于高加索（Caucasus）巴库（Baku）的苏联油田。其目的是切断苏联对德国的石油供应，即使是冒着与苏联开战的风险。张伯伦一听到这个想法，用艾恩赛德的话来说，当时"气得火冒三丈"。他觉得雷诺的行为像是"一个心慌意乱的人所为，想要玩一票大的来证明自己的观点"。与此同时，英国也提出了他们自己的计划，这份计划最初由丘吉尔策划，计划的内容是在莱茵河投放水雷，以此干扰德国境内的交通。[28]

1940 年 3 月 28 日，最高战争委员会召开了第一次会议，雷诺以总理身份参加。在会议上，英国坚决反对任何轰炸高加索的想法，但却接受了在纳尔维克附近水域布雷的计划。作为回应，雷诺同意了在莱茵河布雷。雷诺政府的其他成员却由于担心此举会招致对法国的直接报复而阻挠这一计划，眼看就要全部达成的一致因此泡汤。英国方面的反应是拒绝继续执行纳尔维克行动，用卡多根的话说是"没有水雷，就没有纳尔维克"。他说："法国说要'强有力地进行战争'，这就是说只要我们使法国尽可能地远离战争，我们就应该执行这一行动。"丘吉尔在 4 月 5 日匆匆赶到巴黎，为英国的计划进行游说，但法国不为所动。最后，英国屈服了，答应无论如何都要继续挪威行动。盟军定于 4 月 8 日在挪威水域布雷，但是行动太过迟缓。第二天拂晓，德军入侵了丹麦和挪威。

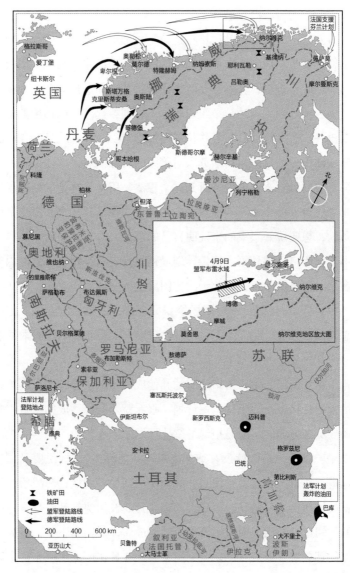

地图九　假战争期间盟军的计划：萨洛尼卡、高加索、挪威

尽管盟军几个月来一直在讨论挪威问题，但德军的行动还是令他们猝不及防，雷诺不得不调来地图来确定德军登陆的港口。在一阵忙乱的临时准备后，最高战争委员会召开了紧急会议。会议决定向挪威派兵。这次主要由英军负责的行动筹划得很糟糕，执行得也很失败。那些被派往挪威的士兵有的没有雪地靴，有的被身上的装备和冬装压得几乎寸步难行，大部分士兵都没有山地作战的经验。是在德军防守最薄弱的纳尔维克进行反击呢，还是在更南部的特隆赫姆（Trondheim）附近反击呢？盟军对此犹豫不决。最后他们两个方案都尝试了。派往特隆赫姆的士兵只拿到了纳尔维克地图，而那些有特隆赫姆地区地图的士兵却被派到了翁达尔斯内斯（Aandalsnes）。德军占有绝对的空中优势，为了避免全军覆没，英军很快就决定从特隆赫姆撤离。而雷诺并不觉得这是必要的，他认为这暴露出英军缺乏对战争的献身精神。雷诺在 4 月 12 日告诉议会，德国的铁矿石供应通路已被"永久切断"，这有点言之过早，他把自己的声誉都押在了这次行动的成功上。4 月 26 日，当被正式告知必须从特隆赫姆撤离时，雷诺勃然大怒。张伯伦在收到雷诺寄给他的那封措辞"尖锐"的信后也大为震惊。4 月 27 日，最高战争委员会再次仓促召开会议。雷诺在会议上产生了一个错觉：英军至少愿意推迟撤离。这种误解让雷诺更加怀恨在心。他跟身边的一位同僚说，英国人没有活力，"他们都是不懂怎么冒险的老头儿"[29]。

雷诺从伦敦回来时就患上了感冒，后来发展成流感，他已万念俱灰。他在 5 月 1 日写的最后一封信中呼吁英国重新考虑一下，但这却进一步激怒了卡多根："法国人……什么都没做……击沉的是我们的船只，击落的是我们的飞机。"坎贝尔告诉哈利法克斯，雷诺的行为就像一个"小拿破仑"。法国人重拾背信弃义的阿尔比恩那老一套看法，而英国人也重弹喜怒无常的外国人的老调。在 5 月 4 日召开的法国内阁会议上，达拉第宣称："我们应该问问英国人他们到底想干什么：他们一再推动这场战争，可一到要采取可能会对他们有直接影响的措施时，他们就溜之大吉了。"[30]

总之，英法两国关系在德国进攻前夕一点儿也不和睦。但所有这些都不能注定英法同盟最终会走向瓦解，彼此间的猜疑也很容易在取得军事胜利之后消失殆尽。但在军事失败之后，假战争期间的紧张局势并没有为两国富有成效的合作打下坚实的基础。英吉利海峡两岸之间的怨恨早已根深蒂固。

5 月 10—22 日："跟这样一个反复无常的民族结盟"

1940 年 5 月 10 日，比利时政府请求盟军进入比利时。英国远征军在进入他们在代勒河的阵地后就守在阵地上，并没有参加几场战斗。在它的左边，是从阿尔贝运河撤退到代勒河的比利时军队。首先要解决的一个问题是如何与比利时协同作战。比利时到目前为止一直保持中立，在盟军的指挥系统中也没有一席之地。战争爆发时，甘末林通知利奥波德国王，他已授权乔治协调与比利时的关系，就像他曾经协调与英国的关系那样。但事先并不知晓此事的乔治认为自己离比利时战场太远了，根本无法有效完成这项任务。所有相关各方于 5 月 12 日在蒙斯（Mons）附近举行会议，一致同意把协调员这一角色连同乔治对戈特行使的权力统统委派给比约特将军。考虑到在第一次世界大战中，直到1918年3月盟军的协调员才得以任命，这无疑是一个相当大的成就了。只不过这是仓促做出的临时决定，而且，虽说比约特成为第1集团军指挥官是合情合理的，但他缺少能随时联络5支部队的参谋人员。此外，如果必须要把他的命令强加给英军或比利时军队的指挥官们，那么，他不过是一名集团军指挥官的事实就会置他于潜在的困境之中。也许比约特对此早有预感。当乔治告诉他这个消息时，一下子拥有了这么大的权力让比约特大吃一惊，当场就放声大哭。

问题很快便随之而来。5月15日，比约特命令布朗夏尔的第1军开始向法国边境撤退，但对比利时的其他部队却只字未提。英军和比利时军队的防区暂时不会有迫在眉睫的危险，但很明显，西进的德军很快就会威胁到整个盟军阵地。5月16日凌晨，利奥波德国王和戈特将军尚未接到比约特的任何命令，就分别派出特使去探知他的计划。5月16日上午10时，比约特终于下令，要求比利时境内的所有盟军部队全部撤退。这对比利时人来说是一个沉重的打击，因为这意味着放弃布鲁塞尔和安特卫普，但利奥波德并没有质疑撤退的必要性。令他和戈特担心的不是接到命令的内容，而是他们必须主动去请求撤退。

经过这第一次的检验，比约特已经证明自己是一个无能的"协调员"。事实上，在比约特位于杜埃（Douai）的司令部，士气已跌至谷底。5月15日，比约特的英军联络官阿奇代尔（Archdale）少校看到几名军官泪流满面。令他们越来越沮丧的是，在接下来的两天里，无论是英军还是比利时军队，都没有接到比约特的任何命令。阿奇代尔对他在比约特身边观察到的这种"恶意不作为"感到惊恐，随即安排比约特在 5 月 18 日去戈特司令部。这次会晤，除了比约特向英国人展现了他的极度绝望和他没有任何计划的事实外，没有取得任何成果。在返回司令部的路上，他对阿奇代尔说："我都崩溃了，面对这些德军装甲部队，我束手无策。"波纳尔评论道："天哪，跟这样一个反复无常的民族结盟是多么可怕啊！"[31]

英国远征军的指挥官们看到比约特这样的状态都吓坏了。第二天一早，波纳尔就给伦敦的陆军部打电话，提醒说英国远征军可能最终不得不考虑撤离欧洲大陆了。波纳尔的这个电话引起了伦敦方面的极大关注，随即决定派艾恩赛德前去了解情况。5 月 20 日，艾恩赛德到达戈特司令部。他传达了政府反对任何撤退想法的态度，建议戈特向西南方向的阿拉斯突围。戈特则认为这有可能在他的部队和比利时军队之间打开一个危险的口子，但同意在这些战线上投入两个师尝试有限的行动。随后，艾恩赛德和波纳尔动身去找比约特。据艾恩赛德说：

> 后来，我在朗斯（Lens）的第 1 军找到了比约特和布朗夏尔，他们都一副垂头丧气的模样。没有计划，也不想去计划。就那么坐以待毙。首战失利，伤亡不惨重。疲惫不堪，无所事事。我按捺不住心中的怒火，抓住比约特上衣的纽扣摇了摇他。那个人被彻底打败了。我让他同意［一份计划］，布朗夏尔也答应了攻占康布雷（Cambrai）。他们现在全无想法。法国的命运尚未明朗，而他们却还在康布雷以北的水上防线后面瑟瑟发抖。我要回来时，戈特告诉我他们永远不会再进攻了。

波纳尔说：

> 布朗夏尔和比约特浑身发抖，就连不是神经质的布朗夏尔也不例外。他们两人加上阿隆贝尔（Alombert），三个人同时嚷嚷着——比约特的声音最大，他颤抖着说他没有办法对付坦克。……蒂尼[①]狠狠地跟他们讲话……我也单独和他们三人都坦率地谈过。[32]

面对"小"艾恩赛德（实际上是个大个子）一顿劈头盖脸的痛骂，比约特和布朗夏尔同意派两个师向阿拉斯以东的康布雷发动攻击，这就使英军计划的阿拉斯行动成为一次联合盟军的反击行动。实际上，艾恩赛德承担了比约特似乎无法承担的协调作用。

尽管戈特对这份计划抱有怀疑，但他还是同意了。当布朗夏尔宣布法军没有准备好参加第二天的任何反击行动时，他的怀疑似乎得到了证实。法军方面负责指挥此次行动的勒内·阿尔特梅耶将军说，他要两天后才能准备好进攻。布朗夏尔派给阿尔特梅耶的联络官沃特林（Vautrin）少校报告说：

> 阿尔特梅耶将军看上去疲惫不堪，彻底灰心丧气，他小声哭了起来……他对我说应该认清现实，部队已经溃败了，他将接受因他拒绝命令而带来的一切后果，然后在一个营长面前自

[①] 即 Tiny，艾恩赛德的绰号，有"小""微型"的意思。所以下文会说"小"艾恩赛德。

杀，但他不会让他那已经损失近半的军团再有所牺牲了。[33]

　　当法军能派遣的也就只有普里乌将军率领的第 3 轻型机械化师的几支特遣队了。普里乌将军是为数不多的士气依然高昂的法军指挥官之一。尽管如此，英军在 5 月 21 日才开始进攻阿拉斯。英军以有限的兵力取得了意想不到的胜利。在法军几个轻型装甲连的掩护下，英军的两个营让隆美尔大为恼火，他那天损失的坦克远远超过了以前的任何一次战斗。这表明，如果英法军队和比利时军队在 5 月 21 日向西南方向发起联合进攻，就可能有机会砍下还很脆弱的 "德军这只乌龟的头"。

　　也就是在对阿拉斯的进攻正在进行时，魏刚来到了伊普尔。这一次，魏刚不仅没能见到戈特，而且他也没能从比约特那里听到关于戈特的决定——实际上他什么都没有听到——因为比约特从伊普尔回到自己的司令部后，在一场车祸中受了致命伤，两天后就死了。波纳尔说："恕我直言，在这种紧急情况下，他死掉对我们而言算不上损失。"在接下来的两天里，盟军没有任何形式的协调员。后来，布朗夏尔接替了比约特，不过，比起比约特来，他遇事似乎更加不知所措。波纳尔对他的评价是 "太窝囊"。

　　至此，巴黎和北方军队之间的直接通讯已经完全崩溃。英国政府也同样对戈特的情况一无所知。考虑到当时混乱不堪、群龙无首的局面，戈特去试探利奥波德是否愿意当盟军的协调员。5 月 24 日，法国的洛朗西（de la Laurencie）将军甚至还与戈特接洽，让他亲自接任协调员！

5月22—25日："魏刚计划"

5月22日，刚从伊普尔回来的魏刚在巴黎与丘吉尔和雷诺举行了会谈。这是丘吉尔自5月16日以来的首次访问。尽管战场形势并未得到改观，但已经73岁高龄的魏刚却显得信心十足，精力充沛，这着实令人钦佩。英国一位观察家写道："他像一条米诺鱼一样游来游去，精力充沛，一点也看不出疲惫。"[34]魏刚介绍了他突破德国走廊的计划：北部的英军和法军南下进攻，同时，弗雷尔将军则率领在索姆河以南集结的新军团北上。魏刚声称弗雷尔的军队有18—20个师，但这是夸大其词。此时，弗雷尔的兵力还不到6个师，正在向阵地进发，而且战线稀稀拉拉地绵延了约105公里。丘吉尔并不知道这一情况，还热情地支持魏刚的计划。一回到伦敦，他就给戈特发电报指示他如何行动。当波纳尔接到这个命令时，他怒不可遏：

> 他（丘吉尔）对我们的情况一无所知……哪儿有什么比利时骑兵部队？像这样一场涉及三个国家的攻击行动，怎么可能在一个小时里说发起就发起？那个男人准是疯了。我想他肯定没和军事顾问商量就发了电报。[35]

如果波纳尔意识到法军从南面发起的进攻多半是魏刚的一种臆想，他会更加愤怒。

事实上，尽管这份"可耻的（即温斯顿的）计划"是由戈特来执行（这点令波纳尔愤怒），但伦敦方面还是意识到戈特的处境正

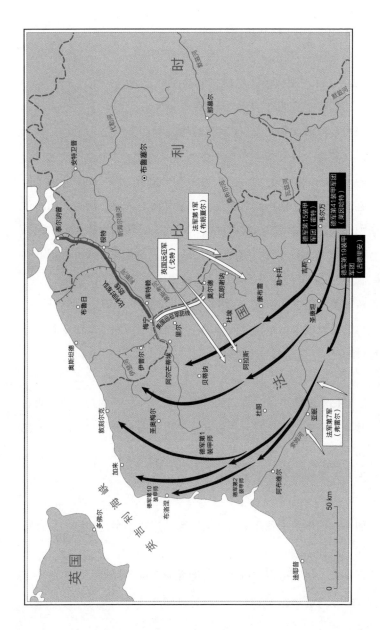

地图十 魏刚计划：1940年5月22—25日

每况愈下。5 月 23 日，丘吉尔致电巴黎表达了他的关切。那天晚上魏刚告诉他，弗雷尔将军的部队已经占领了亚眠（Amiens），这多少让戈特松了一口气。尽管这个极好的消息——其实完全是假的——对缓解戈特目前的困境毫无帮助，但它确实使南下进攻值得冒险一试。"魏刚计划"是唯一的希望，尽管希望渺茫。但谁都希望是由别人来承担这次的主攻任务：魏刚认为肯定是戈特或者布朗夏尔，戈特则认为肯定是弗雷尔，而布朗夏尔认为肯定是弗雷尔和戈特。

5 月 23 日深夜，戈特决定从阿拉斯撤离，他发现自己占领的阿拉斯正在成为一个越来越暴露的突出部。这并不意味着戈特放弃了魏刚的计划，但巴黎方面就是这么理解的。雷诺的军事顾问德·维勒鲁姆（de Villelume）上校居心叵测地对英国大使说，戈特的这种行为让他想起了 1914 年的弗伦奇将军。魏刚听到这个消息后，于 5 月 24 日下午 4 点 30 分给布朗夏尔发了电报，说他可以自行决定是否继续南下进攻；几小时后，弗雷尔被告知目前根本不可能对索姆河发起攻势。当晚，雷诺就给丘吉尔发了一封措辞严厉的电报，抱怨说"英军的撤退迫使魏刚将军不得不调整他的整个计划"。丘吉尔只能诚恳地回答说，他对任何撤军行动毫不知情，但将继续支持魏刚的计划。但是，一旦法国人认定背信弃义的阿尔比恩又在故态复萌——戈特向东北方向（与海岸平行）撤退了 25 公里，却被说成是"向港口"撤退了 40 公里——那说什么也无法安抚他们了。丘吉尔在给雷诺的回电中回顾了弗雷尔参战的重要性，维勒鲁姆评论说："他这是试图推卸责任，他假装认为主攻任务会落在这支部队头上，而这支部队的战线在远远的东部，只不过是一张半透明的薄纸而已。"[36] 回想就在前天魏刚还说弗雷尔有多少多少兵力，这就有点荒唐可笑。如果说有人在试图推卸责任，那就一定是魏刚。他欣然放弃了自己的计划，而戈特成了他的挡箭牌。

魏刚确实认为英国政府是在欺骗他，丘吉尔对他说的和对戈特说的不一致。他与艾恩赛德通完电话后说："就军事行动而言，不可能向一支对伦敦唯命是从的军队发号施令。"他还说，真想"给艾恩赛德来上一耳光"让英国人看看。不过，魏刚要真想打艾恩赛德的耳光，就必须站到椅子上。如果说有什么不同的话，那就是至少在现阶段，丘吉尔太容易相信魏刚的保证了。丘吉尔和魏刚二人在看法上的差异，要比伦敦和戈登在看法上的差异小得多。但魏刚却不这么认为。

为了缓和日益紧张的英法关系，丘吉尔决定派自己的好友路易斯·斯皮尔斯（Louis Spears）将军作为雷诺的私人特使。斯皮尔斯是一名会说两种语言的保守党议员，有一半法国血统。他曾在第一次世界大战中担任英法两国军队的联络官，在法国军方和政界人脉甚广。不过斯皮尔斯在上一场战争中的角色也为他在法国树立了许多敌人。福煦元帅从来都不喜欢他。1918 年，法国驻伦敦大使曾形容他是一个"最危险的人……一个聪明能干又颇有魅力的四下钻营的犹太人"。[37] 斯皮尔斯于 5 月 24 日抵达了巴黎。

令人啼笑皆非的是，尽管魏刚以戈特从阿拉斯撤离为借口放弃了他的计划，但 5 月 24 日，戈特还在和布朗夏尔讨论他们南下进攻的细节，并定于 5 月 26 日南下进攻。他们两人谁都不相信这一点，但他们还是服从这一他们仍然认为有效的命令。布朗夏尔还没有收到魏刚的电报，那封电报实际上取消了这次行动。

5月25日星期一下午6点，戈特既没有与英国政府商量，也没有与他名义上的法军指挥官商量就决定停止进攻。德军已经突破了比利时军队在库特赖（Courtrai）附近的利斯河（Lys）防线，戈特认为他必须挥师北上堵上这个缺口，从而保住通往英吉利海峡的敦刻尔克的道路。虽然这是戈特擅自做出的重大决定，但英国战时内阁还是在第二天批准了他的行动。英国政府在5月25日得到的所有证据都证实戈特原先进攻的观点已经无法实现了。戈特的决定对布朗夏尔来说可能是一种解脱，他取消了5月25日晚上的联合行动，并下令部队向北撤退，建立敦刻尔克桥头堡。第二天，魏刚就批准了这一命令。魏刚计划最终胎死腹中。

比利时投降

两天后，比利时国王决定请求德军停火，致使英法两国的困境进一步加剧。5月28日清晨，他宣布比利时投降。英法两国抱怨比利时没有事先征求他们的意见，虽然事出有因，但他们对比利时的态度从来都不怎么样，任何重大军事决定总是最后一个通知比利时。戈特没有通知比利时军方他已经决定向海岸撤退，24小时后伦敦仍然没有正式告知比利时政府这一事实。

比利时认为英国在前几天就能向他们提供更多的军事援助，这是有一定道理的。5月23—24日，德军对库特赖的进攻已经穿过了英军战线，而那些没有被指定参加南下作战的英军部队本来是能够攻击德军的侧翼来支援比利时军队的。无论这是否可能，英军现在极其鄙视比利时军队，根本不可能再为他们冒任何风险了——尽管实际上是比利时军队在保护他们。5 月 23 日，当驻比利时总部的英国军事代表团团长询问是否有比利时军队随英国远征军一起撤离时，波纳尔回答说："我们才不管比利时军队的死活呢。"两天后他写道："我们所担心的是比利时军队的口子会让敌人趁机渡过伊普尔运河……他们简直糟糕透了，最后我们还得靠我们自己。"一旦戈特决定往海边撤退，用丘吉尔自己的话来说，比利时军队的唯一任务就是"为我们牺牲他们自己"。[38]

　　比利时在假战争期间的态度就让英法两国充满怨恨，加上比利时军队又在阿尔贝运河迅速溃败，这些都进一步加剧了英法两国对比利时的不满态度。尽管利奥波德在伊普尔会议后也多多少少采取了一些要求他实施的行动——将他的右翼部队遣往梅宁（Menin）支援英军反攻，但英法两国还是认为他从一开始就对盟军的行动很冷淡。听到利奥波德投降的消息，雷诺"气得脸色发白"。他在广播中告诉法国人民"历史上从未有过这样的背叛"。"那个国王！猪！可恶的猪！"魏刚听到这个消息后勃然大怒。劳合·乔治在 6 月 2 日的报纸上撰文写道："你就是把这个世界上所有那些最堕落的国王的黑色编年史都翻个遍，也找不出比背信弃义、胆小懦弱的比利时国王更邪恶、更卑鄙的人了。"英法两国对这一事件的强烈反应并不令人意外，尽管无法预测事件发生的确切时间，但这表明比利时人被当成了替罪羊。这是英法同盟最后一次能够达成一致。一旦比利时"背叛"这个借口被用完，英法两国就只能互相指责了。[39]

5 月 26 日—6 月 4 日：发电机计划

5 月 26 日 6 点 45 分，英国海军部命令部队开始从敦刻尔克撤退，"开始实施发电机行动"。这一计划的执行进一步点燃了法英之间仇恨的火焰。5 月 26 日上午，布朗夏尔和戈特开会讨论戈特北上可能的后果，波纳尔指出："我们只字未提要撤往海边，不过我强烈怀疑这是法国人的想法，就像这当然是我们的想法一样。"布朗夏尔自己下令部队退到桥头堡防守，并没有"撤退的想法"，这不是英国军方的本意。

这一潜在的误解本可以在雷诺那天晚些时候到访伦敦时得以消除。丘吉尔急于避免让人觉得戈特撤军是抛弃法国的举动，于是想不管做什么决定都得把法国团结起来。他把英国打算撤军的消息告诉了雷诺。雷诺随即从伦敦打电话给魏刚，让他"下令撤往港口"。虽然电话里并没有特别提到登船，但这一点已经再清楚不过了。但是魏刚并没有命令法军准备撤退，他还以为是要坚守敦刻尔克桥头堡。在伦敦的雷诺似乎不可能不明白英国人的意图，只能认为是要么他没有跟魏刚说清楚，要么就是魏刚对命令置之不理。伦敦方面告诉戈特，这一计划已经通知了法国，这让戈特困惑不解。然而，尽管戈特一再催促，布朗夏尔还是拒绝命令法国军队继续撤退。直到 5 月 29 日，魏刚才批准法国军队撤离。

即使撤退已经开始，情况依然很混乱。5 月 29 日，丘吉尔致电雷诺说他已下令法国军队一并撤离，但他没有说明要撤退多少人。然而戈特从陆军部接到的命令听起来却是另一种说法。命令说他的首要考虑是保证英国军队的安全。他对此的理解正如他对帝国总参谋长说的那样："每一名法国士兵上船都意味着牺牲一名英国士兵。"因此，截至 5 月 30 日晚，虽然有 12 万名士兵成功撤离，但其中只有 6000 人是法国士兵。在 5 月 31 日于巴黎举行的最高战争委员会会议上，雷诺对这种差别待遇表示不满。丘吉尔一方面呼吁增进相互理解，称"我们是患难之交，相互指责毫无益处"，另一方面又说法国人自己在一定程度上也有责任。尽管如此，他还是向他们保证：从现在开始，撤退将在平等的条件下进行，英军甚至还出动三个师组成后卫部队坚守敦刻尔克，保护更多的法国部队撤离。

戈特奉命于 5 月 31 日撤离敦刻尔克。在撤离前，他通知敦刻尔克桥头堡的法军指挥官海军上将阿布里亚尔（Abrial），说英军留下来驻守的三个师将由法军全权指挥。留守的是英军高级指挥官亚历山大将军，这也印证了丘吉尔的保证和戈特的命令。然而，伦敦陆军部希望撤离能尽快结束，并希望所有英军部队都撤出法国。亚历山大得到了这些互相矛盾的信号，因而当阿布里亚尔要他承诺给自己的三个师的时候，亚历山大一口回绝了。亚历山大说他没有接到这样的命令。尽管阿布里亚尔告诉亚历山大"你的这个决定让英国蒙羞"，但亚历山大态度坚决，在撤退期间英军最终也没能组成后卫部队。即使在 6 月 2 日最后一批英军部队撤退后，法国军队还是得到了英国空军和海军的支援。这在一定程度上减轻了此事给法国带来的痛苦。在接下来的两天里，直到 6 月 4 日敦刻尔克沦陷，又有 5.3 万名法国士兵成功撤离。

撤退行动自始至终都处于混乱无序的状态。6 月 2 日晚，由于赶来的法国部队不多，有好几艘英国船只坐了一半的人就驶离了。

亚历山大来回巡视海滩，希望能找到更多的士兵上船，但没有找到。最终有 338 226 名士兵被撤离，包括 198 315 名英国士兵和 139 911 名盟军士兵（大部分是法国士兵）。英国投入各类船只 700 多艘，法国投入船只约 160 艘。仍有 3 万—4 万名法国士兵被俘。6 月 4 日凌晨，最后一批船只驶离了被炸得千疮百孔、火光四起的敦刻尔克港。那天上午晚些时候，德军到达这里，码头上挤满了无法逃走的法国士兵，沙滩上到处是三周前信心十足地进军比利时的盟军所留下的垃圾。

敦刻尔克行动是在德军不断的空袭下进行的，这是一项非凡的成就。行动的成功在一定程度上是由于波纳尔于 5 月 19 日致电伦敦后，作为预防，英国政府就开始集结一支小型舰队用于撤退。但关键因素是，5 月 24 日希特勒命令德军部队停止沿英吉利海峡海岸前进（"休止令"），这给了盟军喘息之机。此时，布洛涅（Boulogne）已经沦陷，加来也即将遭到围攻，德军已到达敦刻尔克以南大约 24 公里处。

至于希特勒为什么要下达这个命令，一直众说纷纭。希特勒后来声称，这是在向英国示好，希望能促使英国人与他进行谈判，但这似乎是非常不合理的。最可能的解释是，希特勒和他的高级将领们仍然担心进攻速度太快，而且他们的南翼部队还很脆弱。也许戈林（Goering）断言纳粹德国空军完全能够完成任务，希特勒被他误导了。停止前进也可能被认为是对原曼施坦因计划最后阶段的修改。原先的计划是，在北部的 B 集团军充当"铁锤"部队 A 集团军的"铁砧"，由 A 集团军沿海岸北上摧毁盟军，而现在"铁锤"的任务将落到 B 集团军头上。这样一来，一旦将围困在佛兰德和比利时的盟军全部消灭，A 集团军就可以开始准备向南发起最后的猛攻。希特勒的命令一直到 5 月 27 日都有效，因而德军白白浪费了三天，而盟军则赢得了三天时间。奇怪的是，尽管英军确实拦截了这个命令，但他们和法军都没有完全领会它的意义。值得注意的是，这场战役中最重要的行动之一在当时几乎没有引起注意，这可能是因为，正如波纳尔所说，它似乎"太顺利了，让人不敢期待"。

敦刻尔克之后：为我们哀悼

在敦刻尔克，盟军彼此怨恨是合乎情理的。英军有理由认为法军在准备撤军问题上拖延了太久，而法军也有理由认为丘吉尔的承诺并没有全部被战场上（或者在伦敦）的英军兑现。但即使没有这些问题，两国也不可能在这件事上意见一致。这对英军来说是险胜，而对法军来说，这不过是离灾难又近了一步。

敦刻尔克撤退之后，除了福琼（Fortune）将军（魏刚戏称他为"不幸将军"）率领的一个师之外，在欧洲大陆上就几乎没有任何英军部队了。福琼将军并没有和其他的英国远征军一起进入比利时。为了避免英国被指责背弃盟友，丘吉尔同意尽快组织起两个师返回法国。尽管英国外交部认为这是"白费心机"，但这两个师还是于 6 月 13 日开始陆续抵达法国。但是，他们刚一下船，就必须马上再返回去，不然就来不及了。

在敦刻尔克撤退之后，法国对英国的指责主要集中在空中支援问题上。魏刚和雷诺一再敦促英国向法国增派空军中队。但道丁

（Dowding）认为这将危及不列颠群岛的防御，丘吉尔觉得不得不接受这一观点。这让魏刚大为恼火，在 6 月 6 日的法国战争委员会会议上，他最终冲着斯皮尔斯"尖叫……大吼"起来。另外，他再次提到了戈特在阿拉斯的"背叛"。

自从敦刻尔克以来，这两个盟国彼此之间的信任已荡然无存。对法国而言，剩下的只有对过去盟国背叛的记忆和对今后背叛的不祥预感。在敦刻尔克事件期间，一位脾气暴躁的法国观察家认为："一回到大海，不列颠之狮就好像长出了翅膀。"魏刚评论道："每个人都有自己的优点和缺点。除了高贵的品质外，英国人的动机几乎都出于本能的自私。"正如他在 6 月 3 日所说，英国无法"抗拒港口的吸引力……甚至在 1918 年 3 月，他们也希望上船"。对英国人背信弃义的记忆甚至可以追溯到更早以前。在一次会议间歇，维勒鲁姆回忆起有一次斯皮尔斯拿了他爱尔兰祖先的一只铁手套给他看，"作为回报，我讲述一个我自己家族的记忆：大约 600 年前英国人对维勒鲁姆家族的迫害"[40]。他发现斯皮尔斯越来越让人厌恶。

英国人，尤其是那些近距离目睹了法国溃败的人，对他们昔日的盟友越来越不屑一顾。回到英国后，戈特向内阁尖锐地叙述了他在法国所目睹的一切。他把布朗夏尔描述为"学者型"，说比约特"优柔寡断"，说范·奥弗斯特拉滕是"一个阿谀奉承的人"，说法国士兵面对德军进攻时基本上"动不动就撤退"。听完戈特的陈述，张伯伦写信给他妹妹说："看来法国人几乎没有不犯错误的……他们的将军们真让人不齿。"[41]

雷诺的顾问保罗·博杜安（Paul Baudouin）在敦刻尔克撤退时

评论说："英格兰已经为我们哀悼了。"[42] 这并不完全是假话。5月16日，丘吉尔从巴黎回国后就成立了一个委员会，研究法国战败对英国的影响。5月19日，这个委员会提出了一份报告草案，委婉地将其描述为"某种意外"。在敦刻尔克撤退之后，这种"意外"成为一种可能。但事实是，许多法国领导人也开始为自己"哀悼"了，却不愿向英国公开承认这一点。因此，他们是在假设一旦法国战败，英国也将难以为继，他们实际上是要求丘吉尔不遗余力地投入到一项失败的事业中。所以，在法国之战中，牺牲英国皇家空军也并不算什么。然而，对英国人来说，法国之战并不是战争。在6月11日最高战争委员会倒数第二次会议上，这种不同的观点在魏刚与丘吉尔的对峙中得到了鲜明的体现。当魏刚再次请求空中支援时，他说："这是关键的一点……现在是关键时刻。"丘吉尔回答说："这不是关键的一点，这也不是关键时刻。"

在与英国人的这些争论中，魏刚的表现是最激烈的。他是出了名的暴脾气，让他承担战败责任，他感到很气愤。这种失败在他接手之前可能就已经注定了。但就连亲英的雷诺也时不时地对英国感到愤怒，英国在假战争期间的表现让他很失望。在法国人的这些批评指责中，首当其冲的是斯皮尔斯将军，但他可能不是最应该受到指责的人。虽然斯皮尔斯在英国被视为亲法派——他在议会中被称为是"巴黎体面的代言人"，但他对任何关于法国优势的说法，特别是军事上的优势非常敏感。他在5月27日向雷诺发问："为什么所有法国人都认为英国士兵是傻瓜，而他们的士兵是初出茅庐的拿破仑？"斯皮尔斯的脾气和魏刚一样暴躁，他不光是思考这些问题，还要把它们表达出来。丘吉尔在谈到斯皮尔斯时说，他"能以一种我从未见过的从容和力量对那些法国高官说这些话"。这未必是一种可取的品质。魏刚好几次都让斯皮尔斯在评论维勒鲁姆时要"更含蓄一点"。有一次斯皮尔斯对贝当说："如果再让我听到魏刚嘲笑我们的人，我就当面告诉他我对他的看法，然后就回英国。"他这样评价魏刚："他本人对我的敌意就像硫酸一样明显，而我也不愿接近他，就像对一个身患重病的人一样。"

即使斯皮尔斯更温和一些，他的任务也不可能完成。英国人并非无可指责，但法国人需要寻找替罪羊。当确信自己已经被盟国辜负时，他们也开始感觉到了解脱，不必再承担为自己的同盟而继续战斗的道德义务了。敦刻尔克撤退后，英法两国的关系到达了冰点，但在法国沦陷的最后阶段，两国关系陷入了法国国内停战派和主战派之间的政治纷争之中。刚开始仅仅是一次法国军事上的溃败，后来发展成法英两国争端，最后却演变成法国的政治心理剧。

第三章

失败的政治

1940 年 6 月 12 日：保罗·雷诺前往康热（卢瓦尔河）

6 月初，德军逼近敦刻尔克，装甲部队重新集结，准备发起最后决战。战斗将在魏刚建立的索姆河和埃纳河防线打响。敦刻尔克沦陷后，6 月 5 日，德军发起了进攻。现在法军兵力远不及德军。法军大约有 40 个步兵师和 3 个装甲师残部，要对抗德军的 50 个步兵师和 10 个装甲师余部。6 月 6 日，亚眠以西的索姆河防线被攻破。四天后，埃纳河防线被突破。6 月 9 日，德军进占鲁昂（Rouen）。法国西部和南部畅通无阻，德军到达巴黎已是指日可待。

6 月 3 日，巴黎第一次遭到轰炸；五天后已经能听到远处的炮火声。然而，在这个炎热晴朗的夏日，用英国记者亚历山大·沃斯（Alexander Werth）的话来说，这座城市显得"异常平静而又美丽"。到了夜晚，暖暖的空气中夹杂着"树脂和燃烧的树木所散发出的淡淡的清香"。沃斯想，这是靠近前线的哪片树林烧着了？还是什么"几个小时就能把你的内脏烧个精光的非常好闻的气体？"[1]

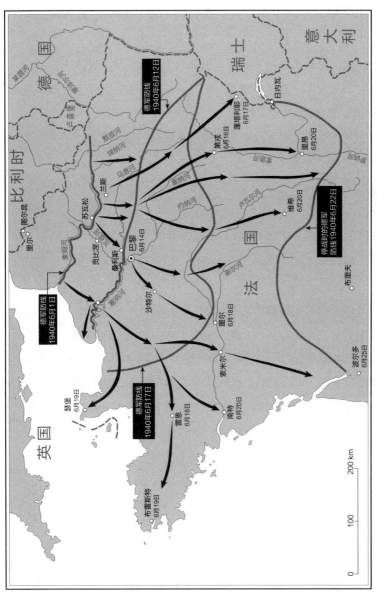

地图十一 截至 1940 年 6 月中旬德军攻势

1940 年 6 月 10 日这一天，法国宣布了将政府撤离首都的决定。一旦德军轰炸巴黎，法国就把政府撤往卢瓦尔地区，这一计划由来已久。但即使面对不断深入法国领土的敌人，谁也没有料到撤离竟会如此仓促。在任何情况下，要将政府分散在各个卢瓦尔城堡周围都是很复杂的一件事，但在 1940 年的情况下，这只能是一片混乱。从巴黎往南的这段路程行进极其缓慢，路上挤满了逃往卢瓦尔河的难民，他们希望在德军到来之前过河。外交部的让·肖韦尔于晚上 8 点离开巴黎，直到第二天早上 5 点才抵达目的地朗热城堡（Château de Langeais）。但朗热距离设在维朗德里城堡（Château de Villandry）的总部还有 25 公里远。即使是走这么一段距离也不容易。用斯皮尔斯的话说，汽车就像"博斯沃思战场上的马一样稀少"，所以苦苦等待的肖韦尔只能在维朗德里那景色宜人的花园里来回漫步，整天无所事事。

电话和汽车一样稀少。朗热和维朗德里两地唯一的联系方式就是一部相当原始的野战电话，而且还很难听到任何声音。临时设在尚舍维尔城堡（Château de Champchevrier）的英国大使馆里连一部能用的电话也没有，英国大使必须要到最近的村子找电话用。魏刚将军所住的穆盖城堡（Château du Muguet）里的电话老式、古怪，就挂在餐具室的墙上，还挡到了厕所的门口；丘吉尔记得，通话要"等待很长的延迟，还要不停地大声重复"才行。有一次，斯皮尔斯给自己找乐子，故意拖长了通话时间，好妨碍着急上厕所的魏刚。这就是 1940 年 6 月时令人悲喜交加的英法关系。

雷诺被安置在谢尔河（River Cher）上的希塞城堡（Château de Chissay）。只有一条狭窄的道路通到这里，而在这条道路上，来来往往的汽车川流不息，经常有撞车的危险。斯皮尔斯一到城堡就看见雷诺的情妇德·波特斯伯爵夫人（Madame de Portes），她穿着红色的睡衣，外面又罩了一件红色睡袍，正在指挥车辆的进出和停放。这儿给人的感觉就像是疯人院，房子的老主人神情困惑地在屋子里踱来踱去，想寻找些许的安宁。

　　法兰西共和国总统就被安置在希塞以北大约 32 公里处的康热城堡（Château de Cangé）。也就在这里，政府官员于 6 月 12 日晚 7 点召集了撤出巴黎后的第一次会议。有些部长弄混了康热和康代城堡（Château of Candé），所以来晚了。康代城堡因为温莎公爵（Duke of Windsor）1937 年在那里举行了婚礼而闻名。在康热，魏刚告诉与会的部长们，他认为战争已经失败，法国必须寻求停战。魏刚的这番话引起了恐慌。他的听众们虽然清楚目前的形势严峻，但并未觉得这种形势已经无可挽救。毕竟，巴黎早在 1871 年就曾经沦陷过。多数部长都惊得瞠目结舌，这些人大多反对停战。雷诺警告魏刚：“你把希特勒当成了威廉一世（Wilhelm I），那个老绅士仅仅拿走了我们的阿尔萨斯－洛林，但希特勒可是个战争狂。”[2]

　　魏刚主张停战，这在当时的情况下是完全可以理解的，但这并不是唯一的选择。停战就是说政府有责任结束法国领土上的一切敌对行动。如果说战争已经结束，而且英国很快也会投降，那还说得通。还有一种选择就是政府流亡国外，去北非或者去英国，在那里继续斗争。这一选择是基于法国战败而战争尚未结束，而英国仍将继续战斗的假设。在此情况下，在命令战场上的部队投降的同时，将任何可以挽救的军事力量派往国外是有意义的。荷兰就是个例子，荷兰的君主和政府在军队投降后就逃到了伦敦。

选择停战是因为预计在法国战败后，英国也将无力抵抗。但这一军事判断掩盖了政治背后的考量。停战既可以把战败的责任转嫁到政治家身上，就像鲁登道夫（Ludendorff）1918 年在德国成功做到的那样，同时又能保持军队的完整，避免引发像 1871 年巴黎公社那样的革命。从长远来看，停战协定一来可以让军队从溃败中挽回一点声誉，二来法国也可以借此机会重整旗鼓待日后崛起。当魏刚在康热正式提出停战时，他已经考虑数日了，尽管他并没有把这些政治上的考量说清楚，他的听众们也未必都能听明白。早在 5 月 24 日，就有人听他说过"必须让法国摆脱目前所遭受的煎熬，让她即使在战场上战败了，也能重新站起来"[3]。在接下来的几天里，这件事一直困扰着他以及其他许多人。

在康热经过一番七嘴八舌的讨论后，除了邀请丘吉尔参加第二天的内阁会议外，会议并未做出任何决定。由于英法两国早已正式约定，没有对方的同意，谁也不能单独媾和，因此丘吉尔的态度就尤为关键。第二天上午（6 月 13 日），丘吉尔便飞往图尔（Tours）。虽然机场遭过严重轰炸，他还是安全降落了。因为没有人来接他们，英方一行人几经辗转，终于赶到了市政厅（内政部的临时所在地），雷诺正在那里等着他们。雷诺告诉丘吉尔，许多政府官员都倾向于停战，然后又问丘吉尔对此有何反应。丘吉尔回答说，他理解法国所处的困境，他不会横加指责。但他又说，英国还并不想解除法国不跟德国签订单独协议的承诺。双方最终约定，在罗斯福答复雷诺的求救电报之前暂不做任何决定。很明显，这只是一种拖延战术。丘吉尔飞回了伦敦。在接下来的四年里，他再也没有踏足过法国。

那天下午晚些时候，政府再次在康热召开会议。雷诺报告了他与丘吉尔谈话的有关情况。丘吉尔本人并没有参加这次会议，这不免让人有些恼火，但雷诺好像没有邀请他。这让人们对雷诺产生了不满。魏刚试图引起政府的恐慌，他宣称共产党已经在巴黎夺取了政权，他们的领袖莫里斯·多列士（Maurice Thorez）已经入主爱丽舍宫（Élysée），还说和巴黎的电话通讯都被切断了。内政部长乔治·曼德尔（Georges Mandel）随即打电话给前不久刚和他通过话的巴黎警察局局长，让他跟魏刚说首都一切都风平浪静（实际上，自 1939 年 10 月 7 日以来，多列士就没离开过莫斯科！）。魏刚毫不掩饰地痛斥政府胆小懦弱，轻易就放弃了首都，而不是像罗马元老院议员那样稳坐在自己的席位上等待着蛮族到来。他果断宣称，如果政府决定到国外"避难"，就是给他戴上镣铐，他也不会离开。他说曼德尔还幸灾乐祸地嘲笑他，便怒气冲冲地走出了会场，边走还边冲着那些"坐在扶手椅上的"政治家们高声漫骂。[4]

贝当元帅精心策划的干预可比魏刚发脾气有效多了。虽然几天来他一直在私下说一些悲观的观点，而且前一天还支持魏刚的提议，但现在贝当宣读了自己的正式声明：

> 无论发生什么，政府都有责任与国家共存亡，否则也就不能称其为政府了。在战乱时期，如果法国失去其当然的保卫者，就是把她拱手交给敌人……因此，我反对放弃法国本土。我们必须忍受强加于这个国家及其人民的痛苦，我们将在这种痛苦中收获法兰西的复兴……我在此声明，就我本人而言，我拒绝离开法国本土。……我认为，停战是使不朽的法兰西永世长存的必要条件。[5]

　　这份庄严的声明直截了当地宣布，贝当将和魏刚一样，绝不会离开法国，即使政府下令也是如此。声明一出，随即引起一片哗然。这就是说法国军方的最高层人物向政府发出了直接挑战。魏刚要求政府停战所引发的危机，最终导致了军方和政府关系的彻底破裂。

法国内战

　　1940 年的军事惨败证明，魏刚和贝当等保守派在法兰西民主共和国走向衰败的问题上抱有偏见，这进一步加剧了他们对社会变革的恐惧。这两个因素也就解释了为什么他们想要尽快结束这场战争，其中一人甚至可以说是急不可待。这些政治偏见和社会恐惧的根源是什么？

　　自法国大革命以来，法国历史的显著特点是深刻的政治矛盾不断。保皇党和共和派、天主教徒和无神论者、社会主义者和保守派之间的政治冲突早已司空见惯。然而，到 1914 年，他们之间似乎实现了一定程度的稳定。第三共和国成立于 1875 年，这是自 1789 年以来存续时间最长的法国政权。从表面上看，第三共和国的政治制度极不稳定。在许多外国观察家看来，这个国家居然还能被统治简直就是个奇迹。国家元首是由议会选出的总统，任期七年，基本上是一个象征性人物，没有什么实权。这是因为对波拿巴主义的记忆让共和党人对政治上的"强权人物"充满了怀疑。乔治·克列孟梭（Georges Clemenceau）在选举新总统之前就曾建议"把票投给最愚蠢的人"。1940 年的总统是阿尔伯特·勒布伦，一个体面的小人物。第三共和国的真正实权掌握在议会手中，但高度分散的政党制度意味着政府的平均寿命也就只有 9 个月左右。事实上，这个统计数字略微有些误导性，因为一届政府的许多部长确实会在下届政府继续任职。因此，权力实际上掌握在一小撮政治家手中，他们结成了一个紧密团结的政治精英集团。

尽管许多法国民众都用怀疑甚至是轻蔑的眼光看待他们的政治家，但到 19 世纪末，第三共和国的制度、仪式和象征等已经在相当程度上得到了认可。民众能对共和政体达成共识，这在很大程度上归因于 19 世纪 80 年代实行的初等义务教育制度。小学教师必须向学生灌输共和主义价值观。在 1880 年，《马赛曲》、三色旗和巴士底日（7 月 14 日）都还充满了党派色彩；然而到 1914 年，可能大多数人都认为这些正是他们的民族特性。

然而，仍有相当一部分少数派拒绝接受共和这一共识。这些顽固分子包括极右翼的反共和运动"法兰西行动"（其领导人夏尔·莫拉斯（Charles Maurras）在保守派知识分子中颇有影响力）；相当多的保守派天主教徒（仍然对共和态度冷淡）；那些不肯原谅共和国的军官们（因为他们认为，在 19 世纪末的德雷福斯事件①中，共和国让军队蒙羞）；以及一批怀旧的保皇派的骨干分子。不过，在法国取得第一次世界大战的胜利后，这些持不同政见者中有很多人便达成了共和的共识。

在战争期间，不同的政治派别摒弃在民族事业上的种种隔阂，

① 19 世纪末，发生在法国的一起政治事件，阿尔弗雷德·德雷福斯是一名犹太裔军官，被误判为叛国，法国社会因此爆发严重争议和冲突。此后经过重审，加上政治环境变化，最终于 1906 年 7 月 12 日平反，德雷福斯成为国家的英雄。

团结在一个充满活力的"神圣联盟"的统一体中。1918 年 11 月，共和国正处于鼎盛时期。"法兰西行动"仍在鼓吹君主政体，但到战争结束时，就连莫拉斯也成了普恩加莱（Poincaré）总统的崇拜者。这场战争也消除了军队和共和国政府之间的诸多猜疑。1917 年起担任法国总理的乔治·克列孟梭是一名激烈反对教会干预政治的共和党人，而法国最高军事领袖福煦元帅则是一位虔诚的天主教徒和主张君主政体的保守派。他们二人能成功地在一起共事，证明了爱国主义能够战胜意识形态。战争期间，《马赛曲》的作者鲁日·德·李尔（Rouget de Lisle）的骨灰被庄严地转移到了荣军院，这座建筑与法国君主主义和军事历史密切相关；1919 年 7 月 14 日巴士底日这一天，在香榭丽舍大街（Champs Élysées）举行了一场胜利游行，走在队伍最前面的是霞飞元帅和福煦元帅。

这并不意味着以前所有的矛盾冲突就都一笔勾销了。1919 年，有人提议将无名烈士安葬在先贤祠，这里是法兰西共和国那些英雄先烈的安息之地。保守派对此感到愤慨。他们问，要是这个士兵是天主教徒或者是君主主义者呢？最后，那些无名烈士的尸体被埋到凯旋门下。这终归是一场矫揉造作的争论。对 1917 年俄国革命和 1920 年法国共产党（PCF）成立的担忧也许对未来的影响更甚。但在 20 世纪 20 年代，共产党还不是一支重要的政治力量，而且在那十年的大部分时间里，也没有什么理由对稳定的共和国提出质疑。

然而，到了 20 世纪 30 年代，经济大萧条爆发，1931 年便波及了法国，法国政局动荡不安。虽然不如德国或美国那么严重，但大萧条在法国持续的时间更长。即使英美两国都已放任本国货币贬值，法国政府依然因为担心会引发通货膨胀而拒绝让法郎贬值。法国出口的产品因为定价高于已经萎缩的全球市场所能承受的水平而无人问津。政治家们一筹莫展。即使以第三共和国的标准来衡量，政局的不稳定也达到了惊人的地步，在 1932 年 6 月至 1934 年 2 月就换了六届政府，这在民众中激起了反议会情绪。这种日益增长的不满情绪表现在出现了自称为"联盟"的反议会右翼组织。这些"联盟"部分是受到传统的波拿巴主义和布朗热主义 ① 的影响，部分是受到当时墨索里尼的影响。它们都带有一种非法军事组织的风格，它们声称它们谴责的是议会的无能和腐败。1934 年初，一个名叫亚历山大·斯塔维斯基（Alexandre Stavisky）的派头十足的骗子引发了一场重大的金融丑闻，这件事加剧了"联盟"对议会的敌视情绪。"联盟"掀起的街头骚动也越来越具有威胁性。1934 年 2 月 6 日，在与议会隔河相对的协和广场（Place de la Concorde）爆发的示威游行将骚乱推向高潮。后来人们得知，退伍老兵和"法兰西行动"等长期反共和组织也参与了这场"斯塔维斯基骚乱"。骚乱逐渐演变成暴力，警察开枪打死了 14 名示威者。这是自 1871 年巴黎公社以来发生的最严重的暴力事件。

　　爱德华·达拉第领导的中左翼政府引咎辞职，取而代之的是加斯东·杜梅格（Gaston Doumergue）领导的"民族团结"右翼政府。政府更迭是因为多数党的轴心中间派激进党（达拉第自己的政党）感到恐慌，由支持左翼（社会党）转而支持右翼。在接下来的两年里，法国由激进派支持的右翼联合政府执政。与此同时，"联盟"

---

　　① 　19 世纪 80 年代在法国以布朗热将军为首的民族沙文主义，属于极端激进派，反对共和主义和议会制度，推崇军事独裁。

的规模也在不断壮大，他们的虚华辞藻依然具有煽动性。其中最成功的是德·拉·罗克（de la Rocque）上校领导的"火十字团"（Croix de Feu），他对他所称的民主制度中的"坏疽"大加谴责，还威胁说如果到了"行动该开始的时刻"，届时他的人就会夺取政权。

政治斗争变得越来越激烈，分歧也越来越大。左翼把1934年2月6日的骚乱视为一场失败的法西斯政变，认为"联盟"会再次试图夺取政权。考虑到国际环境，这种担心是可以理解的。在德国，希特勒前一年就已经上台。为了防止法国发生类似事件，社会党和共产党于1934年7月签订了一项联合协议。这代表共产党的态度发生了巨大转变。他们以前拒绝与其他任何政党合作，也拒绝接受除革命以外的任何政策。就在一年前，他们还称社会党是"社会民主主义的呕吐物"。现在，共产党宣称他们已经准备好要保卫民主共和制，反对法西斯主义。他们放弃了国际主义和革命事业，开始接受爱国主义并捍卫法国的民主制度。他们开始高唱《马赛曲》，不再唱《国际歌》。这种政策转变是得到了莫斯科指示的。斯大林对希特勒的上台感到惊恐，于是寻求与西方结盟。因此，破坏法国的稳定不符合他的利益。他希望共产党能拥护法国民主，并推动法苏缔结军事同盟。

到1935年，共产党采取了更加温和的态度，试图将中间派激进党也纳入到他们和社会党结成的联盟中。他们所寻求的广泛联盟所组成的就是"人民阵线"。虽然在杜梅格政府中有些部长是激进派，但该政党的普通成员都对"联盟"的活动感到恐慌，而且，下野的达拉第也想就2月6日骚乱进行报复。1936年初，激进派离开保守党政府，正式加入人民阵线。人民阵线也吸引了那些深受经济大萧条影响的选民。在 1936 年 5 月的选举中，左翼联合人民阵线赢得了历史性的胜利。社会党获得了最多的席位，虽然不是绝对多数，他们的领导人莱昂·布鲁姆（Léon Blum）成为法国历史上第一位社会党总理。共产党在以前不过是一个小党派，现在他们的议会代表从 10 人增加到 72 人。6 月，在选举获胜后不久，大规模的罢工浪潮便席卷而来。仅 1936 年 6 月就发生了超过 1.2 万起罢工，近 200 万人参加。更具戏剧性的是，这些罢工中有四分之三采取的是占领工厂的方式。这在法国是前所未有的。只有在雇主同意大幅提高工资并答应对工会的地位和权力充分认可后，罢工才会结束。政府立法将每周工作时间减少到 40 小时，并实行强制性的两周带薪假期。

许多保守派人士因为选举失败而痛苦万分，他们坚信法国即将爆发一场由共产党煽动的革命。1936 年 7 月，当军队试图从五个月前赢得大选的左翼人民阵线政府手中夺取政权时，西班牙内战爆发，法国也会走上西班牙这条路吗？ 1936 年 10 月，马赛（Marseilles）主教准备疏散修女，以防发生流血事件。保守派政治家弗朗索瓦·德·温德尔（François de Wendel）接到雇主联合会发来的电报，说共产党的夺权计划遭到了国防部的阻挠。历史学家后来提出证据认为，1936 年法国的形势还算不上革命，那些举行罢工的人喜气洋洋，一点也不暴力，1936 年共产党最不希望的就是革命（他们在罢工中明显起到了缓和作用）。但保守派对人民阵线组织的大规模示威游行和前所未有的工厂占领感到震惊，这倒也不足为奇。

虽然最严重的罢工在 1936 年 7 月初就结束了，但在接下来的两年里，劳资关系依然紧张，罢工频繁发生。作为主要工会组织的法国总工会（CGT）的会员人数从 1935 年的约 75 万人增加到 1937 年初的约 400 万人。法国革命可能尚不成熟，但社会力量和政治力量都已经明显转向了工人阶级。为了保护他们的利益，许多保守派开始采取极端的解决办法。虽然人民阵线解散了"联盟"，但对其中最重要的"火十字团"来说，不过是重组建一个政党而已。它的成员增加到 100 多万人，成为法国最大的政党。前共产主义者雅克·多里奥特（Jacques Doriot）成立了一个法国式的法西斯政党，即法国人民党。到 1936 年秋，该党已拥有了 10 万名党员。一些右翼分子甚至加入了一些被称为"蒙头斗篷"（Cagoule）的秘密组织，从而转向了恐怖主义阵营。1936 年 9 月，他们炸毁了雇主联合会总部，企图败坏法国共产党的名声。

到 1937 年夏天，人民阵线气数已衰。经济已捉襟见肘，政府不得不为社会项目和重整军备筹措资金。由于金融市场对政府的敌意，筹措资金谈何容易。当时出现了资本外流，左翼人士认为这是受到政治敌意的影响。布卢姆政府上台才一年，就在 1937 年 6 月的一场金融危机中垮台了。严格来说，下一届政府不过是另一个改头换面的人民阵线联合政府，因为它还是由共产党、社会党和激进派这三个政党所支持的，但多数派的轴心已经转向了右翼。新总理是激进派的卡米耶·肖当（Camille Chautemps），如果说他有什么坚定信念的话，那就是他站在自己政党的右派立场上。许多由于害怕"联盟"才加入人民阵线的激进分子现在又对 1936 年的社会动荡感到恐慌。激进派会再次脱离与左翼的联盟（就像 1934 年那样），而与更温和的保守派结盟，这只是时间问题。

即使人民阵线剩下的日子屈指可数，但它所造成的仇恨和恐惧却继续存在。要让保守派原谅或者忘记他们在 1936—1937 年间所经历的一切绝非易事。他们恐惧的主要是共产党，而他们仇恨的则是布鲁姆。作为一个花花公子、犹太人、社会党党员和资产阶级的叛徒，布鲁姆招致了最强烈的仇恨。莫拉斯在 1935 年 4 月写道，布鲁姆是"一个可以向其背后开枪的人"。年轻的法西斯主义记者罗伯特·布拉西亚克（Robert Brasillach）在 1939 年 3 月写道："布鲁姆被拉出去枪毙的那天将是法国家家户户欢庆的日子，我们要喝香槟庆祝。"这些对布鲁姆的攻击不仅仅是口头上的。在 1936 年的竞选活动中，他在街上突然遭到殴打，严重到需要住院治疗。20 世纪 30 年代，法国的政治暴力已经达到了极点，有点像内战的气氛。

"宁要希特勒，不要布鲁姆？"

法国在政治上的两极分化开始波及外交政策。传统上，基于外交政策的政治结盟相当简单。左翼是国际主义者：它承诺要通过国际联盟与德国和解，要裁军，要保证集体安全。右翼是民族主义者：它对德国持怀疑态度，相比较联盟的"理想主义"政策，更倾向于根据军事实力和同盟采取"现实主义"的政策。因此，在 1932—1934 年，中左翼政府削减了国防开支，还参加了在日内瓦召开的裁军会议；1934 年右翼重新掌权后不久，新任外交部长路易斯·巴尔都（Louis Barthou）于 4 月 17 日宣布，法国今后不会再参加裁军谈判，而会将"用自己的方法来保证自己的安全"。他开始主动向意大利和苏联示好以求结盟。1934 年 10 月，巴尔都在陪同到访法国的南斯拉夫国王亚历山大时遭到暗杀，但他的继任者皮埃尔·赖伐尔表面上还是走以前的老路。赖伐尔对与意大利结盟比与苏联结盟要热情得多，但这并没有阻止他在 1935 年 5 月与苏联签订互助条约。

有趣的是，当苏联条约于 1936 年 1 月提交议会批准时，大多数保守派议员都投了反对票，原因是他们对法国共产主义的恐惧与日俱增，对德国一贯的猜疑也就渐渐淡化了。这是右翼对外交政策的态度发生戏剧性转变的开始。许多左翼分子同时也开始怀疑，面对纳粹主义，他们传统的和平主义是否还适合。共产党早在 1935 年就已经欣然接受了爱国主义价值观。1936 年，尽管此前社会党一直反对增加军费开支，莱昂·布鲁姆政府还是实施了第一次大规模重整军备计划。然而，如果说 1936 年后右翼就不再敌视德国转而开始反对战争，而左翼则恰恰相反，那这未免也太简单了。事实上，现在双方内部均有分裂，只不过左翼分裂的更严重而已。

在左翼，只有共产党毫不怀疑必须不惜一切代价（包括战争）抵抗德国。许多社会党党员坚持认为，即使敌人是纳粹德国，和平主义也是一项不能妥协的原则；而其他社会党党员则认为这种观点已经站不住脚了。1938 年，这场争论几乎把社会党分成了两派：该党领袖莱昂·布鲁姆持后一种观点，他的副手、社会党总书记保罗·福尔（Paul Faure）则持前一种观点。法国总工会也出现了严重分裂：其领袖莱昂·儒奥（Léon Jouhaux）反对绥靖，而他的副手勒内·贝林（René Belin）则反对战争。在激进党内部，大多数人可能支持像乔治·博内这样的人，他们虽然不是无条件的和平主义者，但也和右翼一样担心共产党的真正动机；但另一方面，也有一些像皮埃尔·科特这样的激进派，他们视德国为主要敌人。

在右翼，支持绥靖政策已有越来越广泛的共识。极右翼中有一些纳粹德国的狂热崇拜者，但为数不多。更重要的是温和的中右翼的态度。没有谁比皮埃尔·埃蒂安·弗朗丹这个实例更能说明这种演变的了。弗朗丹是一位观点极其温和的中右翼大政治家。弗朗丹身上穿的是在萨维尔街（Saville Row）定制的西装，他在伦敦商界和金融界人脉很广。1935年，他曾短暂出任内阁总理。德国重新占领莱茵兰时，他是外交部长；也正是他到伦敦进行游说，争取英国做出强有力的支持。他当时也支持签订法苏条约。两年后，弗朗丹成为法国与东欧脱离呼声最高的倡导者之一；他想让德国在该地区自由行动。1938年9月，就在慕尼黑会议前夕，当时法国似乎要为捷克斯洛伐克而开战，弗朗丹命人在巴黎的大街小巷贴满了反战海报："法国人民，你们被骗了！神秘分子（犹太人和共产党的代号）为了让战争不可避免，已经巧妙地设好了的圈套。"慕尼黑会议结束后，弗朗丹给希特勒（及其他签署方）发了贺电。

弗朗丹本可以"现实主义"为由来证明自己的立场，宣称法国不具备充当欧洲警察的资源。但社会恐慌又进一步增强了他的现实主义中充溢的悲观情绪。像他这样的保守派认为，第一次世界大战、经济大萧条和人民阵线已经严重动摇了法国的社会结构，国家再也承受不了任何冲突的压力了。战争会敲响资产阶级的丧钟，为共产主义革命铺平道路。共产党似乎急于把法国推入战争，这进一步引起了他们的怀疑：列宁不是已经证明了战争是革命之母吗？正是这种复杂的焦虑让一位记者用"宁要希特勒，不要布鲁姆"来描述 1938 年法国右翼的态度。这些保守的"现实主义者"并没有对法国这个超级强国的未来而感到绝望，但他们现在越来越多地设想法国将扮演地中海而不是欧洲大陆的角色。他们对大英帝国的兴趣日益浓厚，有些矛盾的是，他们还指望意大利能和法国达成和解。

没有人比博内更确信法国实力上的局限性。他在慕尼黑会议前后对一位记者说：

> 我们别再扮演英雄了，我们再也做不到这一点了。英国不会加入我们的。假扮"欧洲的警察"当然很好，但如果我们要这么做，我们需要的就不仅仅是玩具枪、纸质手铐和硬纸板监狱……法国不允许再次发生像 1914 年那样的大屠杀。我们的人口每天都在减少。人民阵线把这个国家搞得只能慢慢恢复，任何轻率之举都将是致命的。[6]

这些观点未能赢得所有保守派的支持。仍有少数人相信对抗德国是可能的，也是必要的，他们不允许反共产主义蒙蔽他们，让他们看不到同苏联结盟的必要性。在保守派政治家当中，中右翼"民主联盟"（Alliance Démocratique）的领导人之一保罗·雷诺就持这种观点，而该组织的领导人实际上是弗朗丹；乔治·曼德尔虽然没有正式加入任何政党，但他在 1917 年曾是克列孟梭的得力助手，因而享有很高的声誉；还有亨利·德·克里利斯（Henri de Kérillis），他虽不是出色的政治家，却是一位广为人知的记者。正如他在 1938 年所写的那样："我和你们大家一样都对苏联政权极为反感。但我不允许资产阶级的声音比爱国主义者更响。"[7]

到 1938 年，左右两翼的分化虽然因为人民阵线而变得更加突出，但还是逐渐被对外政策上所产生的新的分歧而取代。一方面，因身为和平主义者而开始反共的左翼成员，与因为反共而开始反和平主义的右翼成员之间达成了一种不寻常的和解；另一方面，保守的民族主义者和左翼反纳粹分子之间也出现了这种不寻常的和解。1938 年初，布鲁姆本人也开始相信，为应对一种形势（法西斯主义和经济大萧条）而建立的人民阵线已经不再适应新的形势（德国的崛起和重整军备的需要）。1938 年 3 月，肖当领导的人民阵线政府垮台，布鲁姆因此提出成立一个包括左翼的共产党和右翼的保守派路易斯·马林（Louis Marin）所组成的民族团结政府来与德国抗衡。他甚至准备把财政部交给一个保守派。但他的这一计划除了雷诺等少数几个孤立人士支持外，几乎没有得到右翼支持。弗朗丹反对这一计划，他代表了大多数保守派。因此，布鲁姆就成立了由左翼支持的新的人民阵线政府，尽管他并不幻想这个新政府能长久下去，可能实际上他也不想它能长久下去。布鲁姆的第二届政府短短一个月就垮台了。4 月 10 日，达拉第成立了新一届政府。

1938 年 4 月至 1939 年 9 月：达拉第政府

达拉第政府的立场是什么？是支持还是反对绥靖政策？是支持还是反对人民阵线？所有那些反对绥靖政策的人就一定都对人民阵线看法一致吗？达拉第政府在议会首次亮相时，几乎所有团体都一致投了信任票，由此可见达拉第的立场模棱两可。这远远不是说达拉第在成立民族团结政府方面取得了布鲁姆未能取得的成功，而是仅仅表明没有人知道政府的立场。人人都希望左右政府。这是自1936年以来第一届既有像雷诺和曼德尔这样反人民阵线的保守派，又有像让·扎伊（Jean Zay）等左翼激进派组成的政府。让·扎伊还曾在1936年的布鲁姆政府中任过职。政府中既有像博内那样强烈的绥靖主义者，也有像曼德尔那样强烈的反绥靖主义者。

要检验政府所持立场，方法之一就是看它对每周40小时工作制的态度。这已经是人民阵线早就定下来的。达拉第深信这一措施阻碍了工业生产，也拖慢了重整军备的进度。但实际情况比这还要复杂。事实上，如果能坚持每周工作40小时这一基本原则，而且额外工作时间支付加班费，那么，只要是对重整军备有必要，有些工会领导人就会同意在每周40小时工作制外的一些例外情况存在。另一方面，雇主们的领袖希望利用重整军备的紧迫性来颠覆人民阵线的社会政策，他们想按正常工资支付额外工作时间。换句话说，问题在于利润和工时。达拉第起初希望通过鼓励雇主和工会进行谈判来解决这个问题，但当谈判无果时，他在8月21日的一次演讲中宣布，如果有必要，他将准备取消每周40小时工作制。虽说这导致政府中两名中间偏左的部长辞职，但达拉第仍然希望通过妥协来达到他的目的。

达拉第同样也不愿意对绥靖政策做出明确的选择。1938年9月，慕尼黑阴谋达到高潮，关键时刻到了。法国政府曾一度宣布进行总动员，但达拉第在最后一刻做出了让步，在慕尼黑接受了希特勒的建议，而不是冒险发动战争。雷诺和曼德尔考虑过从政府辞职，但最后还是认为他们可以留下来继续为他们的事业而奋斗，而不是为博内的成功扫清障碍。在议会，除了 75 名共产党员、一名孤僻的社会党党员和德·克里利斯之外，其余人均一致支持《慕尼黑协定》。然而，那些投了赞成票的人中，很多都对这个协定有极大的保留意见，因此，这种一致在一定程度上具有误导性。

慕尼黑会议在法国国内的意义和国际上同样重要。它结束了达拉第上台以来在政治上一直模棱两可的态度。共产党投票反对政府，这就把自己置于公开对立的地位，并宣告了人民阵线的终结。在每周 40 小时工作制的问题上，达拉第再也没有理由慎之又慎了。新任命的财政部长雷诺颁布了一系列法令，有效地废除了这项法令。工会宣布在 11 月 30 日举行为期一天的大罢工，但政府和雇主们对此反应强硬。工人被强行疏散，数千名工会积极分子被解雇。截至年底，总工会会员人数较 1937 年的峰值下降了约 25%。劳工组织被彻底镇压。尽管雷诺把他的法令作为解除生产限制的一种手段，但他非常明确地表示，颁布这些法令也是为了能增加利润并恢复商业信心。在这方面，他们取得了显著的成功。在接下来的四个月里，资本大量回流。

这种新的金融环境极大地减轻了政府在市场上筹措重整军备所需资金的压力。人民阵线垮台了，右翼正按照自己的主张重整军备。雷诺的自由放任和反劳工政策并不是解决重整军备问题唯一可能的办法。慕尼黑会议后，一向在经济问题上非常保守的激进分子保罗·马尔尚多（Paul Marchandeau）提出，通过征收资本税和实行外汇管制来为重整军备融资。达拉第在选择雷诺的政策之前又犹豫了，不管出于何种经济上的考虑，雷诺的政策都是新反共政治格局的必然结果。

就外交政策而言，1939年3月，希特勒公然违背《慕尼黑协定》占领布拉格，那些希望慕尼黑会议能给法德关系带来持久和解的人幡然醒悟过来。在1939年3月17日的议会会议上，几乎每位发言人都敦促政府要坚定立场。博内的影响力逐渐减弱，达拉第转而采取了毫不含糊的反德立场。由于种种原因，这样的政策开始被保守派所接受，而在八个月前这是不可能的。一个原因是希特勒已经表明他不再值得信任。另一个原因是意大利对法国殖民地的要求唤起了新一轮的爱国热潮。作为回应，达拉第于1939年1月对科西嘉和北非进行了一次广被宣传的访问。他明确表示法国不会放弃任何殖民地。准确地说，这与德国无关，但它有助于增强国家的自信（同时也削弱了保守派的立场，他们主张求助于大英帝国并奉行亲意大利政策）。然而，达拉第之所以能够争取到保守派支持他放弃绥靖政策，主要原因是1938年11月对劳工运动的镇压给他们的反共情绪泼了冷水。1939年6月27日，就连"法兰西行动"也写道："在选择莫斯科还是柏林的讨论中，如果我们忽视了柏林是最具威胁性的这个事实，那么必须指出，我们就失掉了一切。"那些曾经受希特勒诱使而放弃布鲁姆的人现在可以放心了。有达拉第，谁还会选择希特勒？矛盾的是，一旦共产党在国内被打败，达拉第政府就能在国外推行共产党自1936年以来一直倡导的政策。随着《苏德条约》的签订，这一矛盾得到了解决。此后，国内外都有可能反共。

尽管达拉第政府在1939年春就已经明确表明反对德国进一步扩张的政策，但这并不是布鲁姆一年前想要的那种民族团结政府。通过1938年秋所做的决定来看，它确定无疑是一个右翼政府。

1939 年 9 月战争最终爆发时，这大大损害了达拉第在策略上的转圜空间。但是，在人民阵线垮台后，会这么快就建立起一个民族团结政府吗？在某种程度上，达拉第凭借自己在国内的超高人气从而掩盖了其政府极为保守的特性。和英国的鲍德温（Baldwin）一样，达拉第身上也体现了一种守旧可靠的形象。达拉第出身贫寒，父亲是卡庞特拉（Carpentras）的一个面包师，通过教育奖励体系逐渐脱颖而出。无论从哪个角度讲，他都是共和国之子。虽然话不多，这也更显得他可靠，但他却是一个不错的电台演员（也像鲍德温）。他既不对听众指手画脚，也不威逼恐吓，他和他们的谈话就像在炉边聊天一样。达拉第是一位很容易被法国普通民众认同的政治家。

达拉第因在 1938 年 9 月成功阻止了战争而备受赞赏，但同样令人赞赏的是他在 1938 年 11 月勇敢地对抗墨索里尼。一位政治家在慕尼黑会议后评价他说，达拉第"是犹豫不决的法国人的化身"。他既不是像博内那样绝对的绥靖者，也不是像雷诺那样坚定的好战分子。因此，他完全可以在 1938 年兜售和平，在 1939 年兜售战争。1939 年初，他对他的一位部长说，他只要一进咖啡馆，里面的人就会站起来大喊"来吧，我们拥护你"。[8]利用他的声望，达拉第基本上可以不用议会就能执政。在慕尼黑会议之后，为应对危急的国际局势，他被授权颁布一系列紧急法令。在 1938 年 10 月至 1939 年 9 月，他"专制统治"达七个月。1939 年 7 月 27 日，他颁布法令让议会休会，并将补选推迟到 1942 年 6 月。这是和平时期前所未有的举措。慕尼黑会议后，达拉第对法国的统治更像是一个独裁者，这点自一战时期的克列孟梭以后无人能及。

1939 年 9 月法国宣战时的政府是 1918 年以来最有效的政府之

一，政府首脑也是自克列孟梭以来最受欢迎的领导人。经济终于开始复苏，重整军备正在加速进行，20世纪30年代中期出现的政治动荡似乎也已经结束。短短几个月就有了显著变化。一位密切关注法国事务的英国外交官在1938年11月写道："达拉第……已经变坏了……恐怕法国的境况不佳，人们完全不合作。"三个月后，他又写道："我发现法国的舆论远比我们乐观，对德国的威胁也远没有我们认识的这么深刻……达拉第非常受人尊敬……法国给我的整体印象是比几个月前更有信心了，不再有那么多的失败主义情绪，也不再有那么多的自我批评，经济前景更好了。"⁹

由于战败，人们常说20世纪30年代的法兰西共和国已是穷途末路，所以法国政治气候发生的这种巨大逆转是有必要强调一下的。另一方面，我们也不能过于夸大这种逆转效果。20世纪30年代的分歧还没有被遗忘。仇恨仍在人们内心翻腾，达拉第率直可靠的公众形象不过是一种假象而已。实际上，他犹豫不决，深受自我怀疑的折磨，而且总是倾向于同意最后一个跟他说话的人。宣战才几天，他就怀疑自己这样做是否正确。他的一位顾问在9月24日说："在对德国最终提议采取的态度上，达拉第依然犹豫不决。星期三他支持和平，星期四他支持战争，星期五他从伦敦回来时，又想停止战争。"10月16日星期一，他比星期六时"更赞成和平"；三天后，他又变成了一个"强硬派"。参议院议长在12月7日指出："他太优柔寡断！做事太慢！不会拒绝！"达拉第的情绪波动剧烈。战争开始才六天，他就对布利特说他觉得"他的政治生涯以及他的性命可能持续不了三个月"。他认为，一旦波兰完了，德国就会进攻法国，"进行狂轰滥炸，到时法国民众就会因为缺少飞机而归责于他，把他逐出政坛，甚至还有可能置他于死地”[10]。

达拉第知道，他在公众面前的形象是虚假空洞的，然而又无法做到表里如一，这让他在私下里郁郁寡欢，常常酗酒。在一位英国观察家看来，他在 1939 年就像一个“醉醺醺的农民⋯⋯喝酒喝得面容浮肿，视力模糊”[11]。达拉第基本上在没有议会的情况下执政。他虽然不是一个好交际的人，但却轻易就能赢得其他政治家的支持，然而现在却变得越来越孤立。这在战争刚开始时还无关紧要，那时他在国内很受欢迎，但当他的支持率开始下降时，达拉第发现自己树敌太多，政敌们正盼着他栽跟头呢。

战争中的达拉第

1939 年 9 月 2 日，议会召集会议，对战争借款进行表决。一个由 22 名反战议员组成的小组试图让议会召开秘密会议，就发动战争的理由进行适当辩论，但未能成功。后来，赖伐尔和其他人声称宣战是非法的，批准动员借款并不等于批准宣战。虽然这种说法似是而非，大家都知道这次投票的意义，但当被直接质询这个问题时，达拉第肯定会闪烁其词。尽管是有意重复总理勒内·维维亚尼（René Viviani）在 1914 年时的观点，但他在议会演讲中 11 次提到了和平，3 次提到了战争，而维维亚尼却 6 次提到和平，16 次提到战争。

9 月 13 日，达拉第改组了政府。最重要的决定就是任命拉乌尔·多特里为新成立的军备部的部长。达拉第还给社会党留了两个职位，但社会党拒绝了。达拉第除了留任战争部，自己还接管了外交部。这对一个人来说负担太重，只会使达拉第更加优柔寡断。但对那些希望坚决进行战争的人来说，最严重的问题是达拉第保留了几个对战争明显不冷不热的人，理由是这些人在政府任职比在外面的危害要小。其中包括重要的激进派政治家卡米耶·肖当、博内（据称他调到司法部后就被架空了），以及与意大利大使关系密切的、亲意的中间派政治家阿纳托尔·德·蒙齐（Anatole de Monzie）。

虽然议会在假战争期间很少召开全体会议，但这并不妨碍议会走廊里的密谋活动。大约 15 名反战代表组成了一个"议会联络小组"。其他有影响力的反战政治家，如前总理赖伐尔和弗朗丹并没有直接参与委员会，而是活跃在幕后。菲普斯在 1939 年 10 月见到弗朗丹时，发现他"比我料想的还要失败……法国的共产主义让他感到害怕"[12]。参众两院委员会继续开会，为反战的政治家们提供了发表意见的机会。参众两院外事委员会的两位委员长亨利·贝朗热（Henry Bérenger）和让·米斯特勒（Jean Mistler）都对战争、反共、亲意缺乏热情。反战议员虽然人数有限，但其中不乏一些重量级人物。

反战派寄希望于希特勒 10 月 6 日那场备受期待的演讲。在波兰战败后，这场演讲被作为争取和平的手段，在事先公开预告。但除了对那些最坚定的反战分子外，希特勒对各方都没做出什么承诺。当达拉第在两个外事委员会露面时（10 月 4 日和 6 日），这有助于他压制那些走廊上的密谋者。他宣布加强对共产党的镇压。1939 年 9 月 26 日，政府颁布了两道法令，一是宣布法国共产党非法，二是允许暂停共产党地方议会。10 月，34 名共产党员代表被捕，还有几个共产党自治市被暂停。11 月颁布的一项法令为拘留那些被认为危害国家安全的人开了便利之门；1940 年 2 月，共产党领袖多列士被剥夺国籍；3 月，35 名共产党员代表接受审判，大多数人被判处五年监禁。到春天，大约 300 个共产党自治市被暂停，3400 名共产党积极分子被捕，3000 多名共产主义避难者作为不受欢迎的外国人被拘留。

这场反共运动发生在共产党正式采取反战立场之前不久。没有谁会比法国共产党领导层更对《苏德条约》感到震惊了。由于缺乏莫斯科方面的指示，他们的第一反应是：该条约并不影响他们对国防的承诺。9 月 2 日，共产党投票一致赞成战争借款，并在 9 月 19 日宣布他们保卫法国的"意志不可动摇"。这是最后一次这样的声明。9 月底，共产国际宣布这场战争是一场"帝国主义"的冲突。在这场冲突中，法国共产党不能选择任何一方。10 月 1 日，共产党在议会的团体（已改名为"工农团体"）签署文书，呼吁和平，并请政府积极看待希特勒即将提出的和平提议。10 月 4 日，多列士擅自前往莫斯科。

很显然，政府不可能不采取行动反对法国共产党，但如果达拉第想要获得尽可能多的共产党人的支持，那么等到共产党旗帜鲜明地采取反战态度要更为可行。这可能是利用了许多共产党人对新政策的怀疑，而不是鼓动他们本能地与受迫害的同志团结一致。在监狱里的共产党员让·雷诺（Jean Renaud）写信给达拉第说，如果不是因为入狱，他是会反对共产党的立场的；而鉴于对共产党的镇压，他不能强迫自己背弃自己的政党。最终，（72 名）共产党党员代表中大约有 30 名宣布与共产党划清界限，在塞纳河（Seine）地区担任市长的 22 名共产党党员中也有 12 人宣布与共产党划清界限。但是达拉第的主要目标并不是要团结那些能够被"拯救"的共产党党员。保守派不久前还反对战争，现在转而支持战争，打压共产党"叛徒"的运动就是对保守派的回报。在接下来的三个月里，右翼媒体掀起了反共高潮。1940 年 1 月，德·克里利斯在议会建议政府对德国的支持者采取同样有力的行动时，被指控为共产党特务。

靠迫害共产党来转移注意力不是长久之计，而且它也不能掩盖战争毫无进展的事实。1939 年 11 月底，反对达拉第的政治声音开始抬头。为了延长将于 11 月 30 日到期的法令权力，他召集议会开会，这让批评他的那些人有机可乘。尽管达拉第以 318 票对 175 票轻松赢得投票，但他的政敌数量已经增加了，不仅包括那些明的、暗的对手，而且还包括许多对立阵营的人，他们认为他对这场战争的推动不够积极。这就解释了为什么达拉第热衷于远征芬兰，这也是他接下来三个月主要操心的事。芬兰行动既结束了令人沮丧的军事上的不作为，又坚持适当的反共行动，有效地安抚了反对他的两派政敌。达拉第的命运现在完全和芬兰的命运拴在一起了。

雷诺与达拉第

自开战以来，财政部长保罗·雷诺就一直准备取代达拉第。到 1939 年底，人们越来越多地称他为"王太子"。雷诺渴望证明自己能够成为另一个克列孟梭。在战争前几个月里，困扰他的是如何避免重蹈 1914 年的覆辙，当时战争资金的来源就是印钞，这必然导致物价快速上涨。为了因应重整军备的开支给经济带来的巨大购买力，雷诺推出了一系列新税种，其中包括对所有超过 40 小时的加班收入额外征收 40% 的税。由于大量工人现在每周的工作时间都是 60 小时，雷诺实行的这一税收政策有望带来可观的收入。雷诺还发起了一场声势浩大的运动，鼓励人们购买重整军备债券。这些反通货膨胀的政策得到了英国经济学家约翰·梅纳德·凯恩斯（John Maynard Keynes）的赞许，他对英国政府没有采取同样的措施而感到遗憾。但对雷诺而言，采取这些措施并不仅仅是出于经济目的，他还希望借此向民众灌输一种战时精神。他在 9 月 10 日的演讲中宣布"经济战线、金融战线和货币战线"与军事战线同等重要；12 月，他宣布："我们这次不会像 1914 年那样，被动地进行战争，而是主动地进行战争。"[13]

　　1940 年初，雷诺认为，要实现这些目标就需要实行基本商品定量配给。这项政策也打消了他的后顾之忧，他不必再担忧到美国购买飞机会耗尽法国的黄金储备使法国失去财政独立了。唯一的解决办法是拟订一份法国所有需求的汇总清单，按照轻重缓急来安排支出。简单来说，除了财政部，雷诺也正试图控制法国战争经济的整体发展趋势。如果不能让他得逞，他就准备迫使政府陷入危机。雷诺毫不掩饰他的野心，这使他与达拉第的关系彻底破裂。达拉第的情绪并没有因为 1 月底的一次严重的骑行事故而有所改善。在 2 月的大部分时间里，两人一直不说话，只通过写短笺进行交流。整个 2 月，达拉第都在计划如何将雷诺从政府中清除出去，但是危机尚在酝酿，还没有到达顶点。

与此同时，随着芬兰局势恶化，达拉第自身的处境也变得岌岌可危。2月初，绝望的达拉第没和英国商量，就不顾一切地向芬兰承诺在月底前出动100架飞机和5万名士兵，但他还不知道这些飞机和士兵该从何而来。在苏联和芬兰签订停战协定后，达拉第必将面临一场议会辩论。3月13日，他在议会演讲时大放厥词，以至于会议记录没有保留他说的话。据传，彼时他一直在酗酒。皮埃尔·赖伐尔以及反战联络委员会的重要人物加斯东·贝热里（Gaston Bergery）分别在参众两院发表了慷慨激昂的反战演讲。同时，达拉第也遭到了布鲁姆的批评，布鲁姆立场相反，批评达拉第没能有效地进行战争。3月20日，达拉第提出了一项信任动议。虽然他以239票对1票获胜，但仍有300票弃权。这些人既有主战派也有反战派。达拉第觉得自己别无选择，只能辞职。雷诺的机会来了。

战争中的雷诺

保罗·雷诺（1878—1966）是他那一代杰出的保守派政治家之一。他出生于一个在墨西哥发迹的富裕资产阶级家庭。1919年，雷诺首次当选议会议员。很快，他就被政界视为后起之秀，并于1930年首次担任部长职务。然而在20世纪30年代的大部分时间里，他采取了一系列颇有争议的立场，实际上把自己排除在了权力之外，因而一位英国观察家称他"有几分像法国的温斯顿·丘吉尔"。

雷诺主张实行货币贬值，而几乎所有的政治阶层都认为此举几近于叛国；他是少数几个接受戴高乐关于军队现代化思想的政治家之一；不同于大多数右翼政治家的是，他反对绥靖政策。慕尼黑会议后，在弗朗丹给希特勒发了那封臭名昭著的电报后①，雷诺就退出了所在的民主联盟。他是反慕尼黑协定的主要保守派人物之一，极右势力对他深恶痛绝。

在政治上，雷诺是一个独行其是、独来独往的人。但在社交上，他却能在第三共和国举办的那些沙龙里完全无拘无束，那里既有政治家，也有贵族、外交家和作家。这一点值得注意，因为这有助于解释为什么雷诺最终令人不解地缺乏坚决：他并不像自己或其他人认为的那样是个局外人。在状态最好的时候雷诺就是议会里的一名出色的表演家，他的言辞生动有力，说起套话来也是那么简洁明快，他就有这种天赋，但说到利用听众的情绪，他就逊色多了。他常常把听众给弄糊涂，而不是说服他们，当然他也没有达拉第那么平易近人。奥利弗·哈维在雷诺就任总理的前几天指出了两人的不同之处："保罗·雷诺无疑曾密谋加害达拉第，这是受了他的随从唆使以及自己虚荣心的驱使；而达拉第肯定不信任保罗·雷诺，就像农民不信任资产阶级一样。"[14]

雷诺极其聪明，总爱自鸣得意。虽然事实往往证明他是对的，但他最好还是少提醒人们这一事实。法国驻罗马大使安德烈·弗

---

① 1939 年 9 月 30 日，英法的绥靖政策再次将捷克斯洛伐克出卖给了希特勒。慕尼黑协定签署后，绝大多数的法国人在欢庆和平，弗朗丹情不自禁地匆忙给希特勒发去一封贺电，希特勒回电说："我感谢你……为法德两国之间的谅解和全面合作所作的努力……"

朗索瓦－庞赛（André François-Poncet）相当不义气地对齐亚诺（Ciano）说："身高不足五英尺三英寸的人身上的所有缺点，他都具备了。"[15] 雷诺当然很在意自己矮小的身材（他在回忆录中提醒读者，达拉第几乎还没有他高！），也许是对健身的痴迷弥补了这一点。在这一时期的法国政界人士中，他最不寻常的一点就是经常去健身房锻炼。在假战争期间，是他的健身教练告诉他，地铁里的人们是如何评价他的。

雷诺很快就让那些期望他能组建一个紧密团结、致力于打赢这场战争的政府的人失望了。讽刺报纸《鸭鸣报》（Le Canard enchaîné）评论说，政府的规模如此之大，只有冬季自行车竞赛馆（Vél d'Hiver）才能容纳它。雷诺扩大了政府左翼的力量，吸纳了两名支持战争的社会党党员（并不是右翼不能接受的莱昂·布鲁姆），但他并没有解聘亲意大利的德·蒙齐。而且达拉第的势力还很大，还不能撤他的职，雷诺就让他继续留任国防部长，并接管了他的外交部。一个出人意料的决定是，保守派银行家保罗·博杜安被任命为战时内阁部长。博杜安对战争缺乏热情是出了名的。尽管雷诺在20世纪30年代支持戴高乐，现在还继续接受他的建议，但他任命的首席军事顾问是保罗·德·维勒鲁姆。维勒鲁姆曾担任过外交部联络官，从来就不掩饰他对法国有希望打赢这场战争的怀疑。3月24日，维勒鲁姆在听取了戴高乐关于军事上打赢这场战争的可能性的"长篇报告"后说："我惊呆了。我还认为他更有头脑……我都懒得打断他那冗长而又荒谬的长篇大论。"[16]

这些奇怪而前后矛盾的任命表明，雷诺并不像看上去的那么自信。有些任命可以从他的情妇海伦·德·波特斯伯爵夫人的影响中得到解释，她在反战和失败主义者的圈子里关系广泛。博杜安就得到了她的保护。自从波特斯伯爵夫人在 1940 年 6 月底的一起车祸中丧生后，她的故事就渐渐被历史遗忘了，但她永远都是雷诺邪恶的守护神，对他所有错误的判断都负有责任。我们很难知道她在这个阶段到底发挥了多大的政治影响力。雷诺本人在回忆录中从未提及她，但最近出版的他的战时笔记证实了他对波斯特伯爵夫人是多么痴迷，也表明了他对她所扮演的角色感到内疚。他写道："亲近年轻人……疏远犹太人和那些老政治家的欲望将她引入歧途。但她还以为她这是在帮我。"[17]

不管波特斯伯爵夫人的影响有多大，雷诺对许多新人的任命有一个更枯燥乏味的解释，那就是：由于缺乏坚实的政治基础，他不得不成立一个构成尽可能广泛的政府。这并没有阻止议会进行确认辩论，议会认为他的政府已经蜕变成一个令人厌恶、盲目迎合的政府，这与爱国的"神圣联盟"的理想渐行渐远。雷诺最终勉强以一票之差得以通过：268 票赞成，156 票反对，111 票弃权。对他半数以上的支持来自社会党。如果那些给达拉第和雷诺都投了反对票的人（29 票）和那些给达拉第投了弃权票而给雷诺投了反对票的人（62 票）被认为是代表了真正的反战情绪，那么他们的人数总和已接近 100 人。真实的数字甚至比这还要高，因为许多出于党纪而投票支持雷诺的社会党党员实际上是反对战争的。因此，在议会看来，雷诺政府比上届政府还要弱。

在雷诺掌权的头几个星期里，他穷于处理应接不暇的事务。他是一个天生精力充沛的人，但如今要面临尽快出成果的压力。甘末林评论道："与束手无策的达拉第相比，在我们这里，雷诺每五分钟就能做出一个决定。"[18] 这导致他和英国的关系开始恶化，并促使他提出了危险的冒险政策，比如轰炸高加索地区。即使在英国否决了这一提议之后，它在法国（以及英国的一些圈子）的议事日程上仍然很重要。雷诺是否会在英国未同意的情况下继续采取行动还不得而知。尽管之前在 20 世纪 30 年代末，其他法国保守派对于反共的日益痴迷并没影响到他，但如今他完全认可抛开英国、独自决策这个事实表明了他在政治上的绝望。

这也可能反映了雷诺的一些顾问的态度，他们越来越怀疑整个盟国为准备打持久战而采取静观其变战略的可行性。外交部一位官员在 3 月底这样说道："认为时机目前对我们有利，现在看来这是个错误。"战时经济中出现的问题以及军备生产上出现的缺口助长了这种悲观情绪。关于战时经济的辩论在政府中继续没完没了地进行着。4 月 26 日，部长们讨论了是否要广泛实行定量配给。农业部长亨利·克耶（Henri Queuille）在肖当的支持下提出了反对意见："难道我们为了让法国人养成战争心态，就要让这个国家受苦受难，甚至可以说是惩罚它吗？还是应该尽可能久地维持正常的生活，从而能够更久地忍受战争？"[19] 政府暂时决定只实行汽油定量供应。无论雷诺自己在这一点上倾向于什么，政府中那些谨小慎微的成员阻止了他采取更加激进的政策。

达拉第的态度也没能帮上雷诺什么。无论以什么标准来衡量，他在被雷诺取代后都表现得异常小气。达拉第拒绝陪同雷诺前往伦敦参加他的最高战争委员会首次会议，随后又蓄意破坏已经做出的决定。[20] 哈维在 4 月曾评论说，达拉第"太不像话了，出于嫉妒，无论什么事儿他都得找点茬儿，都要管一管"；他"正生着闷气，显然恨不得杀了雷诺"。甚至有传言说，他和赖伐尔正密谋把雷诺拉下马。[21] 考虑到赖伐尔反对战争，这将是一场危险的游戏。

雷诺和达拉第二人之间的较量随后演变成了雷诺和甘末林之间的敌对。雷诺对甘末林的能力表示怀疑，同时甘末林和达拉第的亲密关系也让他心生怨恨。事实上，自宣战以来，甘末林和达拉第之间原本十分友好的关系已经明显恶化。在战争爆发后的三周内，甘末林抱怨达拉第就是一个"风向标，压根儿就无足轻重"[22]。而达拉第则认为甘末林精力不够充沛。1月，他曾把他和答尔丢夫（Tartuffe）联系在一起，还说"我应该在战前就把他赶走"。但是，当谈到支持甘末林反对雷诺时，达拉第就放下了这些疑虑。当挪威行动开始受挫时，雷诺认为除掉甘末林的机会来了，他指责甘末林对这次行动太不热心了。他是对的，甘末林并不相信哪支远征军会从西线调到士兵。

雷诺在4月12日的战时内阁会议上对甘末林发动了攻击。正如博杜安所写：

> 他陈述着他的理由。其他人都冷漠地一言不发。达拉第先生坐在那儿，皱着眉头，紧闭着嘴，不停地耸着肩膀。总理停顿了一分钟，这一分钟却像一个小时那样漫长，谁也没有说话。随后，达拉第先生站到了甘末林将军一边，他用低沉而严厉的声音说，这是他最后一次参加这种性质的会议。[23]

因此，雷诺决定必须除掉这两个人。随后的几周，他联合政界要人，以孤立达拉第。甘末林也开始游说自己的政治关系。他在4

月 16 日认为雷诺"精神错乱了……不能让他继续留任"。不过，甘末林认为，如果达拉第被迫辞职，他也会辞职："我一刻也不能再忍受雷诺那样对我了。"雷诺在 4 月底患了流感，又耽搁了些时日，直到 5 月 9 日才准备召开内阁会议来讨论这个问题。由于生病，他的声音仍然沙哑。雷诺对甘末林进行了长达一个多小时的抨击。当有人想点支香烟时，他才停了下来。因为生病，雷诺的嗓子还很疼，他让抽烟的人把烟灭了。雷诺讲完后，达拉第只说了一句"我不同意"，其他人谁都没有说话。由于达拉第的反对，雷诺宣布辞职。他意图在第二天组建一个没有达拉第的新政府。因此，在 5 月 10 日上午德国发动进攻时，严格来说此时法国并没有政府，而且也没有总司令。但是，在这种情况下，雷诺推迟了他的决定。希特勒的进攻给了甘末林最后一次喘息的机会，也给了他一个证明雷诺对他的看法不正确的机会。

5 月 25—28 日：魏刚的提议

尽管达拉第和雷诺一有机会就争斗个没完，但在接下来的几天里，政治家们被迫退居幕后，静待战事的发生。5 月 11 日，雷诺通知达拉第说他打算第二天去见利奥波德国王，跟他讨论与比利时军队协调行动的问题。达拉第建议他最好过两三天再去，以免在战争初期妨碍到将军们。达拉第这样说的真正原因是他决定第二天独自去见利奥波德，而不想和雷诺一起去。5 月 12 日，他在蒙斯附近与利奥波德会面，[24] 雷诺没有在场。达拉第代表的是法国政府，他穿了一套有点像军装的衣服。这可能是受了普恩加莱在上一次战争中的穿着打扮的启发，然而这并不完全是一个令人愉快的先例，因为许多观察家都认为这让普恩加莱看起来更像一个司机。

5月17日，在确定一场军事灾难已经降临后，雷诺决定控制局面。他自己从达拉第手中接管了国防部，而达拉第则执掌外交部。曼德尔晋升为内政部部长，负责打击第五纵队的活动。但最重要的两个决定是任命贝当为副总理，魏刚为总司令。贝当在法国最受尊崇，政府请他出山只是作为傀儡来提振民众的信心。魏刚被认为拥有甘末林似乎缺乏的那种感召力。后来证明，这两项任命对雷诺来说都是致命的，但一开始，大部分运作都是魏刚负责的，而贝当则非常郁闷地保持着沉默。

马克西姆·魏刚（1867—1965）在1887年毕业于索姆尔（Saumur）的骑兵学校。他在上一次战争期间曾担任福煦的参谋，这让他在两次世界大战之间名声大噪。他们两人已经形成了一种默契。1920年，魏刚被派往波兰军队担任顾问。在1920—1921年的苏波战争中，他帮助波兰人成功击退了苏军，这让他名声大噪。与福煦一样，魏刚也是一个明显持传统主义观点的人。1919年，克列孟梭声称魏刚"和牧师打得火热"。魏刚的观点在这个由众多骑兵军官组成的紧密团结、社会保守的圈子里并不少见。但他对军队及其价值观的高度认同也可能与他特殊的家庭环境有关。他出生在布鲁塞尔一家小酒馆楼上的一个房间里，他的出身是个谜。有人认为他是比利时国王利奥波德二世的私生子。他小时候由马赛的一位家庭教师监护。不管他的父亲是谁，总之有人资助他完成了在圣西尔军事学校和后来在索姆尔的学业。在他 21 岁时，担任他家庭教师工作的一个姓魏刚的会计师认他做了儿子。就这样，他有了一个新名字，也有了法国国籍。另外，军队给了魏刚一个身份、一个社会背景，而这些都是他那神秘的身世所不能给予的。军队实际上就是他的家。

1930 年，魏刚被任命为总参谋长，他不得不在议会公开宣示他对共和主义的忠诚。这件事非同小可，一定让他很丢脸。1932—1934 年间，魏刚与当权的左翼政府之间的关系极为紧张。在这一时期，政府大幅削减了军费，魏刚确信左翼是出于意识形态的动机才牺牲军队的。1935 年退役时，他痛心疾首。话虽如此，但如果把魏刚视作一个有政治野心、好搞派系或者满腹阴谋的将军，那可能并不正确。当然，他鄙视政客。至于达拉第，他在 1933 年的日记中写道："我们彼此并不了解。圣西尔的世界和军队的世界、政治咖啡馆的世界和共济会会所的世界是不一样的。"但他也接受了服从国家的传统教育。1931 年 12 月，他对安德烈·马其诺（André Maginot）说："军队不参与政治；不管是路易十六还是拿破仑，军队都要服从政府。"[25] 当然，在那之后到 1940 年期间发生了很多事情，但即便如此，甘末林的说法也大可不必全信。他说当魏刚接替他时，魏刚突然大叫道："全是钩心斗角，这种情况必须改变。我们必须和这些政治家断绝关系。他们就没有一个有用的。"我们没有理由认为，当魏刚接替甘末林时，他只是被一种爱国的责任感以及一种他能够扭转这场军事灾难的希望所激励。一旦魏刚不再相信这种可能性，那么他对政治家们日益增加的愤恨之情，可能是因为觉得自己被赋予了一项不可能完成的任务，而现在还要为此承担责任。

在 5 月 25 日的战时内阁会议上，魏刚首次提出了放弃战争的可能性。他解释说，他正在索姆河和埃纳河构筑起一道新防线，并命令军队抵抗到底，"别想撤退"。但考虑到法军面对的是规模大得多的德军，他认为这只不过是为了维护荣誉而进行的最后一搏，并不抱很大的希望。他还首次表示，有必要保存一些军队，以防止法国出现无政府状态。

魏刚的这番陈述引起了一场漫无边际的讨论。在未来的几年里，没有人会承认自己是第一个说出"借此停战"这个决定性话语的人。但这重要吗？这个想法并没有因它后来与维希政府的联系而遭到玷污。正如埃莉诺·盖茨（Eleanor Gates）在对这些事件的研究中所正确地观察到的那样，5 月 25 日，"几个困惑不安的人吓坏了，他们对黯淡迷茫的形势进行了反复思考，寻求可能的解决方案，'停战'不过是他们抛出的种种可能之一，然而他们完全没有意识到，他们所说的话有一天会被庄严地载入史册，或者被写到指责他们的简报里"[26]。会议还讨论了能否不把意大利卷入战争，甚至是否可以说服墨索里尼为法国进行斡旋。所有这些讨论都没有任何定论，但鉴于 3 月 28 日法英双方达成协议，未经对方同意任何一方不得单独媾和，因此会议一致认为，雷诺必须去伦敦，摸清英国对所讨论的所有问题的看法。魏刚希望英国人能趁着盟国手里还握着一些牌的时候（也就是说，在全军覆没之前），接受与德国达成协议的必要性。

雷诺于 5 月 26 日到达伦敦进行短暂访问。他没有掩饰法国军事形势的严重性，但也没有明确地问丘吉尔，如果法国被迫投降，英国会怎么做。至于英国是否赞成向意大利示好，雷诺被告知第二天就会得到答复。之所以推迟，是因为雷诺到访正赶上哈利法克斯试图说服英国内阁与意大利接洽。英国人显然不能给法国人提供指导，除非他们对哈利法克斯的提议形成了自己的看法。雷诺此行并没能阐明法国的形势。

雷诺没有就法国退出战争的可能性直接与英国进行交涉，这让魏刚感到很恼火，也正是从那时起，两人的关系开始恶化。魏刚的恼怒之情是可以理解的。他要求政府至少应该探探英国人的口风，这没有什么不合理的。在 5 月 25 日的战时内阁会议上，这一战略甚至得到塞萨尔·坎平基（César Campinchi）的支持，他后来成为最坚决反对停战的部长之一。眼下也没有任何迹象表明，雷诺曾想过，一旦法国战败，便要在国外继续作战。由于雷诺对魏刚以法国为中心的战争观没有给出其他选择，魏刚认为他是在回避一个确实需要与英国讨论的问题。

到现在为止，雷诺似乎也不确定他想要什么。他从伦敦一回来就对博杜安说（如果博杜安可信的话）："唯一能理解的人是哈利法克斯，他显然对未来充满担忧，并意识到欧洲必须达成某种解决方案……丘吉尔总是那么危言耸听，而张伯伦总是那么犹豫不决。"[27] 这表明雷诺在一定程度上知道英国政府内部也在讨论此事，他不愿考虑魏刚的提议，其根源与其说是因为他深信这场战争可以真正避免，不如说是因为他不想为向英国提出这项提议而负责。必须指出的是，魏刚并不是唯一担心会发生政治动乱的人。布利特在 5 月 28 日指出，雷诺和曼德尔"预料巴黎将发生共产主义暴动和屠杀"。几天后，他又说："大家都相信，一旦政府撤出巴黎，城郊工业区的共产主义者就会趁机占领这座城市，在德军入城前烧杀抢掠上好几天。"[28]

就在法国等待英国对意大利可能采取的态度做出回应时，时任外交部长达拉第对意大利可能参战感到恐慌。5月27日，他起草了一份电报，在法国的索马里兰、利比亚边境，甚至可能在突尼斯问题上对意大利做出重大的领土让步。但雷诺坚持认为任何事情都必须征求英国的意见。经过三天的讨论，5月28日，英国内阁最终决定并宣布反对哈利法克斯的提议。英国给达拉第的答复非常明确：对墨索里尼做出领土让步只会吊起他的胃口，对盟国的公众舆论来说也是灾难性的，因而必须不惜一切代价避免此种行动。故而达拉第的电报也就从未发出去。

如果按多年来英法之间存在的分歧，他们本不应该在意大利问题上达成一致：1935年，意大利入侵阿比西尼亚，是英国迫使法国同意对意大利实施制裁；1938年，英国竭力主张对意大利提出的专横的要求要更通融一些，是法国提出了反对；1939年，是英国阻止了法国的巴尔干计划，这主要是为了不疏远意大利；1940年，是英国否决了绝望中的法国提出的不惜任何代价也要收买墨索里尼的建议。眼下试图贿赂意大利肯定是行不通的。正如一位法国评论员所说："你不能在色当之后还想着慕尼黑①。"[29]意大利的政策是务实的。齐亚诺在6月2日告诉法国大使："让我们取得一些胜利……我们就支持你们。"[30]意大利最终在6月10日参战，但从5月底开始，意大利帮助解决法国困境的可能性就被排除了。雷诺不得不另想办法，不过他可能从来就没有真正赞成过这个主意。

---

① 此句意为战争既然已经开始，唯一可行的就是应战，而不是绥靖。

5 月 29 日—6 月 9 日：雷诺的抉择

在 5 月 25 日的战争委员会会议上，雷诺并没有对魏刚死守索姆河和埃纳河防线"别想撤退"的命令提出质疑。他没能当即意识到，一旦做出任何不撤退的表态，这一战略也就把未来的政治选择都给断送了。魏刚在 5 月 29 日提交给雷诺的一份备忘录中更加明确地说明了这一点。现在雷诺已经意识到他没有对魏刚的军事决定提出质疑这一错误，他自己也回复了一份备忘录，要求魏刚研究在布列塔尼半岛（Brittany Peninsula）建立防御桥头堡的可能性。

在接下来的十天里，人们在不同场合对"布列塔尼堡垒"这一建议进行了讨论。魏刚对此完全不屑一顾。维勒鲁姆也一样，他嘲笑它"一切都很宏大，很崇高，很像'诸神的黄昏'……但就是荒诞不经"[31]。不过戴高乐和斯皮尔斯对此都很感兴趣，丘吉尔听说后也是如此。但英国军方并没有把这个当回事，他们认为这只是另一个圈套，他们必须准备再次撤离。就连雷诺政府中最坚决反对停战的成员之一曼德尔也认为这个计划不切实际。雷诺最初提出这一想法时，似乎并没有打算借此将矛盾引到国外。相反，他认为布列塔尼是盟军的最后阵地。

就在 5 月 29 日，雷诺还首次提出向北非派遣两批应征士兵的可能性。在接下来的几天里，雷诺又重提了这一想法，这一想法也就渐渐取代了布列塔尼堡垒，成为替代魏刚建议的另一选择。但魏刚和海军将领们都没有为这样一个计划做任何准备，还不断强调这个计划没有可行性。

为了巩固自己的地位，雷诺于 6 月 5 日再次改组了政府。两名

"失败主义者"财政部部长吕西安·拉穆勒（Lucien Lamoureux）和德·蒙齐被免职，一起被免职的还有达拉第（他走的时候非常不情愿）。所有那些仍然支持与意大利洽谈的人现在都出局了。雷诺还任命戴高乐为国防部副部长，就向北非运送士兵和物资事宜与英国进行沟通。如果说雷诺真想建立一个旨在一致抵抗的政府，可实际情况是他仍然表现出较差的判断力或软弱性。他保留了肖当，提拔博杜安为外交部副部长，还任命很有能力的伊夫·布蒂利耶（Yves Bouthillier）为财政部部长，布蒂利耶对战争的悲观情绪早已不是秘密。英国大使认为，此时政府的"坚定"程度还不如雷诺在3月刚上任时的政府。[32]

在接下来的几天里，政治事态的发展将取决于索姆河和埃纳河战斗的结果。但幕后的气氛变得更加充满恶意。贝当对博杜安说，人民阵线要对法国的麻烦负责，还说必须拯救军队来重建国家。博杜安对此完全赞同。在索姆河战役打响的那一天，魏刚说："我们付出的代价是20年的错误和疏忽，惩罚那些将军而不是那些拒绝培养孩子们爱国主义和牺牲精神的教师，这是不可能的。"到目前为止，这些只是私人谈话，但三周后，它们将成为政府的议事日程。对于那些因20世纪30年代的事件而遭受精神创伤的保守派来说，法国的不幸为他们提供了现成的解释。[33]

到6月10日，守住索姆河和埃纳河防线的一切希望都破灭了，行将瓦解的政府开始从巴黎撤离。第二天，丘吉尔飞往法国参加在布里亚尔（Briare）的穆盖城堡（魏刚的临时住所）举行的会议。6月11日晚上和第二天上午，在布里亚尔接连召开了两次会议，均不欢而散。英法两国关系一度紧张，雷诺和魏刚的关系更是如此。

尽管魏刚十分明确地表示，在他看来，战争已经结束了，但法国还照常要求英国把所有的飞机都投入战斗。丘吉尔试图重振法国的努力被置若罔闻。他在脑海中勾勒着法国人民在大街小巷保卫巴黎的生动画面，"法国人明显是僵住了"[34]。他被告知巴黎已经宣布不设防。这次会议并未做出任何决定。会上讨论了布列塔尼堡垒，但没有讨论北非。虽然"停战"一词没有被说出来，但它的威胁却笼罩着整个会议。然而，丘吉尔离开时非常确定，法国是不会不征求他的意见就做最终决定的。

6月12—16日：雷诺与魏刚

那天晚上丘吉尔离开后，魏刚在康热正式向政府提出停战。辩论现已公开，雷诺政府进入了最后阶段。正如我们已经看到的，第二天，丘吉尔最后一次访问法国，来参加图尔会议。那天晚上晚些时候，在康热又举行了一次会议，贝当也公开表示赞成停战。

6月14日，政治讨论暂停了，这是因为法国政府再次搬迁，这次是迁往波尔多（Bordeaux），而且在图尔会议上已经和丘吉尔达成一致——在罗斯福答复雷诺的求救电报之前不做最终决定。盟国方面没有人会绝望到相信美国人会突然参战，但接近罗斯福的目的却是多种多样的。对英国来说，这是一种拖延战术，为的是能多争取宝贵的几小时时间。那些赞成停战的人则希望罗斯福的否定答复会使他们的对手失去一张重要的王牌。在雷诺看来，这封电报是一份"郑重声明"，正如布利特所说，是历史书上的一个姿态。

到 6 月 15 日上午，大多数政府官员都已抵达波尔多。虽然政府现在至少是在同一个地方而不是分散在卢瓦尔河了，但是这也方便了雷诺的对手进行协调活动。波尔多市长阿德里安·马尔凯（Adrien Marquet）很支持他们，竭尽所能地为他们做好服务。他把赖伐尔安排在最好的斯普兰迪德酒店（Splendide，意思是"把葡萄牙女王赶出去"），又在市政厅给他找了间办公室。另一方面，英国大使则住在城外 50 公里的地方（后来曼德尔才在附近给他找了家酒店）。在这座城市拥挤的街道上，到处都是难民，谣言迅速传播，仇恨被放大，仇外情绪和反犹主义盛行。

6 月 15 日下午，虽然还没有得到罗斯福的答复，但政府还是再次召开了会议。开会之前，雷诺和魏刚又进行了一次激烈的交锋。雷诺说，他希望效仿荷兰的做法，即总司令在战场上宣布停火，而政府则前往国外继续战斗。魏刚告诉雷诺他不会服从这样的命令。他认为用荷兰作类比是不恰当的，因为一个君主可以说是代表了一个国家，但这对某个短暂执政的第三共和国政府首脑来说是难以想象的："一旦法国的政府首脑下台，"魏刚说道，"他很快就会被取代并被遗忘。"魏刚声称，雷诺正在试图把战败的责任从政治家头上转移到军队头上；当然，他这么做只能是适得其反。魏刚现在公然违抗政府。虽然现在雷诺拒绝他参加内阁会议，但要不要免他的职，雷诺还在犹豫。

在这场争吵之后的内阁会议上，四个小时的讨论没有取得任何进展，政府应该等待罗斯福答复后再决定这事儿似乎也被忘得一干二净，直到肖当提出了一个继续推进的办法。他说，如果政府要前往国外，就必须防范公众舆论，要明确所提出的任何停战条件都是不可接受的。否则，出国就似乎是背弃。肖当提出的解决办法不是正式要求停战，而是弄清停战的潜在条件会是什么。虽然肖当是第三共和国杰出的政治调停人物之一，他的提议也是帮助政府继续战斗的一种方式。但事实上，他完全是言不由衷，在过去三周里一直在私下说法国应该退出战争。这种巧妙的妥协似乎得到了政府多数人的同意。雷诺很清楚这是在走向深渊，正如他所指出的那样，要求停战条件和要求停战二者并没有什么区别，他说自己宁愿辞职也不会接受停战。最后，雷诺同意去征求英国的意见，看他们是否允许法国沿着这条路走下去。会议结束后，一直在房间外面踱来踱去的魏刚又对雷诺发难，当着几个目击者的面冲他高声喊叫。

6月16日上午，雷诺与参众两院的议长朱尔·让纳内（Jules Jeanneney）和爱德华·赫里欧（Édouard Herriot）就政府迁往国外的法律问题进行了磋商。上午11点又召开了一次内阁会议。贝当威胁说除非政府同意立即要求停战，否则他就辞职，但他被说服至少要等到英国的态度得到证实。会议休会至下午5点。在那之后，雷诺又和魏刚发生了激烈的争吵，魏刚又一次拒绝服从命令。中午时分，雷诺终于收到了罗斯福的回电。罗斯福只是表示了同情，但现在问题的关键是，英国对雷诺前一天晚上提出的要求会作何反应。

英国政府不知道该作如何反应。断然拒绝可能是巩固主战派立场的最好办法。但如果法国政府无论如何都要执意停战，英国就会失去所有影响力。因此，伦敦最初的反应是同意法国的要求，前提是法国事先同意将其舰队开往英国港口。午后不久，这一决定刚传到雷诺那儿，下午4点30分，雷诺就接到了从伦敦打来的电话。打电话的是戴高乐，他正在伦敦与英国人联络转移到北非的事宜。

戴高乐在唐宁街 10 号通过电话向雷诺宣读了一份将英法同盟转变为两国完全政治同盟的计划。这份特别的文件是在伦敦仓促起草的，并得到了丘吉尔的热情支持，希望能借此巩固反停战派的立场。

雷诺本人听到这个建议感觉很振奋，又燃起了希望。下午 5 点内阁再次开会时，他很快就清醒了过来。法英同盟的想法遭到冷遇。贝当说，为什么法国要"与一具死尸结合"？讨论又回到了肖当的提议和停战上来。雷诺感到大部分人的观点对他不利，于是宣布他希望与共和国总统协商，晚上 10 点再复会。

雷诺独自一人会见勒布伦，并告诉他，由于内阁中多数人不再反对停战，他已决定递交辞呈。勒布伦未能劝雷诺放弃这一做法，就把议会两院的议长赫里欧和让纳内召来，与他们协商遵照宪法该任命谁来接替雷诺担任总理。此二人都强烈反对停战，斯皮尔斯和坎贝尔也曾试图说服他们。建议勒布伦留下雷诺，但态度似乎不太坚决。最后，看来勒布伦确信自己顶不住停战的压力，于是决定任命贝当为总理，除此之外，他别无选择。当部长们在晚上 10 点再次聚在一起时，他们被告知雷诺已经辞职，贝当被要求组建下届政府。

6 月 16 日：雷诺辞职

雷诺的辞职使贝当得以上台，阻碍停战协定签订的最后障碍也被扫除了。雷诺也深知这一点，在接下来的 20 年里，为自己在这段戏剧性的日子里的所作所为提供了更加令人费解的理由。

在他辞职后的几个小时里，他似乎一直在否认他所做事情的影响。斯皮尔斯惊讶地发现雷诺还在等着参加他和丘吉尔定于6月17日在布列塔尼的孔卡尔诺（Concarneau）举行的会议。很快就有人暗示他，既然他已不再是政府首脑，会议也就无法继续进行了。在滑铁卢刚上火车的丘吉尔，听到雷诺辞职的消息就放弃了行程。他写道："我怀着沉重的心情回到了唐宁街。"雷诺之所以认为他和丘吉尔之间也许还能开一次会，唯一有说服力的原因就是贝当政府收到的停战条款可能会太过于苛刻以至于法国根本无法接受，这样雷诺就可以再次担任新政府首脑，致力于在国外继续战斗。雷诺后来说他曾有过这种想法，但如果真是这样的话，那只能说他完全是一厢情愿。

然而，真正的问题是雷诺辞职是否真是迫于无奈。他这么做是因为他似乎认为内阁中的大多数人都反对他。既然没有进行正式投票，也就无法确定这是否属实，但他的三名部长——其中两名是他的支持者，另一名是反对者——后来证明说反对停战的人可能占微弱多数。面对这项证据，雷诺在战后改变了自己的辩词。他认为重要的与其说是对手的数量，不如说是他们的政治影响力。如果这些少数人中包括了像贝当、肖当和魏刚（当然，他不是内阁成员）这样响当当的人物，那么人数上的多寡还重要吗？

雷诺确实得到了内阁以外的赫里欧和让纳内的支持，这二人位高权重，具有一定的影响力，但他们没有非常有力地推动雷诺的方案。让纳内已经76岁，身体非常虚弱。总统勒布伦似乎也反对停战，但无论有什么样的信念，他都缺乏勇气。在政府内部，戴高乐虽是反对停战呼声最高的人之一，但只是一位级别极低的部长，而且6月16日那天他又在伦敦，无法出席。在政界反对停战一派最重要的政府成员是乔治·曼德尔。他的人格力量和信念都毋庸置疑，但在最后的危机中扮演了某种幕后的角色。曼德尔在1917—1918年是克列孟梭的政治打手，这是他职业生涯的开始。克列孟梭曾说："我要是放个屁，曼德尔身上都会臭烘烘的。"在两次世界大战期间，曼德尔成为一名独立的保守派议员。他忠于对克列孟梭的记忆，忠于他所代表的坚定的爱国主义风格。和克列孟梭一样，他也是天生的亲英派，也是英国人在最后这段日子里寄予厚望的政治家之一。但曼德尔也继承了克列孟梭对人类愚蠢行为的极度蔑视。斯皮尔斯的回忆录中满是曼德尔对同僚的刻薄评论。关于勒布伦，他说："他向天举起双手，痛哭不已。"关于肖当，他说："他用他那美妙的声音描述了坐在车上的那些难民所遭受的苦难。他总是以一个令人心碎的故事结尾，讲的是坐在后座上的可怜的老奶奶，她还带着几个婴儿和一只关满了金丝雀的笼子。"[35]但曼德尔没有任何鼓舞人心的品质，能让克列孟梭相信只有他才能克服同僚们的缺陷。他曾是一位出色的二号人物，却从未当过领袖。如果说克列孟梭是被他的玩世不恭所激励，那曼德尔就是被他的玩世不恭所麻痹。

曼德尔似乎是唯一能令斯皮尔斯毫无保留地钦佩的法国人，但就连他也认为曼德尔的冷漠、镇定以及他那奇怪的充满怀疑的眼神最令人不安，"他是如此超然，他说话时就像一个生物学家在跟同事描述一些低等动物在接受不寻常的测试时所表现出的奇怪而滑稽的行为。"他的反对者博杜安也有同感："他谁都看不起，看到他那冰冷的目光就让他的同僚恐惧；他还是一个平庸之人，平庸得你都想象不到。"[36]曼德尔也因为自己是犹太人而处境尴尬。在波尔多仇外和反犹太情绪日益浓厚的氛围中，一个主张离开法国领土的犹太人很可能会被指控叛逃。

最终，雷诺在 1940 年 6 月感到非常孤独。他的意志无疑被他的一些最亲密的顾问（比如博杜安和维勒鲁姆）一步步消磨殆尽了。早在 5 月 26 日，斯皮尔斯就说维勒鲁姆是"雷诺潜在的隐患"。他就是"那个坐在他旁边的悲观主义者，又胖又狡猾，不断在他耳边灌输着失败主义……如果他真像看上去那样不诚实，那他可比费金（Fagin）① 强得多了。"[37] 还有波特斯夫人，在这段最后的日子里，她似乎无处不在。布利特对自己与雷诺之间的关系不如与达拉第之间的关系那么融洽而心存怨恨。6 月 6 日，他告诉罗斯福说雷诺被波特斯伯爵夫人"完全控制了"。第二天，雷诺给罗斯福发电报时，试图让她离开房间，"但她径直走了进来，他命令她出去，她也不走"。布利特最后说，现在唯一要做的就是"讨好国王的情妇"[38]。6 月 14 日，波特斯伯爵夫人在维勒鲁姆的陪同下，特别主动地去见美国外交家安东尼·比德尔（Anthony Biddle）。他们谎称是代表雷诺而来，这两人告诉比德尔，现在的军事形势非常严峻，雷诺认为他发给罗斯福的求救电报现在已经失效了，应该被忽略掉。停战是唯一的解决办法。比德尔递给波特斯伯爵夫人一块手帕，让她擦干眼泪，但他并不相信她刚才所说的话。

第二天晚上（6 月 15 日），当波特斯伯爵夫人和维勒鲁姆与雷诺共进晚餐时，讨论变得非常激烈，最后雷诺往她身上泼了两杯水。还在希塞城堡的时候，斯皮尔斯要看一封来自伦敦的特别电报，

---

① 狄更斯《雾都孤儿》中的人物，以教唆儿童扒窃和其他犯罪活动谋生。

一开始怎么也找不到，后来据说是在波特斯伯爵夫人的床上发现的。6 月 16 日，当斯皮尔斯和雷诺说话时，她不停地把头探出门来。至少，雷诺肯定一直承受着这种压力。美国大使馆的一等秘书弗里曼·马修斯（Freeman Matthews）有一次撞上波特斯伯爵夫人"在我的办公室里哭了一个小时，让我们敦促雷诺签署停战协定"。他后来写道："在雷诺担任总理的最后几天里，我和比德尔先生每天至少见他四次面；我们每次见他，都会看到海伦·波特斯在他的办公室进进出出。"雷诺自己曾经说过："啊！你都不知道一个每天忙得要死的人，为了能有一个晚上的安宁要忍受些什么。"[39]

雷诺已经忍无可忍了，他的情绪波动得吓人。6 月 13 日上午，斯皮尔斯认为他表现出了"所有的决心和坚定"；到了晚上，他却看上去"很恐怖，表情一点儿也不自然，一动不动，脸色苍白"；6 月 14 日，他显得"孤苦伶仃……疲惫不堪、昏头昏脑，完全失去了理智"；6 月 15 日的会议结束后，他看上去"脸色苍白，精疲力竭"，到第二天早上还"紧张得没缓过劲来"；但他辞职后，立刻就有了一种"从沉重的负担中解脱出来的那种无法抑制的快乐"。其他人也注意到了这一点。戴高乐后来写道："只有那些亲眼目睹这一切的人，才能衡量在那段可怕的时期掌权所经受的煎熬到底意味着什么。看到这个如此位高权重之人被他无法控制的事情不公平地压垮，这真是个悲惨的场面。"

雷诺煞费苦心准备的辩解最终给他带来的伤害可能比事实更大：他虽然偶尔会摇摆不定（如 5 月 26 日从伦敦回来时），但确实反对停战，只是内心缺乏一种信念，即除了停战以外还有一种切实可行的替代方案。如果雷诺拒绝停战并带着政府流亡海外，那么在法国民众眼中，贝当在法国国内组建的异见者政府肯定就会享有更大的道德权威性。1940 年 6 月，当贝当和魏刚决定以牺牲共和国的声誉为代价来挽救军队的声誉时，即使是第三共和国的总理也无法和贝当抗衡。如果雷诺出国，与戴高乐不同，他可以主张自己政府首脑的合法身份，但他又和戴高乐一样，必须为自己重新赢得真正的合法性。雷诺在 1940 年的不幸在于，他处于左右为难的境地，没能成为另一个克列孟梭，同时也错过了成为戴高乐的机会。为此，雷诺永远不会原谅自己。

第四章

战争中的法国人民

1940 年 6 月 17 日: 乔治·弗里德曼前往尼奥尔

6 月 17 日中午，也就是雷诺辞职的第二天，贝当发表了他就任总理后的第一次广播讲话：

> 应共和国总统的要求，我从今天开始领导法国政府。值得肯定的是我们这支令人钦佩的军队的精神状态，他们以其悠久的军事传统，与兵力和武器都占优势的敌人进行了英勇的战斗。值得肯定的是，我们的军队通过顽强的抵抗履行了对盟国的责任；值得肯定的是我有幸指挥过的老兵们对我的支持；值得肯定的是全体法国人民的信心。……今天，我怀着沉重的心情对你们说，我们必须停止战斗。我今晚就和敌人商谈，看他们是否愿意结束两军这种争斗不止的敌对状态。[1]

当这篇演讲稿第二天刊登在报纸上时，"停止战斗"改成了"尽量停止战斗"。既然停战协定还没有签订，命令士兵停止战斗就会毁掉法国政府最后一点谈判筹码。即便如此，听到贝当广播的人已经不太会怀疑这场战争已经结束了。

1940 年秋天有一部著名的法国电影，刻画的是一个村庄的居民聚集在收音机旁听贝当的演讲。然而现实情况却截然不同。当德国大军席卷法国时，法国人民被冲得七零八落，无论是撤退中的士兵还是难民，都流散到了全国各地。乔治·弗里德曼（Georges Friedmann）中尉在从军前是一位哲学家，他发现自己到了卢瓦尔河以南的尼奥尔（Niort）：

> 12点半，刚好午饭时间，贝当宣布停止敌对行动。这是停战谈判的序幕。虽然早有预料，但我还是非常震惊。那个大白痴勒布伦忍不住插了一句："政治家们从船上抱头鼠窜。"但其他人都悲痛欲绝，什么也没说。十个人默默地面对面待在一起。一吃完饭，他们就一言不发地站了起来。

几天后，回顾过去六周他所目睹的一切，弗里德曼对其中的深层含义做了一番认真思考：

> 整个国家似乎突然间就放弃了自我。一切都失败了，都崩溃了。村庄街道、城镇广场和道路上到处是"难民"（他们中有几个人能配得上这个名称？）、逃亡的人、惊慌失措的人和可怜的平民，人群中还混杂着欧洲最强大的军队（我们是这样被告知的）的残兵败将。人们看到妇女们坐在炮架上，衣冠不整的普通士兵和平民混在一起。的确，并不是所有这几个星期的画面都那么让人觉得丢脸，我知道人们还能找到其他的。但我确信，它们不会成为主流……今天，我在许多法国人身上并没有察觉到他们对自己国家的不幸感到一丝痛苦：在这个完全

纯净的夏天，在利穆赞（Limousin）、佩里戈尔（Périgord）和吉耶讷（Guyenne）的村庄、城镇和营地里，在这么多的平民和士兵中间……我只看到一种满不在乎的解脱（有时甚至是兴高采烈的解脱），一种卑鄙的原始满足，因为他们知道"对我们来说，一切都结束了"……别的什么也不在乎了。[2]

弗里德曼的话显然与乔治·萨杜尔（Georges Sadoul）上尉的经历相似。萨杜尔从军前是一名作家兼记者，6月16日发现自己到了卢瓦尔河畔叙利（Sully-sur-Loire）。在教堂前，他看到一帮难民睡在门廊前的稻草上：

我跳下卡车。一名妇女跟我说话。我也回应了她。然后她们中有三十个人都对我说起来，问我的意见，因为我是个男人，因为我穿着制服，因为他们几个小时都找不到一个能告诉他们任何事情的人……一名妇女气得满脸通红，她大声喊道："你们还在等什么，你们这些当兵的，快结束这场战争吧。战争必须结束。难道你们想让他们把我们全家老小都杀光吗？……你们为什么还在打？那个雷诺，千万别让我抓住他，那个无赖！"[3]

在停战前的最后几天里，弗里德曼和萨杜尔所目睹的这种场面在法国随处可见。这些场面让人觉得，无论是法国军事领导人的错误、盟国的缺陷或是其政治制度的缺陷，导致1940年战败的另一个可能的原因是法国人民，无论士兵还是平民，都没有像1914年

那样为了国家的事业而英勇献身。这当然是甘末林的观点。5 月 18
日,他抽时间给达拉第起草了一份报告,分析了德国取得突破的原
因。甘末林把自己的问题推得一干二净,而把战败的责任推给了普
通士兵:

> 法国士兵们昨天还是平民百姓,他们对战争就没有一点信
> 心……他们会没完没了地批评任何稍微有点权力的人,并以文
> 明的名义鼓励人们每天过安逸的日子。他们没有接受过那种道
> 德教育和爱国主义教育,而这种教育本可以使他们肩负起国家
> 命运……令人遗憾的是,我们的部队在前线的许多地方犯下了
> 抢劫等罪行,这明显证明……纪律涣散。……他们有太多人没
> 有在战斗中尽到自己的职责。[4]

这种批评在多大程度上是正当的?法国民众的态度与 1914 年
相比有什么不同?

回首 1914 年

1939 年 9 月宣战时,许多人都会把这次战争与 1914 年相比较。
威廉·布利特写道:"动员自始至终都在悄悄地进行。士兵们默默
地出征了。没有乐队,也没有歌曲。1914 年时还高喊'进军柏林''打
倒德国皇帝',但这次并没有相应地高喊'进军柏林''打倒希特勒'。
1914 年,许多火车的两侧都用粉笔写上了'进军柏林';而 1939 年,

乔治·萨杜尔只在一辆卡车的车身一侧见过一次这样的标语，许多卡车上涂写的都是像'再见了，我的爱'或者'没有女人的男人们来了'这样的话。"[5]

1914 年不仅仅是一段记忆。1939 年，大多数新动员的士兵在出发加入部队时，都发现自己正在穿越上一次战争的杀戮战场。二等兵古斯塔夫·福尔彻（Gustave Folcher）是来自郎格多克（Languedoc）的一个农民，几乎穿越了整个国家，才在摩泽尔河找到了自己的部队。当坐上开往梅斯（Metz）的火车时，他从车窗向外望去，看到"一大片墓地，十字架排列成行，这是 1914 年战争遗留下来的。看到这一幕，我们一点儿也高兴不起来"。几周后，他在一次训练演习时参观了蒂昂库尔［Thiancourt，临近贝尔福（Belfort）］附近的一座美国公墓：

> 我们默默地离开了这片广阔的安息之地，心里想的是那些成千上万的亡魂，他们远离家人，长眠于此，想的是他们悲惨的命运，想的是等待我们的悲惨命运，因为在这种情况下，我们发现自己几乎到处都能看到一片片巨大的、满是白色或黑色十字架的墓地，这对我们来说并不令人鼓舞。[6]

乔治·弗里德曼被抽调到拉昂附近的一个救护队。1939 年 9 月 10 日，他在从兰斯（Rheims）到拉昂的途中指出：

> 所有这些我们途径的村庄、小山和堡垒，我小时候在上次战争的公报中经常读到它们的名字。我们的司机是当地一个富

裕的农民，他对这片土地了如指掌。他告诉我们，这儿——法军的一个轻骑兵连被一个机枪据点歼灭了；那儿——有个巨大的、可怕的洞，边上光秃秃的，这让他想起 1916 年被德军地雷炸死的两个连。一路上，我们经过的大片田野里到处竖立着整整齐齐的十字架。……克拉奥讷（Craonne）、贝里欧巴克（Berry-au-Bac）、贵妇小径（le Chemin des Dames），所有这些名字对我而言仅仅是名字，然而这每一个名字背后都充满了意象。

一个月后的一次遭遇让弗里德曼深感不安。他和一个同伴出去采蘑菇，遇到一个大约 60 岁的伐木工，好像完全不明白他们说的话：

　　然后，他突然开始说话了，语速急促，断断续续，声音低沉。他告诉我们他参加过战争。索姆河、阿尔萨斯、杜奥蒙（Douaumont，在凡尔登）都是他战斗过的地方，在杜奥蒙，他被埋在一个炮弹坑里整整一个晚上。第二天早上，他几乎听不见任何声音了。有人告诉他，一旦远离炮火，他就能恢复听力。但后来情况越来越糟，他彻底聋了。他盯着我们身上的制服看了一会儿。然后，他放下斧子，以惊人的敏捷一下子卧倒在地，模仿进攻，匍匐前进，拿一根树枝当枪，把它顶在肩膀上，开火，然后慢慢地、谨慎地抬起头，好像在壕沟里一样，看看打中了没有，把武器再装上弹药，向前冲锋，再次卧倒……这个伐木工重温了他的战斗场景，也许他和这些战斗一起生活了 25 年，也只有这些战斗陪伴着他。

他们问他是否有伤残抚恤金，可他根本听不见这个问题。他们就试着把问题写出来，可他又不识字。他们"本能地说了句'再见'，就消失在夜色中"。[7]

和平主义国家

如果说这个永远把自己封闭在战争记忆中的"怪人"是一个特殊的悲剧人物，那么对于那些生活在两次世界大战之间的法国男女来说，在某种程度上，很少有人没有生活在第一次世界大战阴影之下的。130 万法国人在这场冲突中丧生，还有 100 多万幸存者成为残疾人。有 60 多万寡妇和 75 万多孤儿。许多在战斗中丧生的人连尸体都无法找到。在凡尔登这个战争中最血腥的战场，人们建造了一座巨大的藏骨堂，以纪念那些尚未找到尸首以及未确定身份的 30 万士兵。在法国的三万个城镇和村庄中，每一个都建有纪念死者的战争纪念碑。这些纪念碑至今仍能感动我们；在 20 世纪 30 年代，情况就更是如此，那时这些纪念碑还很新，许多活着的人都还记得刻在上面的名字。

与英国和德国不同的是，"一战"主要是在法国领土上进行的，法国为此遭受了巨大的战争创伤。到 1918 年，法国东北部地区的许多城市都已成了断壁残垣；许多肥沃的农田看上去就像是月球表面的景观一样。一位观察家在 1919 年这样写道："只有在坐上车日复一日地经过一个又一个的村庄、一座又一座的城镇之后，人们才会开始对战争的巨大破坏有些概念。那些地方通常没有什么比地面高出几英尺的东西。"用另一位战后目击者的话来说，交战地带成了"一片荒原……死去的战马，倒下的树木压着战死的士兵"[8]。有些村庄已经永远消失了。直到今天，几乎每年都有农民死于战争遗留的未爆炮弹。1990 年，在法国高速列车铁轨铺设期间，在索姆省发现了 23 吨未爆炮弹。重建这个千疮百孔的地区是备受批评的第三共和国最显著的成就之一。重建工作到 1927 年完成。在这十年里，大约有 80 万处农舍、20 500 座公共建筑和 6.1 万公里的公路被重建；300 多万公顷土地上的铁丝网、壕沟和炮弹被清除。

　　因此，从战争中摆脱出来的法国成为一个深刻的和平主义社会，这也就不足为奇了。和平主义有多种形式。有意识形态上的和平主义者，特别是左翼知识分子和社会主义者，他们赞成在任何情况下都要从哲学上抵制战争。例如，小说家让·吉奥诺（Jean Giono）就是这样，他在战争中中了毒气，几乎失明。"身为法国人没有什么荣耀，"吉奥诺写道，"唯一的荣耀就是：活着。"1937 年，他发表了《拒绝服从》（*Refus d'obéissance*），主张如果战争爆发就逃亡。这种和平主义在公共部门的工人中也很普遍，特别是邮政工人和 10 万名小学教师联合会（SNI）成员。小学教师联合会报社的撰稿人之一作家莱昂·埃默里（Léon Emery）创造了"宁受奴役，不要战争"这句话。

　　最著名的一位和平主义是埃米尔·沙尔捷［Émile Chartier，即阿兰（Alain）］。他在巴黎著名的亨利四世中学担任哲学教师，影响了几代年轻知识分子，其中许多人，比如让-保罗·萨特

（Jean-Paul Sartre），最终进入巴黎高等师范学院（ENS）成为精英阶层的一员。如果说在两次世界大战之间的年代，在巴黎高等师范学院还有一种意识形态盛行的话，那就是和平主义。学生们面临的一大问题是，他们是否同意接受特别训练课程［高级军事准备课程（PMS）］，这门课程能让那些接受高等教育的人以军官的身份服兵役。在巴黎高等师范学院这样的教育机构，高级军事准备课程是一门必修课，但在 1928 年，大多数学生签署了一份请愿书，抗议这种做法。后来的哲学家雷蒙·阿隆（Raymond Aron）就是当时签字的一名学生，他回忆说，他是故意不学好高级军事准备课程的。许多有望培养一大批预备役军官的师范学院也拒绝开设高级军事准备课程。

那些坚定支持这种和平主义的人把它置于爱国主义、共和主义或任何意识形态之上。他们的爱国主义精神已经消逝在泥泞的凡尔登战场上了。但持这种极端立场的人毕竟是少数，尽管他们很有影响力。大多数人赞成一种伤痕累累的爱国主义，这种爱国主义与对战争的深刻恐惧以及不惜一切代价避免战争的强烈愿望密切关联。这就是每年 11 月 11 日在法国各地战争纪念碑周围举行的第一次世界大战停战纪念日（Armistice Day）的精神。正是这种情感激发了主要的农民组织和退伍老兵协会。他们并不排斥爱国主义，但他们生活在与德国和解的希望中。纳粹政权利用了这种理想主义，派了一名特使到巴黎去煽动法国的亲德情绪。他就是奥托·阿贝茨（Otto Abetz），曾是一名德国美术教师，妻子是法国人。1934 年，阿贝茨安排希特勒与两名法国老兵领袖会晤；1935 年，他成立了法德委员会（CFA），发表评论并组织文化和青年交流活动。

两次世界大战期间的英国，也同样存在和平主义和对德国的同情。然而，法国所特有的是另一股和平主义思潮，这股思潮认为战争使法国元气大伤。这种和平主义根植于精疲力竭，根植于一种极度的悲观主义，或现实主义——深深怀疑法国能否在另一场规模堪比第一次世界大战的血战中幸存下来。自19世纪初以来，法国的人口出生率一直在下降。1800年，法国是欧洲人口最多的国家；到1900年已经被德国和英国所超越。法国在第一次世界大战中伤亡的约410万人相当于男性劳动人口的10.5%，这一比例远远高于除塞尔维亚以外的任何其他交战国家。就连那个坚定的法国民族主义者乔治·克列孟梭也在签署《凡尔赛条约》后宣称，如果法国人民不开始生育更多的孩子，任何条约都不能保证法国的安全。20世纪30年代许多法国保守派的"现实主义"正是基于这些考虑。保守派议员路易斯·马林（他实际上是雷诺政府中反对停战的成员之一）在慕尼黑会议上声称，法国不能允许自己每20年就卷入一场像马恩河战役这样的豪赌。

这些不同的和平主义派别在《慕尼黑协定》签订时走到了一起。小学教师联合会和邮政工人工会的领导人在9月提出一份标题为"我们不要战争"的请愿书，获得了大约15万个签名。像小学教师联合会的领导人安德烈·戴尔马（André Delmas）这样的工会会员在幕后与弗朗丹这样的保守派政治家一起游说反对战争。从慕尼黑回国的达拉第，在勒布尔热一下飞机就受到一大群人的热烈欢呼。张伯伦也同样受欢迎。购买印有张伯伦的雨伞成为一时的潮流，人们称这种雨伞为"我的张伯伦"；一家报社还成立了一个基金，为他在法国购买一栋乡间别墅。1939年10月进行的一项民意调查显示，57% 的法国人支持《慕尼黑协定》，这是法国有史以来进行的首次民意调查。

慕尼黑会议是和平主义 ① 势力在两次世界大战之间的顶峰。为张伯伦购买别墅的那个基金只收到了 1500 英镑，一个月后便关闭了，印有张伯伦的雨伞也是供大于求。从 1939 年初开始，舆论的天平发生了巨大的变化，那些全力以赴的和平主义者们，与其说是代表了温和的和平主义多数派中最激进的一支，还不如说是反而被孤立了。曾经极力支持《慕尼黑协定》的两个最大的战争老兵联合会在 1939 年春召开的代表大会上公开表明了更加好战的立场。1938 年狂热的和平主义农民报刊在 1939 年也一反常态。前社会主义者、热烈的和平主义者马塞尔·戴特（Marcel Déat）在 5 月写了一篇题为《你真想为但泽而死吗？》（ "Do you really want to die for Danzig？" ）的文章。他的呼吁基本上是被无视或是被谴责的。在社会党内部，布鲁姆的支持者在 1939 年 5 月的国会上战胜了和平主义者。慕尼黑会议之后的民意调查已经表明，70% 的调查对象赞成抵制德国提出的进一步要求。1939 年 7 月，另一项民调显示，70% 的民众准备在必要时以武力抵制德国，对但泽采取行动。造成这种情绪转变的原因有很多：1939 年 3 月以后，希特勒已经证明他不再可信；墨索里尼对法国殖民地提出要求并以武力威胁，爱国情绪进一步被激发；1938 年底，法国经济开始复苏；达拉第颇受欢迎。

1939 年 9 月宣战时，一年前还声势浩大的和平主义运动似乎

---

① 即绥靖主义。

已经彻底失败了。无政府主义者路易斯·勒库安（Louis Lecoin）在宣战十天后发表了一份呼吁"立即实现和平"的宣言。31 个签署者中就有所有那些为人所熟知的疑似和平主义左翼分子，但宣言发表后，他们中的许多人又收回了此前的声援，声称他们被误导而签下了自己的名字。吉奥诺因为撕毁了动员海报而被捕入狱。和平主义者们不能再公开表达的事实，并不意味着左翼和右翼已经完全没有了力量。1939 年 8 月 30 日，极右翼报纸《我无处不在》（Je suis partout）的头版标题是"打倒战争，法国万岁！"。在社会党，像保罗·福尔这样的和平主义者在党内受到排挤。另一位社会党人卢多维克·佐雷蒂（Ludovic Zoretti）经营着一家半地下的报纸《矫正报》（Redressement），该报表达了许多社会党人顽固守旧的和平主义。但这些仅仅是个别声音，至少在目前来说，肯定只表达了一小部分人的观点。1939 年的法国仍然是一个和平主义盛行的社会，但已经勉强接受了战争的必要性。

参战："介于坚决和顺从之间"

法国人民在 1939 年可能没有表现出对战争极大的热情，但也没有表现出强烈的反对。和 1914 年一样，拒绝征召的士兵人数很少。"坚决""严肃"和"镇定"是那些地方行政长官们最常用来描述民众态度的字眼。罗讷省（Rhône）省长报告说"介于坚决和顺从之间"。如上所述，威廉·布利特的评论将 1939 年和 1914 年的情况进行了对比，接着又说到 1939 年的情况，"没有母亲、姐妹和孩子歇斯底里的哭泣。这种自制力和沉着无畏都远远超出了人类的正常标准，就像是梦一般"。英国大使也说民众们"暗下决心"。当然，这些观察家看到的往往是他们想要看的东西，因而对他们的证词必须谨慎对待。在描述人们对战争的看法的演变时，必须对情绪的急剧变化以及不同群体之间的差异非常敏感，才能正确地把握这一变化。[9]

即使在宣战之后，许多人仍然希望和平。一位评论家在离家入伍时，对战争做了如下评论："我们知道战争一触即发，因为它迟早都是要来的，但在内心深处，人们还是认为战争可能不会到来。现在 90% 的人仍然认为有望达成协议。我也这么认为。我们必须和平。"但是，如果人们希望和平，他们就要下定决心努力争取，哪怕是不得不经过战争。这无疑是人们从古斯塔夫·福尔彻回忆录中得到的印象。福尔彻被分配到佐阿夫兵团第 12 团。[10]假战争时期，他大部分时间都在演习，频繁地被调动，最终在 3 月被分配到阿登高地后方防线的一个防区。在这几个月里，他每天的生活不是长途行军就是不停地挖掘战壕。他的疲惫、无聊和思乡，都因友谊和看到一个他之前从未去过的法国地区的兴奋之情而有所缓解。他发现摩泽尔河地区的许多村镇都脏乱不堪，一点也不吸引人，而乡村往往令人赏心悦目。在他当兵的生活中，真正重要的事情是晚上能睡个好觉，有一张舒服的床，能穿上干净的衣服，"喝着上等的咖啡，年轻漂亮的女孩再给他来上一杯朗姆酒"。他的这番叙述凸显了他视野的狭窄。军事领导人、政治家、敌人、开战的缘由等所有这些，对他而言都没有什么影响。战争被认为是一项必须完成的任务。萨特注意到，他对他部队以外的世界也同样漠不关心："我在这儿就从未听到有人提起过甘末林。更不要说讲他的坏话了。他在这儿压根就不存在。"[11]

这也是许多团指挥官所感受到的士兵情绪。指挥 77 步兵团的上校在 1940 年 1 月说："士气不错。他们一点也不健谈，给人的印象是他们对这场战争几乎没有什么热情……但他们是忠诚的，就像任何一个老实巴交的农民一样，不管是好是坏都听天由命。可以肯定的是，他们会坚持抵抗，为兵团争光。"[12] 这与 1914—1918 年"一战"中的法国步兵的世界观有什么不同吗？

忧郁弥漫的假战争

随着等待已久的战争一直拖到冬季，所有那些向政府报告民众情绪的人都察觉到士气开始大跌。在平民中，物价上涨加剧了不满情绪（尽管雷诺非常努力）。农民们愤怒的是，一边是任由农场荒废，一边是工人被从前线调回工厂，他们通常都很年轻。农民们似乎又一次被当成了炮灰。大量举报信纷至沓来，告发那些据说是靠欺骗性理由才调离前线的人。工厂里的气氛也好不到哪儿去，即使对外面的人来说，工厂似乎是一个享有特权的避风港。由于雷诺增加了税收，许多军火工业的工人现在每周要工作 60—70 个小时，却几乎没有额外的经济回报。在巴黎地区，一名非技术工人以前每周工作 40 小时挣 400 法郎，现在工作 60 小时才挣 420 法郎。工资水平是固定不变的，但物价却在上涨。1939 年 10 月，劳工总联合会与雇主们谈判达成了一项关于工业合作的协议（"宏伟的协议"），但工厂工人的实际情况仍然是对 1936 年罢工的阶级报复。有人在其二月的日记中如是评论："我每天都能看到社会分化和阶级仇恨，它们使这场冲突变得复杂和肮脏。"[13]

据说，那些前线士兵到 12 月时才是"真正的士气低落"。那年冬天是自 1889 年以来最冷的一个冬天，东部的气温降到了零下 24℃，而且没有足够的袜子和毯子分给每名士兵。最令士气低落的是，士兵们一连数月都无所作为，因而越来越感到倦怠和无聊。这个问题在前线兵团并不是那么严重，那里的部队一直忙于集中训练；但对预备役部队来说，由于缺乏足够的现代化装备，集中训练并不总是那么现实，他们的大部分时间都是在不停地用铁锹挖掘防御工事。

有三本日记都对这一时期做了类似的叙述。首先来看让－保罗·萨特的日记：

1939 年 11 月 26 日：所有跟我一起离开的那些士兵一开始都盼着出发，但现在他们无聊死了。

1940 年 2 月 20 日：战争机器处于中立状态；敌人神出鬼没，无影无踪……整个军队都在"迟疑、胆怯"中等待着，将军们像躲瘟疫一样地躲着它。然而事实是，这种等待……也并不是没什么效果。许多人希望能达成一项"协议"。就在昨天，一位中士还对我说："我所想的是，一切都会达成协议的，英格兰会让步的。"他的眼神里流露出一线疯狂的希望。大部分士兵差不多都愿意接受希特勒的宣传。他们开始十分厌烦，士气一落千丈。

接着，来看二等兵费尔南德·格雷尼尔（Fernand Grenier）的日记：

11 月 15 日：没有行动……报纸读得越来越少了；人们疑虑重重；他们越来越不相信报纸上所说的了……也不组织什么娱乐消遣，军旅生活单调乏味，这也就意味着即使是最不起眼、最无关紧要的政府公告都会引起人们的不满。

11 月 27 日：军事演习寥寥无几。士兵们都厌烦了。

最后，来看乔治·萨杜尔的日记：

12 月 13 日：日子一天天过去，漫长而空虚，没有丝毫消遣娱乐，除了参加早上和中午的点名以外就再也没有任何其他义务了……前线出奇平静，我们应该感到安心，这对我们忍受这种半囚禁的生活多少有所帮助，至少表明是没有危险的。但这只会让我们更加恼火。既然我们无事可做，也没有什么可做的，为什么不送我们回家……在这一点上，军官们（主要是预备役人员）和士兵们的想法没有什么不同。人们觉得他们厌倦了战争。他们反复说他们想回家。

一月底：从军事上来说，我们真的什么也没做……我们蜷缩在炉子周围，只有每天两次点名时才会走出去。我们只能用潮湿的木头取暖……冷漠和寒冷让我们麻木不仁，许多人睡觉时都懒得洗漱，懒得刮胡子，懒得穿鞋甚至懒得脱衣服……启程出发和返程归来就是这种平静生活的全部，没有任何意外。

大部分人回来时的士气甚至比以前更差了。[14]

　　萨杜尔的预备役部队主要由巴黎人组成，其组成可能不具有代表性，但负责监视士兵通信的陆军部也得到了类似的印象。1940年2月20日的一封信里写道："一切都还是老样子。烦死我了。我们整天除了等待还是等待。但是等什么呢？这完全是傻瓜过的生活，我已经完全受够了。哦，让它快点结束吧。"[15] 休假中的萨杜尔在火车上遇到其他士兵时，他不禁反思道："我们这个小小的缩影……就是整体氛围的晴雨表啊。"他这样想可能是对的。

　　军队和平民士气的恶化都不是意识形态引发的。政府不停地受到共产主义的困扰，但共产主义宣传的效果根本微不足道。共产党人印制了一份地下报纸《人道报》（*L'Humanité*，1939年9月起被禁止发行），还有一份专供士兵阅读的报纸，也不过是一张用誊写式复印机印的报纸而已。事实上，尽管共产党人以战争是帝国主义的战争而且违背法国工人的利益为由主张立即实现和平，但他们并不主张革命失败主义、临阵脱逃，也不主张亲敌（至少只要战争不是针对苏联的话），他们还让他们的党员服从命令，履行他们的职责，他们大多数人似乎也是这么做的（格雷尼尔和萨杜尔都是共产主义者）。但是，反共宣传愈演愈烈，一定会让一些普通的共产党人疑惑，从什么意义上讲这是**他们的**战争。

　　至于工厂，后来关于共产党鼓动工人蓄意进行破坏活动的指控基本上是毫无根据的。虽然共产党确实竭力主张工人抗议工作条件，放慢生产速度，但实际上他们并没有提倡搞破坏。唯一一起被证实的蓄意破坏事件发生在法曼工厂。这是一小撮共产党人主动所为，其中两个人还是兄弟。这里面的三人在 6 月 22 日停战协定签订前被枪毙。很难说某些兵工厂的生产困难是政治原因造成的。一位将军将假战争期间飞机产量的不足归因于"绝大多数工人的冷漠和干部威信的缺乏"。[16] 但假战争时期最突出的事实是完全没有发生过骚乱事件，因为工厂里的工人从来没有这么努力地工作过。在整个假战争时期，雷诺工厂只登记了两起劳工骚乱事件。然而，这种情绪肯定不是一种热情。就连像钢铁大亨德·温德尔这样非常保守的雇主也担心，雷诺征税的逻辑会影响大家共同的努力。

我们为什么要战斗？

由于政府的镇压和《莫洛托夫－里宾特洛甫条约》（Molotov-Ribbentrop Pact）签订后出现的党员叛变，法国共产党的影响力已经被严重削弱，其反战宣传几乎没有效果。然而，更严重的是官方支持战争的宣传并没有奏效。军队把时间都用来组织部队的娱乐活动，但没能解释清楚为什么要打这场战争。这个问题应该由宣传委员会来回答，这是达拉第在 1939 年 7 月建立的一个组织。它由作家让·季洛杜（Jean Giraudoux）领导，他在 20 世纪 20 年代因为发表谴责军国主义的作品并支持法德和解而声名鹊起。他最著名的作品是反战剧《特洛伊战争不会发生》（*The Trojan War Wiu Wot Take Place*）。

对于一个负责组织反德宣传的人来说，这一背景极不寻常。人们普遍认为季洛杜领导的委员会是一次彻底的失败。他招募了一大批知识界的权威，有作家安德烈·莫洛亚（André Maurois）、国家图书馆馆长朱利安·凯恩（Julien Cain）、历史学家保罗·阿扎尔（Paul Hazard）等，但他不是组织者，而且他在大陆酒店（Hotel Continental）的总部是一个充满阴谋诡计、流言蜚语和明争暗斗的窝点。感到厌恶的莫洛亚很快就退出了。季洛杜在电台广播中那种字斟句酌、很书本气的语调，不是让听众完全听不懂，就是让他们感到恐慌，就像他 10 月 27 日的广播，竟说"死亡天使"正在悄然逼近沉睡中的军队。

但是季洛杜的任务并不轻松，也不能把所有的问题都归咎于他一人。他不是部长，而且给他的预算又很少（与戈培尔的相比几乎可以忽略不计）。军队并不重视宣传。德国最高统帅部雇佣了优秀的摄影师，并向媒体发布了数千张照片，而法国军队却更加遮遮掩掩；媒体常常不得不凑合着用巴黎人在香榭丽舍大街漫步的枯燥照片（当然，德国人至少有一些胜利值得炫耀，这也是事实）。

然而，季洛杜的主要障碍是政府没有指导他如何展现战争。在第一次世界大战那些欺骗性宣传的记忆中长大的一代人不免产生怀疑。萨特指出：

> 民众对官方谎言早已司空见惯，所以当达拉第和张伯伦在讲话中肯定他们"坚定不移的决心"时，他们表现得无动于衷……他们对报纸上最没有恶意的新闻都有一种先验的怀疑，这种怀疑来自于他们所听到的"欺骗性宣传"信息。

像 1914 年那样的爱国主义虚华辞藻在 1940 年是行不通的。

正如福尔彻所述："在阅兵时，指挥官发表了一个简短的演讲。他说，在那一场战争——一次大战（我们这次战争大概算是小战），我们的父辈们唱着歌走向战壕；结果一名士兵接话说，少数能活命的几个人是哭着回来的。"想要让那首著名的第一次世界大战歌曲《胜利啦·玛德隆姑娘》（La madelon de la victoire）重新流行起来的企图完全失败了。假战争时期最流行的歌曲是那首伤感的情歌《我会等》（"我会等待，夜以继日／我会一直等／我会等你归来"）。淫秽歌曲也很流行。有一次，萨杜尔听到士兵们唱着《胜利啦·玛德隆姑娘》的曲子，但却把"玛德隆！玛德隆！玛德隆！"给唱成了"屁股，屁股，屁股"；还有一次，营房里有人试图唱完《胜利啦·玛德隆姑娘》再接着唱《马赛曲》，结果两次都被吼得住口了。[17]

在波兰崩溃以后，英法两国到底在为什么而战？政府希望避免任何对意大利的挑衅（并避免疏远法国的保守派），因而就排除了将这场战争称为反法西斯运动的想法。达拉第在 1939 年 10 月的一次广播中特别声明，这不是一场反法西斯战争；审查员们奉命禁止任何贬低墨索里尼的言论。最后，无效的宣传反映了法国人民的分歧和迷茫。

宣传失败的一个生动例证是法国记者保罗·费尔多内（Paul Ferdonnet）在斯图加特电台所做的亲德广播的影响。迄今为止，费尔多内一直是极右翼的边缘小人物，当政府在 10 月披露他的存在时，他便声名扫地。他广播中最有效的主题是英国将战斗到只剩最后一个法国人："英国出机器，法国出人。"虽然在那个时期的日记和回忆录中提到这些广播的次数多到令人吃惊，然而真正听过广播的人好像并不多，但它们促成了一种关于第五纵队存在的假象。尽管费尔多内得到的情报都是从法国媒体那儿获取到的，但他每广播一条军事情报，一旦被证明属实，就会谣言四起，说有间谍小组给他提供情报。那些说他无所不知的谣言使人意志消沉，那些没有听过他广播的士兵常常给家人写信说，他们团最近的某次演习已经在斯图加特电台通知过了，而这是完全错误的。英国驻马赛领事在 12 月底报告说：

> 在集市上经常能听到不满的声音，其表达形式跟德国广播节目如出一辙，我担心德国的宣传已经在法国南部人民中取得了一些成功……甚至有一些人拒绝相信英国军队在西线作战，他们还说报纸上的东西就信不得。[18]

政府充分认识到了民心士气的糟糕情况，达拉第深受芬兰的困扰，部分是因为他需要给法国民众某种军事胜利。尽管芬兰投降了，但到了春天时，民众的情绪确实开始好转。这与达拉第被雷诺取代没有任何关系，雷诺在法国也并不受欢迎。雷诺接任后，萨特指出："这里的人批评雷诺在广播讲话中连一句'我们英勇战士的英雄气概'也没说。'那个达拉第，他从来都是不落这句的！'他们伤心地抱怨着。"士气的提高可能与天气有关。4 月 23 日，通信监督员注意到一个团的 5864 封信中只有 13 封显示出不满的态度。在 4 月 25 日至 5 月 10 日的所有民意调查信中，军队士气被描述为"优秀""非常好"或者"良好"。考虑到 55 步兵师和 71 步兵师对士气做出这一积极的评价，而这两个步兵师在色当都一触即溃，人们可能会质疑这样的调查意义何在。很明显，用一个像"士气"

这样主观而模糊的概念，不可能做到科学意义上的准确。情绪会随着环境的变化而迅速变化。一旦敌人进攻，无所事事被再清楚不过的危险所取代，士兵们的态度可能会在一夜之间发生改变，他们的不满主要是由于厌倦和缺乏动力。接下来会发生什么，就要看士兵们如何执行分配给他们的任务了。[19]

1940 年的法国军队

法国军队不是一个庞大而统一的系统组织。[20] 现役部队、20 个 A 级预备役师和 18 个 B 级预备役师，作战能力相差悬殊。服完现役（1923 年至 1930 年要 18 个月，1930 年至 1935 年要 1 年，1935 年后要 2 年[21]）后，每名成年男性有义务再服 27 年兵役：预备役"预备期" 3 年，一线预备役（A 级）16 年，二线预备役（B 级）8 年。总的来说，每人应该有长达 10 周的预备队训练。

实行一年兵役制使及时训练义务兵的任务变得复杂起来。他们每半年就要编入两个分遣队，从而保证法国总是由有一定训练基础的人组成的分遣队来保卫。但这意味着军队在任何时候都要面对三类士兵。把这些不同训练阶段的士兵编入同一支部队，就扰乱了战术组织。此外，算上每年两次并入分遣队之间的间隙、上岗、假期及农假等损失的天数，实际训练期远远不足一年。据估计，在 1930 年，平均每个团中有 18% 的步兵连一枪都没开过，四分之一的人没扔过手榴弹。在假战争期间，萨特曾看到一名战友拿着一把"子弹都没装，而且还过时了的"左轮手枪，这真是"令人尊敬的恐怖事件"；费尔南德·格雷尼尔说他所在的 20 人小队中只有 2 人知道如何使用 1940 年 6 月收到的手榴弹。

军队特别担心预备役军官和士官的素质。预备役军官本应参加进修课程，而且也能得到一定的经济奖励，但许多人根本就不关心这些。许多人的教育水平在通常情况下是足以担任军官的，但却一直只是普通士兵，这是因为在知识分子和小学教师中普遍存在的反军国主义使他们拒绝学习高级军事准备课程。让－保罗·萨特和雷蒙·阿隆这两位知识分子是他们那一代人的典型代表，他们都在气象部门当普通士兵，并在那儿服完了兵役。1934 年进行了一次演习，以检验 41 步兵师这支有代表性的预备役师的作战能力，结果是预备役军官和士官都毫无准备，而且由于领导不力，士兵们也不合格，士气很低落。

征兵是按地域进行组织的。这样能使部队通过长期的共同训练进而增强凝聚力，这本是为了解决短期现役所产生的一些问题，然而现实情况并非如此。由于实际原因，地域征兵原则经常被违反。例如，为了增加识文断字的士官人才，布列塔尼乡村的部队会接收一批从城里征来的士兵；装甲营需要一定比例的持有驾驶执照的士兵，等等。然而，一旦士兵加入预备役部队，他们就受当地动员中心的管辖，如果需要派遣预备役军人到很远的地方进行短暂训练，动员中心就不会让他们再回到以前的现役战友那里。就算是在动员时军队的凝聚力确实存在，由于各种各样的人员调动，这种凝聚力也经常会消失。例如在假战争期间就动员了 10 万人去工业领域当工人；以及在 1939 年 12 月决定把马其诺防线上的新兵调到机动部队，而把老兵调到要塞去执行任务，为了体现将新兵和 B 级士兵混编这一不太可靠的优势，结果把训练有素的要塞守军给拆得七零八散。因此，引用一位相关研究领域的历史学家的话来说，理想中的紧密团结、随时准备动员起来开始行动的预备役部队，实际上却是"一支由缺乏经验的下级军官和士官所领导的由临时部队组成的军队，人员轮换频繁，战时组织从未得到检验，对临时部队的训练逆来顺受，装备还是借来的"[22]。二等兵格雷尼尔注意到，他所在工兵连的 100 名工兵就分别来自北部、东部、阿尔卑斯山脉、米迪（Midi）和巴黎。一支六人组成的特遣队包含一个曾在叙利亚服过役的萨瓦人，一个来自埃佩尔奈（Épernay），一个来自马赛，格雷尼尔本人来自巴黎，还有两个酒鬼（来历不明）。

　　假战争时期本应该有时间来克服这些训练上的不足。然而，许多战斗力较弱的部队往往错失良机，原因要么是缺乏装备，要么是紧迫感不强。1940 年 3 月，皮埃尔·勒索尔（Pierre Lesort）被派到（后来声名狼藉的）71 步兵师[23]（隶属于第 2 军）第 120 步兵团担任预备役军官，他对自己的发现感到震惊。他的连队不是缺少训练就是缺乏装备，生活条件恶劣。他尽了最大努力来改进他所在排的机枪手的训练水平，但这段经历令人沮丧：

　　　　在我看来，这里的氛围在纪律上是非常松散的；人们必须记住，这些士兵在过去的六个月里过的是怎样的生活，他们在烂泥里瑟瑟发抖。物质条件很差，士兵们就躺在地上的稻草上，墙壁很脏，东西扔得到处都是……这个排已经被一个糟透了的中士指挥了四个月，一切都变得懒散颓废；这些士兵已经习惯了无所事事，有两个兵营还在造反……就像吉卜赛人的营地……问题是我们缺少各种材料，甚至连铺床的木板都没有……好在士气还不算太差；那些士兵已经被动地习惯了他们目前极为恶劣的生活条件，唯一的问题就是把他们从惰性中拉出来。遗憾的是，我们没有时间去改善他们的生活条件，我们的全部时间都在为工兵做一些杂役，挖战壕，卸水泥。

几周后情况变得更糟了：

这个连让我厌恶至极。我所有的努力都徒劳无果，还被当成一个指手画脚的人……我毕竟只是个排长……不幸的是，要在一个连里最邋遢、最肮脏的一个排灌输一种集体荣誉感、纪律和职责，这是不可能的。在我的排，有一两个人是十足的恶棍。[24]

科拉普非常担心他的第 9 军士兵的状况。2 月，他担心"某些临时营舍会放松纪律……士兵侮辱甚至有时还攻击当地居民"。在接下来的几个月里，他注意到"一种难以容忍的邋遢，士兵们表现很差，也不敬礼，或者敬得马马虎虎，对什么都漠不关心，整天无所事事"；他得到报告说士兵们普遍酗酒，还说有士兵唱着《国际歌》在车站制造丑闻。[25] 这些对第 9 军的描述显然印证了英国将军艾伦·布鲁克爵士的印象，他曾在 1939 年 11 月观看过第 9 军的阅兵式："我从没见到过比这更邋遢的人……士兵们连胡子也不刮，马也没有刷洗过……对自己或自己的部队没有一点儿自豪感。然而，最令我震惊的是这些士兵脸上的表情，那是既不满又不服从的表情。"[26]

第一次战斗中的士兵："充满信心满怀希望"

"这一次是真正的战争；这下可好了，我们总算熬到头了。""你知道我是多么充满信心，多么满怀希望。"[27] 这两句话出自一位 21 步兵师士兵在 5 月 11—13 日所写的信，当时他们正在向被德国入侵的比利时进军。他们提醒我们，士兵们在假战争期间的士气低落，与其说是代表对战争本身的敌意，不如说是等待一场似乎不会到来的战争而造成的无聊。因此，许多士兵在得知德国入侵比利时的消息后，都感到了一种解脱。

鉴于即将发生的情况，这些士兵所表现出的信心明显带有一种讽刺色彩。但事实上，对 1940 年法国军队的叙述不能止步于默兹河上的灾难性事件。装备良好、训练有素、领导有方的法军，像他们那些被赞美的法国步兵先驱一样英勇战斗，这样的例子也为数不少。

5 月 13 日，普里乌将军所率骑兵部队的两个轻型机械化师在比利时平原的寒尼村就是这样战斗的（而德军在同一天也突破了色当防线）。这是这场战争的第一次坦克战，法军在艰难的条件下赢得了胜利。关于双方部署的坦克的具体数量存在争议。最近法国当局声称德军投入了大约 650 辆坦克，而法军是 320 辆，但如果不算上德军轻型坦克（一号坦克和二号坦克）的话，法军是占有优势的。一些历史学家还批评普里乌在部署坦克时过于线性化，而且机动性也不够。但所有叙述都一致认为，虽然在攻击中首当其冲的第 3 轻型机械化师是最近才成立的，却打得很好。尽管德军享有绝对的空中优势，但法军完成了他们的任务（当然这是一次诱敌之计，只是他们不知道）。

一旦普里乌撤退，把德军牵制在让布卢缺口的任务就落到了刚赶到的第 1 军各师的肩上，特别是摩洛哥第 1 师和第 1 摩托化师。前者是一支仅仅部分实现机动化的部队，而且又徒步行军了 135 公里。最后一批士兵在 5 月 14 日上午才到达，当德军坦克向他们进攻时，他们还在敌人的空袭下修筑工事。这种遭遇战正是甘末林想要避免的，但一连两天，德军都没能成功突破防线。由于步兵的坚决抵抗和炮兵的有力支援，法军牢牢地守住了阵地。这是步兵在没有空中支援的情况下，在空旷的野外成功抵挡住一个装甲师的罕见例子。法军在 5 月 16 日撤退并不是因为他们被打败了，而是因为德军突破了默兹河防线。

即使是在默兹河，且不说古德里安在色当的情况，德军的行进也不像人们常说的那么容易。法军最有效的抵抗发生在 5 月 13 日至 15 日的蒙特尔梅，当时一支兵力分散的法军守军（法国殖民地军半个旅①）成功抵御了德军的一个装甲师整整两天，直到侧翼部队的抵抗崩溃，阵地才失守。隆美尔穿越迪南防线时也遭到了法军的顽强抵抗，尽管法军守军的处境并不轻松。隆美尔甚至一度担心他的一些部队会失去勇气。即使在 5 月 13 日至 14 日晚隆美尔的士兵在河对岸站稳脚跟后，法军的防线已被攻破，但他们仍艰苦奋战，并没有感到恐慌。为了胜利，隆美尔不得不发动了第二轮猛烈的进攻。他的一名连长汉斯·冯·卢克（Hans von Luck）上尉写道："他的指挥坦克被击中了，驾驶员把坦克开到壕沟里。隆美尔受了轻伤，但他还是冒着敌人的炮火快步冲向前……这给所有官兵留下了深刻

----

① 即法国外籍军团。

的印象。"[28]

如果认为，一旦德军突破了三座桥头堡后，他们向西推进只不过是一次扫荡行动，那就错了。例如，我们不应忘记，5月15日至25日，第3预备役装甲师和第3摩托化步兵师在色当东南部的斯通尼进行的顽强抵抗。当德军到达英吉利海峡时，这里仍在进行激烈的战斗。[29]第1军的残余部队也进行了顽强的抵抗。他们落入了德军的圈套，险象环生，他们也清楚战局已定。5月28日至31日，尽管陷入了敌人的包围，遭到敌人炮火的无情轰炸，三四万名第1军的士兵还是在里尔击退了强大的德军。德军不得不穿过郊区杀出一条路，而法军则在工厂大楼、公寓大楼或者临时搭建的路障后面等一切能战斗的地方坚持战斗，直到打完最后一颗子弹。某团团长迪特雷（Dutrey）中校宁愿自杀也不投降。这些士兵可能并未意识到，他们的顽强抵抗有效拖住了德军，为英国远征军和部分法国军队到达敦刻尔克桥头堡赢得了足够的时间。

敦刻尔克桥头堡在5月29日至6月4日由第12摩托化步兵师（15天前在让布卢的第1军的一个师）残部的大约8000名士兵防守。他们的指挥官詹森（Janssen）将军于6月2日阵亡。我们需谨记，敦刻尔克的奇迹是由于戈特的先见之明、希特勒放松神经、英国的足智多谋以及法国的英雄主义才得以实现的。

第二次战斗中的士兵："德军在比尔松"（5月13日）

当然，5月13日在色当的情况不同。这一防区由第2军的55

步兵师镇守。在这个 B 级师，许多士兵在 20 年前就开始服兵役了。只有 4% 的军官是正规军官。在假战争期间，军事训练因物资短缺而受阻，主要缺少的是防空武器和反坦克炮。用于防御的反坦克炮的标准密度普遍认为是每公里 10 门，但在这个防区，每公里还不到 4 门。然而，这到最后已经几乎无关紧要了，还没等大批德军坦克渡过默兹河，这个师就已经崩溃了。

在整条防线上，德军在法军的这一防区占据明显的局部优势，法军在默兹河左岸的瓦德林克和贝尔维尤之间沿着 10 公里的河湾设置了第一道防线。法军 55 步兵师的姊妹师 71 步兵师几乎还没有做好战斗准备。它最初被部署在 55 步兵师的右侧，但在 4 月被撤回进行训练。5 月 12 日，它又接到了前进的命令，在这样紧要的关头，这些部队调动只会造成混乱。在防御中起关键作用的一支部队是弗朗索瓦·皮诺（François Pinaud）中尉指挥的第 147 要塞步兵团。这支部队在 5 月 13 日德军的袭击中首当其冲。在古德里安的第 19 装甲军团确定的四个主要渡河点中，有三个都位于第 147 要塞步兵团的防区。皮诺的部队由 B 级部队组成，大部分来自阿登高地、埃纳河地区以及巴黎。其中三分之一的士兵最初是在 1918—1925 年应征入伍的，还有三分之一是在 1926—1925 年应征入伍的。这也就意味着普通士兵的平均年龄是 31 岁，上尉是 42 岁。他们的训练水平不高。为了解决这个问题，士兵们需要轮流参加训练，但一旦训练结束，他们并不总能回到原来驻扎的地方。因此，尽管 55 步兵师整个师在色当地区驻守了数月，但皮诺的士兵也被频繁地调来调去。当德军进攻时，他指挥的九个连没有一个能守住占据了一个多月的阵地。

即使考虑到所有这些问题，毫无疑问，这个团乃至整个师的表现都非常差。要解释这一点，对德军渡河前发动的长达八小时的空袭的影响，无论怎么高估都不为过。那些躲在掩体里的士兵对此毫无心理准备。如果轰炸并未成功摧毁法军的掩体或者炮台，那么其心理影响也是不可估量的。用第 2 军副参谋长鲁比（Ruby）将军的话说：

> 炮手们停止了射击，躲到地下，步兵们被炸弹的爆炸声和俯冲轰炸机那刺耳的尖啸声惊呆了，紧紧蜷缩在战壕里；他们还没有形成跑到高射炮那儿还击的本能反应。他们唯一关心的是避免引起敌人注意。这场噩梦持续了五个小时，足以使他们吓破胆，他们对敌人步兵已经无力抵抗。

轰炸造成的一个重要影响是电话通讯遭到破坏。为防止敌人截获情报，无线电被禁止使用，这就切断了守军彼此之间的联系。他们的孤立感进一步加剧了轰炸对他们的心理影响。据报道，有些士兵被吓到了精神错乱的地步，这种情况在第一次世界大战中也时有发生，特别是在重型火炮炮击之后。尤其令人胆怯的是呼啸而来的斯图卡轰炸机，它们猛冲向蜷作一团的法国守军，警报器还尖叫着："噪音，恐怖的噪音！……即使炸弹落在 50 码或 100 码之外，你也能感觉到它在爆炸。你倒在地上，确定要被炸成三十多块。当你意识到自己并未被击中时，这种刺耳的尖啸声也会把你震得粉碎。"[30]

那时，令人沮丧的是，天空中连一架英军或法军的飞机也没有：

> 150 架德军飞机！真是令人咋舌！飞机引擎的噪音已经很大了，然后就传来这种非同寻常的尖啸声，足以吓破你的胆……突然，炸弹如雨点般落下来……炸弹还在不停地落啊落啊！……一架法军或英军飞机的影子都看不到。见鬼！它们到底在哪儿！……我旁边的那个年轻人正在哭……大家的神经很紧张……其实很少有士兵被击中，但他们倦容满面，眼圈发黑。士气受到影响。为什么我们的飞机不保护我们？虽然没人这么说，但每个人都在想这个问题。[31]

对那些从河对岸观看的人来说，这种效果也同样令人震惊。一名德军中士报告说：

> 一个中队接着一个中队爬升到很高的高度，从前面一字排开，第一批飞机垂直俯冲下来，接着是第二批、第三批……第十批、第十二批，共有十二批飞机。同时，它们就像一些猛禽一样扑向猎物，然后向目标投出大量炸弹……炸弹像密集的雨点，呼啸着落在色当和掩体阵地上。每次爆炸的威力巨大，爆炸声震耳欲聋。一切都一气呵成；伴随着斯图卡轰炸机俯冲时警报器发出的尖啸声，炸弹呼啸着，击中目标，然后爆炸……我们像被催眠了似的站在那里看着所发生的一切；下面顿时乱作一团！同时，我们也充满信心……突然我们注意到敌人的大炮不再射击了……当最后一个斯图卡轰炸机中队还在袭击时，

我们就接到了前进的命令。[32]

5月13日下午4时,第一批德军渡过了默兹河。对法国守军来说,这是一个关键时刻。正如阿利斯泰尔·霍恩所写:

> 突然之间,让双方军队像棋子一样被调来调去的那些伟大而复杂的战略,现在却变成了一两个人的孤立行动……这种孤军奋战的成败决定了一个排的成败,然后从一个排蔓延到一个连,再从一个连蔓延到一个团,以此类推,整个战场都处于不断变化之中,直到尘埃落定。[33]

第147要塞步兵团的部队因为空中打击早已士气大跌,不幸的是,他们还要面对由巴尔克中校指挥的第1步兵团这样的强悍部队。德军能够迅速登上河岸并占领了法军前沿阵地的一些掩体,这表明法军的抵抗已经软弱无力,而且守军的士气严重低落。这只是开始。下午早些时候,个别步兵已经开始逃跑,但几个小时后,恐慌便蔓延到炮兵部队。55步兵师的指挥官拉方丹将军正在比尔松(Bulson)后方的指挥所里,比尔松是色当以南4.5公里处的一个村子。下午6点以后,他听到外面有叫嚷声,便出去看看发生了什么事。鲁比将军讲述了当时的情况:

> 一群惊恐不安的逃兵,有炮兵,也有步兵,有的坐在车里,有的步行,许多人连武器也不带,只拖着背包,他们从比尔松一路飞奔而来,嘴里还高声喊着"坦克攻入比尔松了"。

有些士兵像疯子一样乱开枪。拉方丹将军和他的军官们冲到他们面前，还把卡车横在路上，试图规劝他们，把他们集中在一起……这群士兵把军官们团团围住。群体性歇斯底里爆发了。可能他们都目睹了坦克攻入比尔松。[34]

拉方丹以为他已经阻止了逃兵潮，但当他决定把指挥所搬到比尔松西南 8 公里处的谢默里（Chémery）村时，却发现逃兵潮已经蔓延到了战线后方的其他地方。晚上 7:15 左右，他赶到了谢默里，看到村子里到处都是从色当来的逃兵，他们从另一条南北走向的道路向南逃窜，恐慌之情难以形容，在他们往南逃窜的过程中，谣言也传了一路。第 10 军团炮兵部队（55 步兵师、71 步兵师都隶属第 10 军团）的指挥所位于比尔松东南约 37 公里处的弗拉巴（Flaba）。其指挥官蓬斯莱（Poncelet）上校在所属部队视察时，德军坦克已经逼近的谣言就传到了他的指挥所。晚上 7:45 左右，他决定把指挥所搬往别地。蓬斯莱很快就意识到没有必要这样做，于是又回到了他的指挥所，但那时指挥所里的大部分通讯设备都已经在他们逃跑时给毁掉了。

"比尔松谣言"也传到了东部，到晚上 10:30 时，谣言已经传到了勒泰勒。第二天黎明时分，逃跑的士兵在沃维尔（Vouviers）周围转来转去。为了能喝上口水、填饱肚子，他们中的许多人开始抢劫农场。一名目击者说：

他们似乎被恐惧吞噬了。在逃跑途中，他们互相讲着越来越奇幻的故事来吓唬对方，好像他们想要阻止自己有任何再回来的念头……许多士兵连自己的背包和武器都丢掉了，他们好像也不在乎找回这些东西。他们只想逃跑。[35]

总计约两万名士兵在比尔松恐慌中逃跑。虽然恐慌最先在炮兵部队爆发，但最终各类部队都受到了影响。但是，历来为法国军队引以为傲的炮兵部队轰然崩溃，这对于一支如此重视火力的军队来说，意义尤其重大。这种恐慌的情景，同时也对其他被派往前线的增援部队的士气产生了灾难性的影响。

为什么会这样？德军坦克已攻入比尔松的传闻完全不实。在这一阶段，德军坦克还没有渡过默兹河，还要再过六个多小时才能渡河。传闻的来源尚不清楚。有人认为是德国间谍制造的谣言，但没有证据可以证明这点。更有可能的是一些法军逃兵把法军坦克误以为是德军坦克。拉方丹和蓬斯莱决定转移指挥所无疑也增加了混乱的感觉。当这些被抛弃的指挥所里没有人接听电话时，产生恐慌也是情理之中。至于拉方丹，转移指挥所显然是为了能更有效地组织反击，可是这却让士兵们感觉他们被指挥官抛弃了。"我们被出卖了""我们长官不要我们了"，这些都是许多逃兵挂在嘴上的话。蓬斯莱在 5 月 24 日自杀，显然证实了他在这场灾难中并不知情。

比尔松谣言的确切来源永远也无从知晓。但从更笼统的角度来说，解释 55 步兵师的崩溃并不难，而且这样做也不需要诉诸法国政治体系的任何一种腐败。这些部队既缺乏训练，又装备不足，最初并不是为了执行作战任务，而且由于人员调动频繁，部队凝聚力受到削弱，面对猛烈的空袭，他们无论在精神上还是物质上都毫无准备。他们只不过是在错误的时间、错误的地点出现的错误之人。

第三次战斗中的士兵：71 步兵师的"分崩离析"

就在 55 步兵师崩溃后的第二天，另一个 B 级部队——71 步兵师也崩溃了。5 月 13 日晚，它的一个团（205 步兵团）被派去进行反击。这些士兵遇到了迎面走来的一些逃兵，他们喊着"别再往前走了！那边有德国兵！"然而士兵们的精神并没有因此而振奋起来。最后，第二天上午，由于拉方丹将军在清晨发动的反攻失败，205 步兵团甚至还没来得及战斗就被命令撤退。[36] 这次撤退让士兵们更加困惑，进而变成了一场溃败。71 步兵师的另外两个团（246 步兵团和 120 步兵团）被分散成连队，沿着德军前进的侧翼向西形成防御点。这些部队彼此互相孤立，与师长鲍德特将军的通讯也中断了，有些部队看到敌军坦克在他们背后南面的公路上行进。越来越多的士兵别无选择，只能趁早逃跑。

在许多关于法国沦陷的叙述中，71 步兵师的命运比前一天 55 步兵师的命运更加令人感到耻辱，它的大多数部队甚至连一枪都没开。这些部队也完全没有经历过比尔松那样的恐慌。相反，有几位历史学家将其描述为一种"分崩离析"；这个师被认为已经"消失得无影无踪"（人间蒸发）。人们不禁将其不幸的结局视为 1940 年法国军队所谓的士气低落的象征。许多记载都讲到一起臭名昭著的事件，说 38 炮兵团的科斯塔（Costa）上校看到逃亡中的 71 步兵师的士兵后，就试图拦住他们规劝一下，但却得到了这样的回答："我们想回家，想回去工作！没得商量！我们输了！我们被出卖了！"

在这里，我们必须谨记，军事史上那些流畅而简单的叙述与混乱而复杂的战争现实是多么不同。"分崩离析"或者"人间蒸发"这些词语仅仅是一种隐喻手法。这对经历过这些事件的士兵来说到底意味着什么？我们在假战争期间遇到的那位皮埃尔·勒索尔被分到 71 步兵师第 120 团。他把自己的记忆以及当时的信件与后来的历史记载仔仔细细地进行了对比。最后，他发现这些记载没有一个能如实记录他的真实经历。经常被提及的那段科斯塔上校的传闻被证明是一个历史上典型的"张冠李戴"。为此，勒索尔翻阅了诸多相关历史学家的著作进行查证，从亨利·阿穆鲁（Henri Amouroux，1976）到威廉·夏伊勒（William Shirer，1969），再到阿尔方斯·古塔尔（Alphonse Goutard，1956）等，终于在一部写于法国被德国占领时期的仍存争论的作品中找到了传闻的起源，作家是强烈支持通敌的保罗·阿拉尔（Paul Allard）。有关科斯塔上校的传闻竟来源于这样一个声名狼藉的人，让人不禁怀疑这个完全无法证实的传闻的准确性，但即使这是真的，也只有一个巨大的历史障眼法才能让其代表全师 18 000 名士兵或者全团 3000 名士兵的"真相"。

5 月 13 日，勒索尔的特遣队在默兹河左边的昂热库尔（Angecourt）东北山区把守一个防御点。上午 10 点左右，德军的空袭开始了。如上所述，从鲁比将军（以及许多其他历史学家）对这一事件的描述中，勒索尔注意到：

> 我不知道鲁比将军个人对前线的观察从何而来；我只知道他是第 2 军的副参谋长，司令部在色当的默兹河以南大约 40 公里处的森努克（Sennuc）。我只能说我所看到的、我所听到

的、我所经历过的以及我记忆中的事……我看得很清楚，在我左边 800—1000 米处，一个炮兵连……不停地向不断俯冲下来发起攻击它的斯图卡轰炸机开炮：大炮在天空中轰出的那一小团烟雾依稀可见，飞机打着旋，不断散开又飞回来……至于我们连机枪手的反应，我们拼命地向飞机射击，一刻也不曾停下……不得不说的是，这两天德军的空中压制让士兵们感到不满和不耐烦。士兵们一开始还仅仅是抱怨："天哪！怎么只有德军飞机，我们的飞机到底在干什么？"但接下来的几天，士兵们越来越强烈地感到无助、愤恨，乃至绝望。但在 5 月 14 日晚，在我们身后的天空中，只需要有两架法军战斗机去追逐并击落两架德军飞机，就可以彻底消除那种耻辱感，那种耻辱感对步兵来说是他们内心非常危险的敌人，他们清楚自己的装备太差，根本打不过飞机、大炮和坦克。

士兵们一看到法军的飞机都欢呼了起来。后来，5 月 14 日晚，他们听说德军攻入了昂热库尔，全营都要撤往永克（Yoncq）村。勒索尔那支大约 20 人的特遣队奉命撤离。当他们凌晨 3 点左右出发时，他的心情很复杂：

饥渴、恐惧、孤独……然而，尽管如此，脑海中的记忆让我头昏脑涨。首先，毫无疑问，是我和机枪手彼此之间的信任……还有另一种信任……怎么说呢？对事件？对未来？对法国军队吗？对于不久的将来，我当然不太乐观。在过去的几个月里，我对我们所掌握的那些软弱无力的手段，以及我们太多领导人毫不在乎的态度感到非常愤怒。德军已攻破我们的左侧防线，我并没感到多么惊讶；我对我们这个不幸的师的士兵和武器再清楚不过了……但我确实相信一个真正有组织的"第二阵地"的存在，最重要的是，我相信在我们身后有一支后备部队，它由装备精良的师——特别是机械化部队和装甲部队组成。从我这个步兵连长狭隘的观点来看，黎明时分，我们将按照任务坚守这里，直到发起进攻的那一刻。……我们会在固定的时间撤退，静悄悄地，也可能会遭到攻击，留下一些阵亡者（其中可能就有我），但幸存者会重返在遭到挫败的那些部队后方构筑起的牢不可破的战线，他们会在自己的连队中占据一席之地，他们会再次投入刚刚开始的战斗。

他们携带着装备在树林里迂回前进，尽量避开大路。就这样行进了五个小时后，他们渴得几乎要发疯。5月15日一早，他们赶到了永克村，却发现那里正遭到德军坦克的袭击。他们短暂地加入了在永克的战斗，明确了他们营的方位后，又继续向西南行进。

我们来到一个十字路口，就在讷维尔（Neuville）和比藏西（Buzancy）之间的某个地方［在色当以南35公里远——本书作者注］。从我们右边来的路上（也就是从北方来的）走来了一小队人，还有三三两两的几个人。他们给我们的直接印象是混乱不堪又极其绝望。行李放在自行车上推着，头盔和枪都不见了，俨然一副茫然的流浪汉的模样……有多少人？几十个？

有一个人孤零零地站在路边，他一动也不动。戴着一顶黑帽子，穿着教士穿的长袍，他是一名随军牧师……我走近他问他是否知道我部队的下落，当他回头看我时，我看到他在哭。我问他的问题，他不知道，我没有再问。除了表示同情，我还有别的事要做。他有没有和这些逃跑的士兵聊过？我不知道。……我记起的是我的感受：担心这情绪会蔓延到我自己的士兵，所以我想快点离开；我不想在这儿空等着；士兵们拿起武器，跟我继续前进，我们继续向西而去。这条路很奇怪，时而空无一人，时而又突然被两个方向来的车队给堵得寸步难行……巨大的引擎声、人们的说话声和马的嘶叫声。最重要的是，敌机在空中嗡嗡作响，飞过，消失，又飞回来。[37]

最后，大约 36 小时后，即 5 月 16 日晚些时候，他们在布尔欧布瓦（Boult-aux-Bois）附近与他们所属的团取得了联系。

古斯塔夫·福尔彻发现自己恰好也在这个防区，他的叙述在多个方面与勒索尔的相似。他所在的团隶属于北非第 3 步兵师——第 2 军的一支正规军。5 月 13 日，当空中轰炸开始时，他们正在色当略微偏西南方向的默兹河高地上：

看到那些杀人机器朝我们俯冲过来，吐着炸弹，发出尖啸。我们猜想那就是炸弹落下时发出的声音，真是令人毛骨悚然。不管怎样，那噪音令人恐怖，我们不由自主地不安起来。我们迅速挖了一个坑，又用石头和泥土垒起一道护墙。在里面我们还觉得安全些……我们甚至变得更大胆了，每次飞机飞回来，我们都瞄着这些似乎在嘲笑我们那些破步枪的家伙，把枪里的子弹全射光……有一件事让我们百思不得其解，早上因为恐慌，我们一开始没顾上想，然而现在人人都在说：英军和法军的飞机在做什么？怎么一架都看不到？

5月13日晚，他们奉命撤退，并于5月14日凌晨抵达一个村庄，后来才得知是永克村。他们还发现敌人离他们很近：

> 天快亮了；但是还没有确切的命令，我们就在村子里等着……怎么办？没人知道。指挥我们连队的中尉受这一切影响最大。他完全下不了任何命令；他从一群人转到另一群人，结结巴巴地说不出一句连贯的话。太阳都要照到山顶了，我们在村子里挖的这个坑随时都可能成为我们的坟墓，最后，我们自己采取了主动。在韦尔内（Vernhet）中士的指挥下，我们连决定撤离这个村子。

他们在村子后面的小山上占据了一块阵地，尽可能隐蔽好，等待着进攻：

> 想想我们现在要在这样的条件下与机动车辆交战，没有任何藏身之地，也没有任何军事设施，而我们部队实现现代化已经四个月了，我们曾经在碉堡和设防阵地之间挖好了蜿蜒曲折的战壕，储备了食物、电话、毯子，样样都不缺。而现在我们要丢弃这一切，在开阔的田野里作战，没有掩体，没有战壕，而这儿离我们在默兹河对岸的战壕只有几公里远……太阳就要

落山了，我们以为那一刻就要来了；每个人的手指一直勾着扳机，准备一看到敌人就开火……夜幕降临，我们终于看到第一架法军飞机在山上低空盘旋，我们欣喜万分。这能不高兴吗？这可是开战以来在我们上空看到的第一架三色旗标志的飞机，而从一开始我们看到的都是成千上万的德国黑十字架标志。这让我们重拾勇气……我们几乎要鼓掌欢迎它了。

到了晚上，他们渴得厉害，福尔彻就下山到村子里的水源那儿，把他们的水壶都灌满了水。一名中尉带着一名参谋前来视察。他看到他们连没有指挥，就给他们下了命令。他们的情绪总算好些了。但第二天一早，士兵们的情绪再次低落下来。他们没看到一个敌人，看到的只是士兵们从村子里逃跑时那混乱而可怕的一幕（其中可能就有勒索尔，当然他不是逃跑，他是在找他的部队）。

他们告诉我们一些可怕的事情，一些难以置信的事情……有的人是从遥远的阿尔贝运河逃到了这里。……他们要了些吃的、喝的；可怜的小伙子们……人流还在不断涌来；真是惨不忍睹。啊，如果那些一心想去巴黎或其他地方观看盛大阅兵式的人，能在那天早上看到这支不同的军队，一支真正的军队，而不是那些受阅军队或者军乐队，也许他们就能理解士兵们真正的痛苦。

过了一会儿，到下午，敌人开始进攻了：

　　在树林边缘，在路的左右两侧，第一批坦克大量出现。我们加强了大炮的火力，集中一切火力一会儿攻击这边，一会儿攻击那边。两辆坦克被击中后燃烧起来，一枚迫击炮弹直接击中了第三辆坦克，那辆坦克也猛烈燃烧起来。面对如此凶猛的火力网，其他坦克都掉头躲进了森林。就是在这时，局势发生了变化。敌人的大炮开火了，炮弹像冰雹一般倾泻下来。开始的时候，射得太远，炮弹都在我们身后爆炸了，但敌人很快就调整好了射程，炮弹刚好能打到我们。我在战壕里尽可能地蜷缩着身体。有些炮弹落得太近，战壕都震颤不已，泥土倒塌下来。炮火稍微平息了一些，我小心翼翼地探出头，发现一辆大坦克不知道从哪儿开过来，就要进入我射程内的十字路口了。我能做什么？我迅速取下我的普通弹匣，换上一个装甲弹弹匣，等待着它出现在十字路口的那一刻。我对将要发生的事情不太有把握，因为我知道，如果我没有命中，这个可怕的浑身喷着火舌的大家伙就会直接从我身上轧过去，那我们可就都完了，这也是让我浑身颤抖的原因。我也知道，即使是装甲弹也不会对它造成太大的伤害。我在脑海里飞快地思考着所有这些问题。尽管如此，我还是很冷静，就在我要射出第一排子弹的时候，一枚炮弹在它前面爆炸了，引擎立即停止了运转，两个坦克兵从坦克里跳了出来。很快，他们没做什么抵抗便被附近排的一些士兵俘虏了。阻止这辆坦克的是一门25毫米反坦克炮，它就安置在我身后，和我的火力范围一样。它真的让我很高兴，因为我相信它，最重要的是它能一举命中目标。

虽然幸运地逃过一劫，但到凌晨时，情况明显变得很糟糕。

突然冒出来一个中尉，下达了一个类似于"保护好自己"的指示，我不知道是他是从哪儿来的，之前也没有下过任何命令。他宣布我们必须在五分钟之内撤离这座小山。这太突然了，立即引起了普遍的恐慌，士兵们只顾着自己逃命。

福尔彻撤退了，以期改日再战，直到最终在 6 月被俘。[38]

这两段叙述讲的是相似的故事，都描述了两个小分队的经历，他们试图团结起来以应对最不利的情况，而周围的一切似乎都在崩溃。它们显示了德军空中优势的可怕，希望和绝望的交替涌现，表达出了士兵们在陷入一场他们没有准备好的战争中的切身感受，以及对于那些发现自己孤立无援、又与指挥官断了联系的士兵来说，一个正确的领导有多么重要。

归根结底，1940 年法国军队的表现是无法一概而论的。当然，总的来说，B 级部队的表现最不令人满意，但即使就 B 级而言，当你看一看那些师以下的部队，也能察觉到相当大的差异。这些差异似乎与社会结构或各个部队的地域来源没有什么联系。我们应该警惕法国统帅部的某些偏见，虽然历史学家们总是重复这些偏见。比如认为"身强力壮的"诺曼农民或布列塔尼农民比城里（特别是巴黎）来的士兵要可靠，1914 年时也有类似的荒诞说法，说来自普罗旺斯的士兵是靠不住的。但在 1940 年，北非士兵（特别是摩洛哥士兵）的战斗表现是非常好的。

在 71 步兵师中，246 步兵团和 120 步兵团之间难分伯仲。前者主要由来自巴黎地区的士兵组成，在德国全面入侵法国前就有人表露过对他们的怀疑，后者主要由来自阿登高地和埃纳河的农村士兵组成。还有一个师整体表现也很差，甚至连一场真正的战斗都没参加，那就是科拉普第9军的61步兵师，这个师主要由诺曼农民组成，以前被认为具有良好的士气和纪律。它的挫败同样是由当时的情况造成的。61步兵师奉命把守日韦以北的默兹河防区，没有参与默兹河下游最初的战斗。然而，由于科拉普决定于5月15日撤回其防线，这支部队就产生了动荡。[39] 由于组织这次撤退的命令前后不一，加上没有足够的车辆可以快速地撤退，部队只能在混乱中穿过树林撤退，结果却发现莱因哈特的装甲部队早已到达了他们要撤退到的防线。德军可以轻易地把他们分割成小股部队全部歼灭。

大逃亡

在福尔彻和勒索尔的叙述以及对这些事件的其他无数叙述中，都有一个反复出现的主题，那就是亲眼目睹并被卷入这次巨大平民逃亡浪潮所产生的毁灭性的心理影响，这一浪潮在当时被称为"大逃亡"（The Exodus）。让我们引用另一名士兵的话，当他身边的很多人似乎都失去理智时，他试图保持冷静：

> 我们在每一个十字路口都能听到逃亡者之间的这些对话……"你从哪里来？""南方。""你说什么？德国兵已经攻到南方了吗？""是啊，当然了。你呢？""我从东部来。""那

儿到处都是德国兵。"他们会问我们该怎么办。我们也不知道该怎么回答。那群可怜的人便绝望地继续上路了。你能想象这对我们的士气有什么影响吗？ [40]

《圣经》中的"出埃及记"（Exodus）一词似乎完全适用于这一从东北到南部、席卷全国的非凡现象。一位作家把这次大逃亡描述为一场地质大灾难。正是这次大逃亡使 1940 年的战事从单纯的军事失败转变为整个社会的分裂。任何有关法国沦陷的报道都不免要问：大逃亡到底揭示了 1940 年法国人民什么样的精神状态？

5 月中旬就有比利时难民开始涌入了，一位观察家说："我从未想到比利时竟有这么多难民。" [41] 自那以后，大逃亡迅速蔓延到法国北部：5 月 16 日到了兰斯，5 月 20 日到了苏瓦松（Soissons），5 月 28 日到了贡比涅（Compiègne），5 月 29 日到了桑利斯（Senlis）。6 月，大逃亡进一步向南扩散：6 月 6—12 日到了巴黎，6 月 15 日到了沙特尔（Chartres）。据估计，里尔的人口从 20 万人下降到 2 万人，图尔昆（Tourcoing）从 8.2 万人下降到 7000 人，沙特尔从 2.3 万人下降到 800 人。南方城市人口则出现激增：波尔多从 30 万人增加到 60 万人，波城（Pau）从 3 万人增加到 15 万人，布里夫（Brive）从 3 万人增加到 10 万人。据估计，约有 600—800 万人背井离乡，踏上了逃亡之路。弗里德曼从前线上下来，发现自己像是行走在一片大沙漠上，直到他离开主干道时，才会偶尔看到几处还没被废弃的村庄，那些村庄就像沙漠中的一小片绿洲，也许是因为他们还没有听说周围村子里发生了什么事。

一些难民抱着一线希望逃往卢瓦尔河，他们希望过了河就安全了；大多数难民只是跟着他们前面的车走，根本不知道自己要去哪里。那些有车的人一开始似乎是幸运的，直到把汽油用完，他们才不得不把车和财物都丢到路边，继续步行往前走。许多人把他们的财物装上马车；另一些人推着独轮车甚至是婴儿车。古斯塔夫·福尔彻随部队在凡尔登撤退时，看到的是这番景象：

尽管天色已晚，路上还是挤满了惊慌失措的难民；现在还不到晚上，但很快夜幕就会降临。那些女人、孩子、老人们吃力地拖着大衣箱、手提箱、包裹、独轮车或者板车；路被堵了，我们的运输车辆不得不放慢速度，有时候完全动弹不得。我们想和那些平民聊聊天，但我们马上就明白了。那些人都快疯了，他们不会回答我们的问题。他们嘴里只有一个词：撤离、撤离。

他们又沿路往前走了一点：

最可怜的是看到举家逃亡的人们，他们还会带上牲畜上路，但最终还是不得不把这些牲畜遗弃在路边的畜栏里。我们看到被两三匹或是三四匹漂亮的母马拉着的马车，有的母马后面还跟着小马驹，走上几米就有可能被踩死。驾车的是一位妇女，她常常以泪洗面，但大多数时候都是由一个八岁、十岁或者也可能十二岁的孩子牵着马。马车上横七竖八地堆满了家具、大衣箱、亚麻布等最珍贵的东西，或者更确切地说都是些最不可或缺的东西，祖父母也坐在马车上，怀里还抱着一个很小的孩子，甚至可能是一个刚出生的婴儿。多么壮观的景象啊！当我们追上他们时，孩子们一个个地看着我们，他们手里抱着小狗、小猫或者金丝雀笼子，他们舍不得和它们分开。[42]

对于一个居民与这片土地如此紧密相连的民族来说，大逃亡中一个最令人痛心的方面是那些动物的命运：路边的死马、因为好几天没有挤奶而痛苦地哞哞叫着的奶牛、被抛弃的鸟笼、流浪的猫狗。6月12日，一名瑞士驻巴黎记者在巴黎市中心发现了一群被抛弃的奶牛，它们的叫声在空荡荡的街道上回响着。[43] 难民们来到一个他们认为是安全的地方，结果却常常发现那里早已是人去楼空，人们往往走得匆匆忙忙，没吃的饭菜还摆在桌子上。萨杜尔把这些难民比作蝗虫，他们蜂拥进入社区，而社区里的居民顾不上带上自己的家当就逃走了。如果时间来得及，肯定会有抢劫发生。有观察家写道："再往前走，在另一个地方，我们看到人们冲进一家食品店。怎么回事？是恐慌吗？不，只是一个店主，一个被轰炸吓坏了的女人，她告诉人们：'我要走了。我就不锁门了。你们想要什么就来拿吧。'"[44] 相比于解释大逃亡为什么会发生，以及它向我们揭示的1940年的法国最深层次的东西是什么而言，描述这次大逃亡要容易得多。人们很容易将法国人的表现描述为一种无端的恐慌，一种集体创伤，揭示了一个从一开始就没有做好心理准备来面对战争压力的民族潜在的恐惧。另一种解读认为，大逃亡是那些手无寸铁的无辜平民面对一系列军事灾难的后果所做出的一种完全理性的反应。这些灾难并不是他们造成的，但他们希望摆脱这些灾难所造成的后果，这是完全可以理解的。由于当局没有预料到德国会如此迅速又如此大规模地取得突破，所以除了边境地区以外，并没有制订针对平民的应急计划。军方倾向于把撤离看作投降，而不是有序地重组平民的一种方式。其结果是，由于没有得到当局的任何指示，平民只能自行决定是否撤离。在德国发动袭击后的那一周，兰斯市民目睹了比利时难民源源不断地流入他们的城市。由于没有上级的指导，兰斯市民只能自行决定撤离。直到5月19日，军方才最终下令撤离，但那时还没走的市民只有大约5%。至于其他部门，直到6月2日才接到撤离的命令。到那时，许多地方就只剩下牲畜在等消息了。

兰斯和法国东北部的大部分地区一样，都曾在第一次世界大战中被占领过。经过上一次战争，民间对德国的"暴行"有一种地方性的共同记忆，有些是纯属虚构，有些则不是。不难理解，这些记忆影响了人们对1940年德国入侵的反应。1940年，西蒙娜·德·波伏娃（Simone de Beauvoir）在法国西部遇到了惊恐万分的难民，他们说自己曾见过双手被砍掉的孩子，这是1914年最著名的恐怖暴行之一。1940年，一些年轻的女难民为了避免被强奸而把芥末抹在身上。除了对上一次战争的记忆，民众也听到了大量有关两次世界大战之间轰炸所带来的惊恐故事。基于所有这些原因，人们想在一切还没有太迟之前躲避不断逼近的德军，也就不足为奇了。如果战争再次陷入四年之久的僵局，这一次他们希望能选对边。

值得一提的是，1914年也曾发生过类似性质的恐慌，尽管规模要小得多。1914年，大约有40万比利时难民逃到了荷兰，约20万人逃到了法国，而大约40万法国平民逃到了法国内地。1914年8月的最后两周，在法国取得马恩河战役胜利之前，德国军队所到之处引发了一股恐慌的浪潮。在奥布省（Aube），9月8日，省长报告说："从阿登高地来的这些不幸的移民……每到一个地方就会讲述他们的不幸，到处散布恐慌。"[45]1914 年 9 月初，巴黎也有大批人逃离。一位观察家在 1914 年 9 月 3 日写道："昨天，那些还没有逃离的人一听说巴黎的城门每天晚上 7 点就关闭了，而且从明天起禁止任何车辆出城，他们就更加恐慌了。这是逃亡的信号。"[46]没等局势进一步恶化，马恩河战役的胜利就让民众安心下来，平息了这场恐慌。然而在 1940 年，没有什么胜利能安抚民众的恐慌情绪。

第四次战斗中的士兵："重拾精神"（6 月 5—10 日）

尽管有大批人逃亡，但那些没有立即受到德国进攻威胁的法国地区并没有出现恐慌。其实，在 5 月和 6 月初，法国军备产量有了显著增长。开战初期，军队的飞机数量在 5 月 10 日是 2176 架，而到战斗结束时，数量达到了 2343 架，比开始时增加了。但不幸的是，这些飞机中有很多都还缺少零件，也没有进行战斗测试。尽管法国军队在前三个星期遭到沉重打击，但在 6 月的头两个星期，他们仍能顽强地坚持战斗，这一点与劳动大军的生产率一样引人注目。审查员所打开的士兵书信显示，士气在 6 月初有了显著提高。其中许多信件都是用一种简单朴素的爱国主义语言写的，不免勾起人们对1914 年的回忆。以索姆河战役之前 31 步兵师士兵在 6 月 2 日和 6月 3 日写的三封信件为例：

就我而言，我已经迫不及待地想杀掉可能多的德国佬。

我们真的很累，但我们必须守在这里，他们别想过去，我们会抓到他们的。

我对自己有无限的信心，我确信上帝会保护我，直到最后……我为参加了这场胜利之战而感到自豪，我对此毫不怀疑。

5月28日，一名28步兵师的步兵写道："看来德军已经占领了阿拉斯和里尔。如果真是这样，这个国家就必须重新找回1914年和1789年的那种传统精神。"5月底，戴高乐的第4预备役装甲师在阿布维尔进行了多次反击，其中一名士兵写道："我们在15天内就发起了4次进攻，每次都很成功，所以我们要齐心协力，抓住希特勒那头猪。"[47]这不只是虚张声势。法军在索姆河和埃纳河进行的艰苦卓绝的战斗也让德国人印象深刻。由于德军在数量上的优势，战斗的结果几乎在一开始就已经确定了，但法军最初的顽强抵抗使魏刚一度怀疑，这条战线是能够坚守住的。

法军战斗力的提升有多个原因。首先，在甘末林懒散而心不在焉的领导之后，魏刚的好战风格在最初起到了激励作用。第二，在5月初经历过德军空袭的那些士兵基本对此已是习以为常，至少习惯了斯图卡轰炸机的尖啸。第三，统帅部迟迟没有改变战术。魏刚放弃了连续战线的正统观念，转而采用由"刺猬"组成的"棋盘"防御体系，将抵抗点集中设置在树林或村庄这样的天然障碍物上，四周由大炮保护。现在，炮手们接到的命令是一发现坦克就像用左轮手枪一样不停地开炮，而不是像法军以前规定的那样只能在统一指挥下集中火力时才能开炮。这使得防守更加灵活。

一旦索姆河和埃纳河防线被攻破，系统性的防线也就不复存在了。即便如此，在法国中部的塞纳河和卢瓦尔河之间的平原上，以及卢瓦尔河本身的各个地方，仍有法军顽强抵抗的例子。例如，109步兵团的一个营在雅尔若（Jargeaud）和帕普新堡（Châteauneuf-du-Pape）之间的卢瓦尔河成功击退了德军；索姆尔骑兵学校的学员们死守住索姆尔地区的几座桥梁整整两天，直到6月19日弹尽粮绝。值得注意的是，109步兵团是一支左翼激进分子高度集中的部队，而索姆尔的骑兵军官都是从最保守的社会成员中选出来的。这些孤注一掷的爱国主义精神是超越政治光谱的。

令人吃惊的是，虽然德军在整场战役中的伤亡较少——死亡27 074人，受伤111 034人，失踪18 384人——但在第一阶段，即5月10日至6月3日，伤亡率是每天2500人。在第二阶段，即6月4日至6月18日，人们本以为法国军队的士气处于完全低落的时期，伤亡率却攀升到几乎每天5000人。法军如此之高的伤亡率也驳斥了任何关于法军在1940年没有顽强战斗的说法。法国战败后，官方并未对在法国战役中阵亡的法国士兵人数进行系统的调查。直到最近，最普遍公认的死亡数字是9万人到12万人之间，大多数研究者倾向于更高的数字，但最近对现有证据的一项审查表明，这个数字要稍微低一些，在5万人到9万人之间，而且更偏向于5万人。[48] 不过，这个数字依然意味深长。

的确，法军战俘人数非常高，大约有150万人，但多达一半的人都是在 6 月 17 日贝当在广播中宣布政府将寻求停战，到 6 月 22 日真正签订停战协定的这 6 天里被俘的。毫无疑问，法军在贝当演讲之后就开始节节败退。大多数人听了贝当的讲话后便知道停战在即。如果是那样的话，继续战斗还有什么意义吗？政府在 6 月 18 日宣布所有人口在 2 万以上的城镇都将不设防，这更坚定了士兵们的看法。那些还想继续战斗的士兵遭到当地平民百姓的唾弃，甚至是攻击。现在大多数人都急于结束这场战斗。乔治·弗里德曼观察到的法国民众在停战前最后几天的情绪①并无错误。

但这种情绪并不是整个国家在过去 10 个月里的典型特征。因此，最后再对法军的作战表现提出两点好评，这些评论更能说明问题，因为给出这些评论的人都来自国外，不会倾向于支持法军。首先是希特勒本人给出的评论，他在 5 月 25 日给墨索里尼的信中写道：

> 当对法国军队的军事能力进行评估时，他们之间的差异也就凸显出来了，可以说是良莠不齐。总的来说，现役部队的师和非现役部队的师之间的作战能力差异非常明显。很多现役部队打起仗来跟拼命似的，而一多半的预备役部队在士气上显然无法承受战斗的影响。[49]

第二个评论来自罗纳德·坎贝尔爵士，他和斯皮尔斯不顾一切地试图让法国政府继续战斗，结果让他感到痛苦不堪、身心疲惫。

---

① 见本章第 1 节。

但他 6 月 27 日在法国提交的最后一份报告中，拒绝因为国家领导人的错误而谴责整个国家：

> 就法国崩溃的原因，说到症结，我无法给出一个简单的答案。伟大的法国军队竟然就这么崩溃了，这似乎令人难以置信。战争爆发时，我深信他们的精神是极好的。到了年底，那些回家的士兵都说，虽然他们已经准备好了为国捐躯，但他们不愿意天天这样无所事事。几个月过去了，德军的宣传也在巧妙而潜移默化地进行，这严重破坏了军队的士气……人们可能会问，法国是否存在腐败堕落的现象。这同样是一个很难用"是"或者"不是"来直接回答的问题。一些法国人（包括雷诺先生）和我交谈时，把这次崩溃部分归咎于民主制度的滥用，说法国人的生活太安逸了，便利和好处都来得太容易了。虽然这其中可能有些道理，但我不认为这可以解释所发生的一切。从各种说法来看，大多数法国民众都是不错的。他们只是没有机会证明自己的价值。我宁愿把法国描述成这样一个人：他被突如其来的一击打昏了头，还没等他的对手发起"致命一击"，他就再也站不起来了。[50]

第二部分
原因、影响和假设

啊，这就是历史学家将要起草的蓝图啊！他们所选取的视角简直是一团糟！内阁部长说的话、将军的决定、委员会的讨论意见，他们一一采用，然后从那些一系列可怕的回忆中建立历史性的对话，在对话中他们将洞悉远见卓识和重大责任。他们会编造让步、反对、托辞和怯懦。

安托万·德·圣埃克苏佩里，《飞往阿拉斯》（企鹅出版社，1961），87

尽管我们不怎么好，但我们可以肯定，历史是会提到我们的，也会对我们详加叙述。1940年将画上一个大大的句号，1941年也将揭开新的篇章。我们会被写进新的篇章里。我们会说："那事我知道，某某事就发生在我身上。"我们会被审问。我们说的话会被引用，我们的病症会得到仔细检查，我们说的话会让真相大白或者引起公愤。我们中最沉默的人就会被叫去谈话。我们将被荣幸地加上引号。

保罗·莫朗，《瘦男人外传》（1941），162

寻找法国在1922—1935年腐化堕落的迹象已经蔚然成风……我们的时代正在建立自己的表现形式，让历史学家的观点无据可依。

让－保罗·萨特，《战争日记：假战争笔记，1939.11—1940.5》（1984），175

第五章

原因和假设

1940 年 7 月：马克·布洛赫前往盖雷

　　停战协定签订后，已届中年的历史学教授马克·布洛赫（Marc Bloch）就开始记录他对法国所遭遇的这场劫难的感想，他临时住在法国西南部的盖雷（Guéret）附近。布洛赫是世界知名的中世纪历史学家。在第一次世界大战中，他在法国军队服过役，战功卓著，曾先后四次被授予荣誉勋章。战争结束时，他是上尉军衔。1939 年，53 岁的他再次被征召入伍。他近距离目睹了法国的溃败，认为迫切需要趁着"记忆犹新"的时候，把他的所见所闻都一一记录下来。

　　假战争期间，布洛赫的大部分时间都是在第 1 军度过的。由于语言能力出色，他最初被分配到情报部门负责与英国人联络。在这里，他亲眼目睹了英法之间相互理解的缺乏。在法国人眼里，英国士兵好色，又爱惹是生非，而英国军官则冷漠、势利。布洛赫对此感到很苦恼，后来他又被调到一个新的职位，负责军队汽油供应，这让他如释重负。由于第 1 军是所有法国军队中机动化程度最高的一支部队，因而这一职位责任重大。布洛赫很快就熟悉了他的新工作，在假战争的大部分时间里，因为整天无所事事，他和大多数其他士兵一样，都是在无聊、冷漠和沮丧中度过的。他开始写一部关于法国人民历史的书，以此消磨时间。这本书也就是后来的《历史学家的技艺》（*Apologie Pour L'Histoire ou Métier d'Historien*）。

1940 年 5 月 10 日，布洛赫来到巴黎。他匆忙返回前线，重新加入第 1 军并随军奔赴比利时。五天后，部队开始向法国边境撤退，一路上都是拥挤不堪的难民。尽管撤退时一片混乱，布洛赫还是设法保证了汽油的随时供应，而且，他负责的油库也没有任何一个落入敌人手中："我们从蒙斯撤退到里尔，这一路上被点燃的火比阿提拉（Attila）①点燃的还要多"。最后，他随第 1 军残部撤到了敦刻尔克。在这座"烟雾飘渺、只能隐约可见建筑物空架子的废墟小镇"，他开始组织士兵撤离。当"一艘艘船把他们的外国友军运到安全的地方"时，只有"超凡的仁爱之心才不会感到痛苦"。布洛赫写道：

> 我仍然能听到那些令人难以置信的嘈杂声，炸弹的爆炸声、房屋的崩塌声、机关枪的嗒嗒声、高射炮的隆隆声，还有我们海军的小型机关炮那持续不断的轰隆声，很像一种通奏低音。在佛兰德海岸度过的最后几分钟就一直为这些声音所伴随，它们就像是歌剧中演奏的管弦乐闭幕曲。

布洛赫本人于 5 月 31 日晚搭乘英国"皇家水仙花"号轮船撤离了敦刻尔克。第二天一早，他一到多佛尔（Dover）就转乘火车去了普利茅斯（Plymouth），又从那儿连夜返回了瑟堡。

---

① 阿提拉（406—453），古代亚欧大陆匈人的领袖，被欧洲人称为"上帝之鞭"，也被视为残暴及抢夺的象征。

布洛赫回到法国后，6 月的前两周他一直待在法国北部，先是在诺曼底（Normandy），后来又到了布列塔尼的雷恩（Rennes）。让他感到愤怒和苦恼的是，他和他的士兵都没被有效的重组，以便能再次投入战斗。6 月 17 日，雷恩遭到轰炸；第二天，有传言说德军就要来了。为了防止被俘，布洛赫给自己找来一些平民穿的衣服，又联系了镇上的一位同学，帮他找了家旅馆住下，假装是在雷恩做学术研究工作。德军并没有觉察到这位白发苍苍、体体面面的绅士在几天前还是名军人。德军抓获的战俘明显已经够多了，不可能把那些躲起来的士兵都一一抓来。到月底的时候，铁路恢复了运营，布洛赫就回到了盖雷与家人团聚。

这些是布洛赫在他的手稿中所描述的，标题是"一个战败者的证词"。在题为"一个法国人的自我反省"的最后一节中，他分析了造成灾难的原因。字里行间充满了愤怒，痛斥他在法国目睹的愚蠢、无能以及人性弱点。他特别批评了政治家、军方领袖、下级军官、记者和教师。他也不放过那些像他这样的学者，1918 年以后，"因为思想上的懒惰"，他们的研究又恢复了"平静"，让法国走上了毁灭之路。布洛赫虽然是一个温和的左派，但既批判工人阶级的自私狭隘，同时又批判资产阶级的利己主义和阶级仇恨。然而，他在书中阐述的基本论点是，战败的根本原因在于知识分子：法国社会已经成为一个思想僵化而又顽固的社会。

布洛赫写完手稿后，把它收了起来，以待法国重获自由后出版。然而，他没有活着看到那一天。在法国被占领期间，布洛赫参加了抵抗运动，成为里昂（Lyon）地区的组织者之一。除了与德军作战外，抵抗组织还非常关心为法国未来解放后起草改革方案。布洛赫亲自起草了影响深远的教育体制改革提案，以便在解放后实施。这些提案都发表在抵抗组织的一份秘密报纸上。1944 年 3 月 7 日，布洛赫被德军逮捕。他被监禁后遭到了德军的严刑拷打，并于 6 月 16 日被枪杀，就在盟军在诺曼底登陆后没几天。

1946 年，布洛赫对战败的剖析最终得以出版，书名定为《奇怪的战败》（*Étrange Défaite*），而不是他所选的书名。布洛赫在没有查阅文献的情况下，以历史学家的见解来阐释他的经历。他的文章之所以引人入胜，是因为布洛赫是年鉴学派的重要人物之一［以布洛赫和他的朋友吕西安·费弗尔（Lucien Febvre）在 1929 年创办的评论期刊《经济社会史年鉴》（Annales d'histoire économique et sociale）命名］。这些历史学家希望将历史写作从传统的关注政治事件转向研究某一时期长时间范围内的"整体"历史。（年鉴学派更感兴趣的是在深层结构上有连续性的漫长而缓慢的历史，而不是政治的表面间断性。）然而，1940 年的"事件"来得太过突然，布洛赫意识到，自己作为一个公民必须对其进行解释。一位评论员由此认为，1940 年的影响实际上促使布洛赫放弃了编年史的历史研究和写作方式："布洛赫对这次战败所做的分析，就像是任何一位历史学家所写的一段国家危机时期……他谈到个人，谈到他们的智慧、愚蠢、勇气、爱国心、美德、诚实……他谈到天意、命运、机会、盲动、惊喜。"[1] 相反，很多《奇怪的战败》的读者则持截然不同的观点，他们认为布洛赫在与 1940 年历史事件的对抗中摈弃了偶然性，转而寻求深层次的结构性原因来解释这一点。

历史学家看法国战败

　　无论人们如何解读布洛赫的叙述，哪怕只是把他的论据作为一种衬托，其仍然是大多数历史学家了解战败原因的研究起点。解放后的前几年，法国历史学家可能希望验证或发展布洛赫的直觉，但问题是关于1940年问题的辩论已经被高度政治化了。贝当建立维希政权后，首先采取的行动之一就是在离维希不远的里永（Riom）小镇设立一个特别法庭，审判那些被指控应为战败负责的人。莱昂·布鲁姆、达拉第、皮埃尔·科特（缺席）和甘末林都成了被告。鉴于其中三人都曾是人民阵线的主要成员，维希政权的矛头所指也就不言而喻了。里永审判最终于1942年2月开庭，在两个月后，即将作出判决之前，曾一度被暂停。审判演变为一场公关灾难，因为达拉第和布鲁姆成功扭转了局面，证明了对他们的指控是站不住脚的。

　　解放后，轮到贝当和维希政权的其他成员受审了，不仅是因为他们在被占领期间的种种活动，还因为他们在1940年诸多事件中所扮演的角色。此外，法国议会还在1946年8月成立了一个委员会，调查"1933—1945年在停战前、停战期间和停战后所发生的政治事件、经济事件和外交事件，从而确定由此造成的责任"。这个委员会虽说职权范围广泛，但它主要关注的是1940年的诸多事件。调查从1933年，也就是人民阵线上台的三年前开始查起，这与维希政权关于1936年以后一切开始出现问题的说法相矛盾。在接下来的四年里，1940年事件中的主要参与者大多都到委员会作了证。光听证会就召开了100多场。公开的证据多达9卷。该委员会报告的第一卷出版于1951年，这一卷强调了陆军司令部的责任，内容只涉及1936年。因为在1951年议会会期结束时委员会也刚好期满解散，而且再也没有重新组建，所以后面的几卷也就一直未能出版。

虽然由于一些具体的原因，里永审判和战后委员会都没能完成他们的工作，但他们的失败似乎也象征着他们所面临任务的艰巨性。从那以后，历史学家开始不断挖掘里永法庭以及后来委员会所搜集到的大量材料。很快，历史学家也开始利用1945—1955这十年间大量涌现的回忆录。首先是甘末林在1946—1947年写的三卷回忆录，然后是雷诺在1947年写的两卷回忆录，还有魏刚在1952—1955年写的三卷回忆录。一些鲜为人知但同样重要的人士也提供了他们的证词。其中包括曾在甘末林位于文森的司令部担任其参谋的雅克·米纳尔（Jacques Minart，1945年）、第1军骑兵部队司令普里乌将军（1947年）、第2军副参谋长鲁比将军（1948年）、第2军第10军团（包括结局悲惨的55步兵师）司令夏尔·格朗萨尔将军（Charles Grandsard，1949年）。

即使这些档案封存多年，历史学家们在开始研究法国的沦陷时肯定也不会缺乏文献资料，但在战争结束后的30年里，法国几乎就没有对法国沦陷的历史记载。雅克·伯努瓦－梅辛（Jacques Benoist-Méchin）写的《震惊西方的六十天》（*Soixante jours qui ébranlèrent l'occident*）和阿道夫·古塔尔（Adolphe Goutard）上校写的《错失战机》（*La Guerre des occasions perdues*）却是两个明显的例外。这两本书都不是专业史家所写，而且都出版于1956年，后来还都被翻译成了英语。伯努瓦－梅辛的书长达三卷，记载非常详细，但肯定不能称之为客观之作。梅辛在战争期间一直是与德国合作的坚定支持者，也是一个毫不悔改的法西斯主义支持者。因此，他对已不复存在的第三共和国极端仇视，认为第三共和国对战败负有根本责任。古塔尔的态度也几乎没有什么不同。正如他的书名所暗示的，他认为战败并不是由于法国人民的堕落或者共和国的缺陷，而是由于军事指挥官的失误而造成的。在古塔尔看来，这是一场本可以打赢的战争。

当时，法国缺乏有关法国沦陷的重要研究，这表明法国史学界普遍不愿写现代史。在这一时期，年鉴学派的影响力越来越大，越来越痴迷于研究社会经济的长期趋势。战后的头号人物费尔南·布罗代尔（Fernand Braudel）尤其如此。在布罗代尔的影响下，年鉴学派在拒绝接受"事件"上变得更加教条。布罗代尔认为，那些历史上的重大转折点都与经济周期有关。就像他1953年在墨西哥的一次演讲中所说的，这意味着在19世纪和20世纪的法国历史中真正不连续的时候是1817年、1872年和1929年。按照这种对法国历史的解读，1940年纯粹就是一个政治军事上的偶发事件。

1949年，布罗代尔对菲利普二世时代的地中海所做的大规模研究得以出版，这让他一举成名。布罗代尔为写这本书进行了15年的研究，1940—1944年他在德国当战俘时，开始完全凭记忆来写这本书，几乎一到战俘营就立即投入了创作。他在7月给吕西安·费弗尔的信中写道："我正在写一部关于16世纪的书籍；在这种时候，虽然相当荒谬，但却令人安慰。"就在布洛赫正视"事件"的时候，布罗代尔却在逃避，这也许是因为他和布洛赫不同，他被关在战俘营里，因而不可能立即根据"事件"动笔写作。30年后，布罗代尔回顾起自己作为历史学家的发展历程，对现代史和自己作为历史学家的选择及这二者之间的关系直言不讳：

> 我的那些历史构想是在我无意识的情况下最终成形的。……部分是对我所经历的那个悲惨时代的一种直接的存在主义的反应。对所有那些我们从敌方电台、报纸上了解的铺天盖地的事件，甚至对我们的秘密无线电接收机收到的从伦敦发来的那些消息，我都必须抛下、拒斥、否定它们。推翻这些事件，特别是那些令人恼火的事件！我必须相信，历史注定要从一个更深刻的角度来书写。[2]

当然，法国这一时期的许多历史学家并不属于年鉴学派。政治外交史是索邦大学（Sorbonne Université）完成的；现代史是由解放后就立即成立的第二次世界大战历史委员会的历史学家小组完成的。这个委员会出版了一本重要的期刊，这是第一本专门研究战争历史的学术性评论期刊。但是，虽然委员会并没有完全忽略 1940 年的战败，但它在 20 世纪 50 年代和 60 年代的大部分研究都专门放在对抵抗运动的研究上。在戴高乐将军执政的 20 世纪 60 年代，官方档案管理人员肯定是不太支持那些想要研究战败原因的历史学家。戴高乐主义政权也不想总是沉湎于法国历史上的这一黑暗事件。

20 世纪 70 年代，戴高乐去世后，官方的态度有所缓和。1975 年以后，法国档案法变得更自由，历史学家也不再一味地去美化抵抗运动。然而，这也使他们不再关注 1940 年，而是越来越多地关注维希政府和通敌行为。一位历史学家这样评论道："到了 20 世纪70年代中期，法国就几乎没有一位学者对1940年感兴趣了。"[3]
战败仍然是一个敏感话题。法国陆军历史处的高级历史学家皮埃
尔·勒戈耶（Pierre le Goyet）未经官方授权就出版了一本关于甘末
林的书，他的职业生涯因此被断送。

由于法国缺乏对1940年的研究，英美作家便纷纷转向了这一
领域的研究。三本颇有影响力的英语著作几乎同时出版，它们是：
1968年出版的盖伊·查普曼（Guy Chapman）的《法国为什么会
崩溃》（*Why France Collapsed*）和1969年出版的阿利斯泰尔·霍
恩的《战败：1940年的法国》（*To Lose a Battle: France 1940*）以及
威廉·夏伊勒的《第三共和国的崩溃：1940年法国沦陷之研究》
（*The Collapse of the Third Republic: An Inquiry into the Fall of France in
1940*）。查普曼曾写过好几本有关法国历史的优秀作品。在上述三
位作家中，他最了解第三共和国的政治背景，但由于种种原因，选
择只在书中集中而详细地叙述1940年的军事情况。其结果是，这
本书虽然风格简洁，内容也丰富，但最终也未能就书名中"为什么"
这个问题给出一个真正令人满意的回答。

夏伊勒在两次世界大战期间曾在柏林和巴黎担任美国驻外记
者，他的写作手法就不大相同。在他那本鸿篇巨制中，夏伊勒用了
数百页的篇幅来论述法国国内的政治背景。这本书使用了他在第三
帝国史中所用的令其一举成名的巧妙的写作手法，可读性极强，但
美中不足的是书中对法国当局的无能及其摇摇欲坠的政治制度表达
了某种略带恼怒的优越感。夏伊勒既有一流报社记者的才能，也有
他们身上的弱点。有时他似乎在暗示，要是法国能更像美国一点就
好了，一切就都会好起来的。结果就是他对第三共和国最后几年无

休止的悲观描述，将第三共和国描绘成一种到了穷途末路的境地："派系之间的分歧和纷争，对外交政策、国内政策和军事政策表现出的令人难以理解的判断力的丧失，领导人的无能以及媒体的腐败，还有法国人民日益增长的困惑、绝望、怀疑，所有这些无一不在损伤着它的元气。"法国的溃败就是"军队、政府以及人民士气的崩溃"。

霍恩的书并没有完全摆脱同样的潜在假定。霍恩先前就写过关于1870—1871年巴黎之围和1916年凡尔登战役的优秀作品，因而他在书中对政治的描述比夏伊勒要少得多。他的这本书从军事角度叙述1940年沦陷，堪称有史以来最好的作品之一，但当他开始论述20世纪30年代的社会及政治背景时，反而倾向于略带道德性的解读，书中谈到第三共和国堕落到了无可救药的地步。例如，他这样描述法国军队领导人："法国军队就像城墙后面那些贪图安乐的官员一样，任由衰退，自甘堕落。"又例如，他对人民阵线影响的评论："一种新进获得的违抗的本能，一种对所有当局的蔑视……这在1940年肯定会在道义上取得成功。"[4]

夏伊勒和霍恩的书都被翻译成了法语，这些书对于在法国沦陷这个问题上普遍观点的形成具有相当大的影响。加拿大历史学家约翰·凯恩斯（John Cairns）的著作因为只以文章的形式发表而鲜为人知。凯恩斯对现有文献资料的不足之处提出了批评，并对战争期间的英法关系进行了详细的研究，从而为更深刻地理解法国沦陷的原因指明了方向。他认为，对这一事件的分析必须抛开那些随之而来的激烈争论；第三共和国需要从历史的角度加以对待，而不能单纯地视其为溃败的前奏；溃败必须放在英法同盟的大背景下来看待，而不仅仅是法国；他还认为，即使是甘末林将军也应该得到历史"公正的对待，就像历史对待每一位最终也没有被埋没的指挥官一样"[5]。总之，对这段战败的历史，凯恩斯认为，必须摆脱那种认为法国在 1940 年已经堕落的观点。

凯恩斯最终并没有写作他似乎在文章中承诺过的有关 1940 年的书，但是他的文章为 20 世纪 70 年代开始涌现的大量"修正主义"作品提供了议题。这些作品在某种意义上可以称为修正主义作品，因为其试图摆脱对第三共和国的看法中那些认为它已经"堕落"的一面。例如，加拿大历史学家罗伯特·扬在 1978 年就认为，法国在 20 世纪 30 年代采取的政策是一种合理的尝试，是为了使目标与对策相协调而进行的。在他看来，法国人非常聪明地利用盟国的经济优势来准备打一场持久战。1979 年，以色列裔美国历史学家杰弗里·冈斯堡（Jeffrey Gunsburg）对法国在 20 世纪 30 年代的军事计划给出了非常正面的评价。1992 年，英国历史学家马丁·亚历山大（Martin Alexander）甚至尝试了为甘末林将军翻案这一看似毫无希望的任务。亚历山大认为，甘末林在巨大的困难面前却依然为实现法国军队现代化而不懈努力。纵使他不得不断定甘末林并没有完全取得成功，但亚历山大的目的是想超越这一时期那些过于简略的描述，那些描述是通过一个对比而形成的：一边是像戴高乐这样有远见卓识的人；另一边是守旧、保守，还对欧洲其他国家无动于衷的法国统帅部。通过分析第三共和国以后的历届政府在外交、经济和财政上种种复杂的制约因素，所有这些历史学家得出的结论是：法国领导人的表现并不差。

这些修正主义者当然最终也不能否认法国战败的事实。然而对这一事实还是有必要解释一番。一种方式是强调盟军层面的问题造成了战败，冈斯堡便采用了这种方式。在冈斯堡看来，不管法国人多么精心地策划这场战争，也不管他们的领导人多么有能力，什么都弥补不了这样一个事实，1940 年法国的盟友能给他们提供的帮助实在是微乎其微。第二，一些历史学家认为，尽管法国领导人在 20 世纪 30 年代已经尽了最大努力，但法国在政治和经济上确实存在着一些潜在的无法克服的弱点。换句话说，法国战败有其深层次的结构性原因，必须弄清这些原因，而不是对法国或者全体法国人民作出不恰当的道德评判。第三，可以认为，1940 年的战败最终不过主要是由于军事上的误判而造成的一种军事现象，而这种误判就算真的与政治及社会背景有关，那也只是牵强附会。

当国外开始出现这些修正主义作品时，大多数法国历史学家对 1940 年的溃败还是不感兴趣。然而，他们对近现代史的兴趣与日俱增，有些近现代史对理解此次战败确实产生了重要影响。1978 年，严谨的国家政治科学基金会出版了两册书，把达拉第政府在 1938 年至 1939 年的会议记录作了汇总。这是详细研究达拉第政府的第一次尝试，1938 年至 1939 年的这段时间是战争前夕恢复法国民族自信心的重要时刻，而不仅仅是另一段第三共和国"抢椅子"游戏的插曲。1982 年，历史学家罗伯特·弗兰肯斯坦出版了一本专著，专门研究了 20 世纪 30 年代法国政府是如何为重整军备筹措资金的。这本书证明了法国重整军备是在左翼人民阵线的领导下才正式开始的，从而澄清了老套的右翼谣言。总体说来，它表明了第三共和国在 20 世纪 30 年代后期为重整法国军备付出了巨大努力。

尽管这些作品具有修正主义意味，但当时在法国出版的一本关于战争导火索的最著名的书却采取了截然不同的思路。这就是法国外交史学界的元老让－巴普蒂斯特·迪罗塞尔（Jean-Baptiste Duroselle）在1979年出版的一本专著，讲述了20世纪30年代法国的外交政策，书名似乎就说明了一切：《堕落》（*La Décadence*）。迪罗塞尔认为"堕落"具体表现在哪些方面还不完全清楚，但在他的专著中体现的一个主题是，法国的政治领导层失败了。这本书的言外之意似乎是说法国缺少一个像克列孟梭（或者戴高乐）那样有声望的人物。在迪罗塞尔看来，1934年路易斯·巴尔遭到暗杀，法国失去了最后一位敢于抵抗纳粹德国的有远见卓识、意志坚强的政治家。1980年，第二次世界大战历史委员会的首席历史学家亨利·米歇尔（Henri Michel）以同样的态度写道，这次战败是"逐步瓦解的必然结果，瓦解影响着法国的一切活动，这是一个漫长的过程"。

自20世纪80年代初以来，各武装部队历史处的工作人员做了重要的研究。这些研究大大加深了我们对战争前夕武装部队状况的理解，但因为大多数法国大学的历史学家仍然不重视军事史，这项工作也就并没有产生其应有的广泛影响，或者被纳入更广泛的图景之中。在法国，这场战争的军事史研究有点被孤立了，而且那些写军事史的作家，他们并不能一直保持对复杂政治背景的敏感性。例如，在陆军历史处的支持下，最近出版的一份关于1930年法国坦克的珍贵历史资料告诉我们，第三共和国的特点是"政局动荡（1920—1940年就有42届政府），导致连贯的国防政策变得徒劳"。[6] 事实上，20世纪30年代的法国尽管政局不稳，但不管政府怎样更迭，自1936年以来达拉第都一直担任着国防部部长；

而且，由于他与 1935 年以来就执掌兵权的甘末林配合默契，他们使国防计划在那关键的四年里保持了相当大的连续性和一致性。当然，他们可能做出了许多错误的判断，但那完全是另一回事。

有一本与众不同的书（有趣的是，这本书出自一位非学院派的历史学家之笔），那就是让－弗朗索瓦·克雷米约－布里亚克（Jean-François Crémieux-Brilhac）写的两卷巨著，书名为《1940 年的法国人民》（*Les Français de l'an 40*）。作为一个战争年代的年轻人，克雷米约－布里亚克一直支持位于伦敦的"自由法国"组织，他写这本书显然是出于个人需要，是想了解自己过去的一些事情。这本书既有对 1939—1940 年法国士气状况的开创性研究，又有对重整军备的经济情况以及法国政治背景的精彩分析。克雷米约－布里亚克在他的专著中并没有简单地给出答案，但对法国士气的叙述肯定比以前任何一位作家所写的都要更积极而乐观。单就这一点来说，如果要给这本书在史料上分类定位，似乎应归到修正主义阵营，但实际上这本书十分微妙，以至于无法以任何方式对其简单归类。

奇怪的是，最极端的修正主义研究不是来自法国，而是来自国外。最近的一个例子是美国历史学家欧内斯特·梅（Ernest May）在 2001 年出版的《奇怪的胜利》（*Strange Victory*）。梅的中心论点是，在军事上无论从哪方面来看 1940 年的法国都要强于德国，计算机模拟的结果是法国可能会获胜！而且，这次战败可能完全是由于情报部门对德国主攻地点的预测犯了重大失误而造成的。如果没有这个致命的失误，法国应该赢，而且也会赢。这一修正主义的尝试走得有些太远了，但这一论点有一定的说服力。

尽管有克雷米约－布里亚克的作品，许多法国历史学家往往还是对第三共和国抱有成见，就好像他们几乎把这当成了一种职业，他们在不知不觉中接受了戴高乐主义的思想，即第五共和国彻底解决了法国宪法中存在的弊端。这使得他们很难从一个完全积极的角度来看待第三共和国。因此，法国历史学家塞尔日·贝尔斯坦（Serge Berstein）在他写的一本近来广为阅读的教科书中就援引了下面这句话："回想起来，20世纪30年代发生的戏剧性事件似乎必然导致这个国家1940年的悲剧。"[7] 法国最近出版的一本关于1940年的优秀学术论文集开篇这样写道："人人都知道，一个已经走向没落的共和国在1939—1940年进行的这场战争是个灾难。"[8] 这场战争的指挥方式可能是灾难性的，但如果不回顾一下就说共和国在1939年"走向没落"，这真的准确吗？

古代史学家皮埃尔·维达尔–纳凯（Pierre Vidal-Naquet）在另一个语境中写道："历史不是灾难。要了解历史事实，有时不必知道故事的结局。"[9] 当然，知道结局后，叙述起来往往就顺畅多了。在1914年的叙述中，霞飞那庞大的身躯往往被视为沉着冷静、品行可靠的象征；而在1940年的叙述中，"肥胖"的科拉普将军胖得连上车都困难，这一事实就成了他对德军的突破反应迟钝的标志。如果我们不知道故事的结局，两次世界大战期间的第三共和国就可能会被描述成一个取得卓越成功的故事。20世纪20年代，法国东北部的重建无疑是欧洲国家在两次世界大战之间取得的最伟大的成就之一。尽管经历了随后十年的动乱，但在1934—1938年这几年，第三共和国成功消除了法西斯主义的威胁，进行了大刀阔斧的社会改革，也启动了雄心勃勃的重整军备计划。

很明显，法国社会在20世纪30年代是撕裂的，但如果把这些

年的历史写成必然的衰落，从 1934 年 2 月巴黎爆发的斯塔维斯基
骚乱，到 1938 年 9 月的慕尼黑会议，再到 1940 年 6 月在雷通德签
订停战协定，那就是明显没有考虑到在慕尼黑会议之后的 12 个月
里所发生的显著复苏。1938 年 9 月至 1939 年 9 月，民族自信和政
府权威重新得以确立，这和 1930—1932 年法国局势的迅速恶化一
样引人注目。1930 年，由于经济危机尚未爆发，法国被视为"幸
福之岛"；而到了 1932 年，法国就开始成为"欧洲病夫"。1938 年，
达拉第是法国有史以来最受欢迎的总理之一；到战争爆发时，他的
政府已经是第三共和国历史上存在时间最长的政府之一，经济迅速
复苏，就连保罗·雷诺都无可非议地称之为"经济奇迹"，重整军
备的努力也终于初见成效。

假设一：1914 年

尽管 1939 年的情况可能真比前几年要好一些，但其中一个
原因肯定是起点比较低。如果比较的不是 1939 年和 1934 年，而
是 1939 年和 1914 年，那又会怎样呢？这样一种比较的结果并没
有人们期望的那么有说服力：如果我们暂时设想 1914 年德国胜利
了——某种极有可能发生的事情——那么就不难构思出一段对政治
和社会的叙述，来解释为什么这一事件注定会发生。首先从"士气"
说起，许多年前历史学家让 - 雅克·贝克尔（Jean-Jacques Becker）
就表明，尽管人们群情振奋，高呼"进军柏林"的人群也很普遍，
但忧郁沮丧的情绪在 1914 年还是普遍存在的。在当时的报道中最

常出现的字眼是"惊恐""眼泪""悲伤"和"顺从"。在城市里，人们的情绪更加好战，但他们也见证了最大规模的反战示威游行。36 个省都曾发生过大大小小的反战集会；最大的一次集会发生蒙吕松（Montluçon），吸引了大约 3 万人参加。最终，这种反对毫无结果，拒绝征召的人数比例约为 1.5%，与 1940 年大致相同。[10]贝克尔指出，即使当战争开始进行的时候，在最初的几天里，法军的士气也"极其脆弱……有点像阵阵狂风中的风向标"。正如我们在讨论 1940 年的"大逃亡"时所指出的那样，1914 年 8 月，随着德军逼近巴黎，政府逃往波尔多，士气跌到了低谷。至于 1914 年时法军的作战能力，在秋天时有人说以法国南部部队为主力的 15 军团是极其不可靠的。后来在普罗旺斯建立了许多纪念碑，以维护 15 军团的名誉。这一说法的可靠性值得怀疑，但可以肯定的是，1914 年时法军士气确实有非常不可靠的情况。

1914 年的政治形势又如何呢？人们一定不能低估 1914 年前十年阶级冲突的激烈程度，在这十年里，罢工活动频发。20 世纪初爆发了一场工会运动，这场工会运动至少在理论上是致力于革命工团主义和反军国主义。1914 年大选时的主要议题之一就是从 1913 年开始实施的三年兵役制。在那次选举中获胜的左翼政党承诺要废止这项法律，但战争的爆发又阻止了他们这样做。政府对左翼的反战情绪感到非常害怕，就列了一份名单，上面大约有 2500 名工会积极分子和其他人，计划在战争爆发时将他们逮捕。

就政治领导层的比较而言，迪罗塞尔评论说，1939 年勒布伦和达拉第的领导团队在质量上几乎无法与普恩加莱和克列孟梭的团队相比，[11] 他忘记了一点，那就是普恩加莱和克列孟梭的团队直到

1917 年 11 月才组建，那时距离开战已过去三年多了。1914 年时的总理是无能的勒内·维维亚尼，他一直处于精神崩溃的边缘；总统普恩加莱左右政策的机会也非常有限；而克列孟梭又拒绝加入并非由他领导的政府。如果与维维亚尼相比，达拉第和雷诺几乎是能和拿破仑一世相提并论的人物了；在整个 7 月，欧洲走向深渊之时，维维亚尼主要关注的却是审判法国一位政界要人的妻子约瑟夫·卡约（Joseph Caillaux）夫人，她在几个月前枪杀了一名报社编辑。1914 年政治团结的程度确实比 1939 年时更高，但也有很多诽谤和内讧。

就盟国之间的关系而言，我们已经看到协调体系在 1939 年迅速建立起来，这比 1914 年时要快很多，在 1914 年，这样的协调体系几乎就不存在。当然，这种体系并不能保证盟国之间的关系就一定是友好的，而且我们已经看到这种关系往往并不怎么样。1914 年时的英国远征军司令弗伦奇将军和法国第 2 军司令朗勒扎克（Lanrezac）将军之间的关系，与 1940 年时戈特和布朗夏尔或魏刚之间的关系一样糟糕。1914 年 8 月 17 日，弗伦奇和朗勒扎克初次见面，尽管谁也讲不了几句对方的语言，但为了保密，当时并没有译员在场。弗伦奇想问德军是否会从于伊（Huy）横渡默兹河，但这个拗口的名字却难住了他，几乎需要吹口哨才能说出来。最后，他终于说出了这个词，恼怒的朗勒扎克答道：“告诉元帅，在我看来，德国人只是去默兹河钓钓鱼而已。”这在很大程度上为将来定下了调子。[12] 无处不在的斯皮尔斯是两军的联络官，他说朗勒扎克“总是倾向于撤退而不是战斗”，这表明他尖刻的评论技巧已经得到了很好的磨炼。虽然盟军确实学着互相配合，但黑格和贝当在 1918

年时的关系可谓是糟糕透顶，到 1940 年贝当对此还耿耿于怀。

就军事计划而言，霞飞在 1914 年那份臭名昭著的第 17 号作战计划，其中包括对洛林的进攻，与 1940 年时的 D 计划一样遭遇了惨败。霞飞完全误解了德军的意图，而且与 1940 年时的甘末林相比，他更晚意识到这个严重的错误。法国总参谋部在 1914 年时对现代战争基本特征的理解完全和 1940 年时一样糟糕。英国军事作家富勒形容霞飞是一个"在战术上发了疯的拿破仑"。错的还不只是霞飞。24 岁的戴高乐中尉在 1914 年 9 月写道："所有那些负伤的军官都一致认为造成我们早期的缺点……不足……的深刻原因是，太多的师长和准将都不知道如何配合使用各种武器。"那年夏天，霞飞不得不解除了很多将军的职务，他给法语新创了"limoger"（免职）这个词［那些遭贬谪的将军们被流放到里摩日（Limoges），斯皮尔斯告诉我们，在那里，"据说忧郁的他们要一起打桥牌来消磨时间"］。最后需要指出的是，1914 年时，法国的武器严重落后，特别是大炮。法国 1938 年的军费开支实际是 1913 年的 2.6 倍。

总之，法国在 1914 年时的战争准备不如 1939 年。但由于马恩河战役的胜利，法国在 1914 年还是有时间去适应战争的。这场战役的胜利首先可以用德军的一个失误来解释，当时冯·克鲁克（von Kluck）一路突进，直逼巴黎东部，这就使他的侧翼暴露在法军的兵锋之下；其次也可能有俄国同盟的因素：1914 年 8 月 25 日，冯·毛奇把六个军团调往了东线。1940 年时没有苏联同盟，而且除了希特勒 5 月 24 日的"休止令"外，德国再也没有其他失误。"休止令"是一次严重的误判，英国趁机救下了大部分英国远征军，然而却没怎么帮助法军。

假设二：英国的辉煌岁月

即使法国在 1914 年时的战争准备确实比 1939 年做得好，那也有理由认为，在 1914 年时法国的诸多不足很快就被克服了，而在 1939 年，法国的局势却在假战争期间恶化了。在这 8 个月里，法国经历了政治斗争、民心士气低落以及军备生产等问题。如果要把法国的这次战败与政治和社会状况联系起来的话，那么与其看第三共和国在最后几年的整体状况，不如就看假战争期间的具体情况，这样更能令人信服。加拿大历史学家塔尔博特·伊姆利因此提出了一种介于"颓废派"和"修正派"之间的带有提示性的中间立场。尽管他不接受战争一旦爆发法国就注定失败的观点，但他认为法国战败不仅仅是一连串军事失误的结果，而是由于法国政治领导人未能在假战争期间抓住机会而导致的。按照这种观点，法国的战败与其说是由长期的结构性缺陷造成的，不如说是假战争时期一些同时出现的问题造成的。在德国进攻的前几天，雷诺政府深陷政治危机，而重整军备的努力也因慕尼黑会议后采取的自由经济政策而受到阻碍。之所以采取这些政策，本身就是出于争取保守派支持的需要，然而事实上这并没有改变许多保守党人对这场战争明显表现出的冷淡态度。简而言之，政治和经济因素把政府拉向了截然相反的方向。按照这种解释，雷诺主张的类似高加索行动的计划就是绝望的征兆，是为了在法国注定失败之前能够摆脱国内困境而做的努力。

为了使他的观点更有说服力，伊姆利把法国在假战争时期的不足与英国所执行的更有成效的政策作了对比。然而，把战败与法国在假战争时期的困难联系起来所带来的问题是，这实际上也会凸显英国在假战争时期（许多人直截了当地称之为"恼人的战争"）遇到的许多类似的困难。如果我们暂时做第二个假设——1940年英国战败，那就不难证明这一事件的必然性。

先从宣传说起，人们普遍认为英国在战争最初几个月的表现就是一场灾难，和季洛杜在法国的努力一样糟糕。首任新闻部长麦克米伦（Macmillan）勋爵软弱无能，1940年1月被英国广播公司（BBC）前总裁里思（Reith）勋爵取代。结果里思本人也没能取得更大的成功，1940年5月就被调离。一张政府海报造成了特别坏的影响，上面写着："**你们**的勇气，**你们**的乐观，**你们**的决心将给我们带来胜利。"试图监控舆论的"大众观察"（Mass Observation）组织发现，人们对"你们"和"我们"之间的区分感到气愤，感觉好像普通人是被要求为他们的领袖而牺牲自己。[13] 然而，说到宣传，最该批评的是英国广播公司，其广播节目听起来枯燥乏味、毫无新意。许多人都收听汉堡广播电台的威廉·乔伊斯（William Joyce）的节目，他就是人们熟知的"哈哈勋爵"，以前是奥斯瓦尔德·莫斯利（Oswald Mosley）建立的英国法西斯联盟（BUF）的成员之一。英国广播公司听众研究部在1940年1月发现，30%的人都听他的广播。那些听过"哈哈勋爵"广播的人纷纷散布谣言，这引起了新闻部的高度关注。到了3月，这股新鲜劲很快就过去了，尽管只有三分之一的人说他们从没听过"哈哈勋爵"的广播，但经常听他广播的人也就只剩六分之一。"哈哈勋爵现象"曾一度引起英国当局的不安，就像保罗·费尔多内在斯图加特电台的广播同样引起法国的不安一样。如果说人们记忆中的费尔多内是一个有点阴险的人，而"哈哈勋爵"则是一个有点荒唐可笑的人，这也是受后来所发生的一系列事件的影响。

　　在假战争时期，英国的民心士气并不比法国强多少。一位历史学家认为，在 1939 年 9 月至 1940 年 5 月，英国民众的士气可能比战争时期的其他任何时候都要低落。[15]"大众观察"在 1940 年结束了对这一问题的研究，报告如下：

　　　　在这个国家有一种强烈的感觉，认为这场该死的战争不值得再继续打下去……回顾起来，我们可以察觉希特勒在这场战争中赢得了第一轮的胜利。他能够给自己的人民带来一则取得完胜的故事，那就是波兰，但他也让数百万人感到不知所措。迷惘是怀疑的第一步。

　　1940 年 10 月 5 日，社会主义知识分子比阿特丽斯·韦伯（Beatrice Webb）在日记中写道："跟我交谈过的人看起来完全不知所措，个个垂头丧气的，比起上次战争刚开始的时候可差远了。他们对这场战争没有丝毫热情，最多是一种麻木的顺从。"[16]对那些为结束战争而积极游说的团体来说，这一切都令人鼓舞。在两次世界大战之间的岁月里，存在着这样一种强烈的感觉，认为德国在《凡尔赛条约》上受到了不公正的对待，这种感觉在 1939 年还依然存在。20 世纪 30 年代中期，希特勒后来的外交部部长里宾特洛甫先后以非官方使节和大使的身份访问了伦敦，这助长了英国社会的亲德情绪。里宾特洛甫在伦敦努力扮演着怂恿者的角色，这和奥托·阿贝茨在巴黎扮演的角色一样。与彬彬有礼的阿贝茨不同的是，里宾特洛甫很粗俗，这无疑让许多英国上层人士心生反感，但他也并非一无是处。他在增加人们对战争的恐惧和反共这两方面都发挥了作用。《每日邮报》（*Daily Mail*）的老板罗瑟米尔（Rothermere）勋爵就是一个狂热的反共分子。他开始在匈牙利中部购置庄园，准备万一革命爆发就可以去那儿避难。罗瑟米尔还在1934年12月拜访了希特勒。和阿贝茨相同的是，里宾特洛甫也充分利用了退伍军人的战友情谊以及他们对战争的仇恨。1935年7月，他组织英国皇家军团领导人访问了德国。阿贝茨成立的法德委员会（Comité Franco-Allemande）相当于德英共同体（Deutsch-Englische Gesellschaft）这个组织。比这更重要的是由里宾特洛甫的朋友、商人银行家欧内斯特·坦南特（Ernest Tennant）创建的英德联谊会。这个协会得到了商界人士的大量支持。

20世纪30年代拜访过希特勒的众多英国知名人士有：和平主义者赫特伍德的艾伦（Allen）勋爵（1935年1月），和平主义者、自由党贵族洛锡安（Lothian）勋爵（1935年1月和1935年4月），前首相大卫·劳合·乔治（David Lloyd George）（1936年），前工党领袖乔治·兰斯伯里（George Lansbury）（1937年4月），以及温莎公爵夫妇（1937年10月）。巴克卢（Buccleuch）公爵和布罗克特（Brockett）勋爵是两个特别狂热的希特勒崇拜者，他们都曾是保守党议员，也都在1939年参加了希特勒的50岁生日庆典。

到1939年，除了极端和平主义者和纳粹的铁杆支持组织外，这些人大多对希特勒已经不再抱有什么幻想。纳粹的铁杆支持组织包括：由残疾军人C. E. 卡罗尔（C. E. Carroll）主编的《英德评论》（*The Anglo-German Review*），其发行量约为1.2万份；由前海军情报局局长海军上将巴里·多姆维尔（Barry Domvile）爵士于1937

年创建的"纽带"（The Link），该组织到 1939 年时拥有约 4300
名成员；由威廉·乔伊斯和约翰·贝克特（John Beckett）创建的
国家社会主义联盟（National Socialist League），这两人都曾是英
国法西斯联盟成员。更鲜为人知的还有 1939 年 4 月成立的英国人
民党（British People's Party）；北欧联盟（Nordic League），其领
导人之一在 1939 年宣称他的使命是"传布仇恨犹太人的福音"；
以及以威灵顿（Wellington）公爵为主席的自由恢复联盟（Liberty
Restoration League）。在 1939 年 5 月的一次英国人民党会议上，
一位发言的人问道："为什么要牺牲英国人的生命去阻止德国城市
但泽回归德国？"[17] 鼓吹这些狂热团体的重要性显然是很荒谬的，
但不能忘记的一点是，即使是在法国，那些最极端的亲纳粹分子也
大多都在 1939 年 3 月后感到后悔或者一下子沉寂下来。如果说马
塞尔·戴特写的《你真想为但泽而死吗？》这篇文章在历史书中的
记载比英国人民党的演讲还要多，那是因为戴特后来在战争中的活
动。这篇文章在当时基本上没有得到重视，只证明了戴特的孤立
状态。

　　假战争期间，英国许多积极支持和平的人士继续展开游说。
他们积极游说上议院议员，其中包括威斯敏斯特（Westminster）
公爵、伦敦德里（Londonderry）勋爵、巴克卢公爵、塔维斯托克
（Tavistock）勋爵［1940 年继承了贝德福德（Bedford）公爵爵位］、
里兹代尔（Redesdale）勋爵［臭名昭著的米特福德（Mitford）姐
妹之父，其中一个女儿——戴安娜（Diana）嫁给了奥斯瓦尔德·莫
斯利，另一个女儿——尤妮蒂（Unity）爱上了希特勒，1940 年时
试图自杀］、布罗克特勋爵、莫蒂斯通（Mottistone）勋爵、加洛

韦（Galloway）伯爵和马尔（Mar）伯爵。这些都是右翼人物，甚至是极右人物，有的还曾是英德联谊会或"纽带"的成员。还有一些贵族，他们更多的是受到了对和平的承诺的鼓舞，而不是法西斯主义的诱惑。这些人包括前工党议员阿诺德（Arnold）勋爵、前工党议员庞森比（Ponsonby）勋爵和工党终身和平主义者诺埃尔－巴克斯顿（Noel-Buxton）勋爵。9月11日，反战的贵族在威斯敏斯特公爵庄园举行会议；一些议员还参加了一周后的另一次会议。正如贝当的第一届维希政府中军方代表比1832年苏尔特（Soult）元帅以来的任何法国政府的都要多，此时英国政府中的贵族代表可能也比自1776年格拉夫顿（Grafton）公爵以来的任何其他政府都要多。

下议院也有一些支持和平的右翼人士。其中有几个是秘密的"右翼俱乐部"（Right Club）的成员，这个俱乐部是在1939年5月由议员阿奇博尔德·拉姆齐（Archibald Ramsay）上尉成立的，旨在肃清犹太人所控制的保守主义。这个团体有11名议员。比这些右翼极端分子更重要的是由特立独行的工党议员理查德·斯托克斯（Richard Stokes）组织的"议会和平目标团"（Parliamentary Peace Aims Group）。这个团体由约30名议员（大多是工党成员）和10名贵族组成，每周举行一次会议。他们敦促政府寻求通过谈判实现和平的可能性。这些人和那些声称与德国政府内的温和派有联系的调停人来往密切。1940年1月，斯托克斯在伊斯坦布尔会见了德国大使冯·帕彭（von Papen）。塔维斯托克勋爵也在1月与哈利法克斯进行会面，并声称他已经通过德国驻都柏林大使馆与德国领导人进行了秘密接触。其他人则与戈林在瑞士的代理人马克斯·冯·霍恩洛厄（Max von Hohenlohe）亲王有过接触。还有一位不知疲倦的调停人——瑞典商人比尔格·达勒鲁斯（Birger Dahlerus），他也声称自己有特权接触到戈林。亚历山大·卡多根形容达勒鲁斯"就像野餐时蹦上的一只黄蜂——谁也赶不走他"。[18]

"黄蜂"是不太致命的，从卡多根那轻蔑的评论可以看出，政府根本就没有太过在意这些。在那些支持和平的贵族中，没有一个是第一等级的政治人物，甚至连第三等级的也没有。他们与极端右翼组织有联系，而这些组织在国内就没什么拥护者。卡多根认为，没有理由阻止塔维斯托克勋爵那个"傻瓜"在1940年2月出版一本小册子来概述他的观点，因为质疑他观点的最佳方式是让他表达自己的观点。至于那些支持谈判的下议院议员，他们只是一个孤立的小团体。尽管如此，因为国内肯定有一些拥护者赞成调解的想法，所以也不能就认为它们完全不重要而不予考虑。和平主义在战争爆发时仍有相当多的支持者。最大的反战组织"和平宣言联盟"（Peace Pledge Union）在1939年9月拥有约13.6万名成员。女权主义者和社会主义者维拉·布里顿（Vera Brittain）是主要成员之一，她在整个战争期间一直不屈不挠地坚持宣传和平主义思想。她每周发表《致和平爱好者的信》（*Letter to Peace Lovers*），这是一份周刊，订户有2000多人。1939年10月7日，乔治·萧伯纳（George Bernard Shaw）给《新政治家》（*The New Statesman*）写信表达了他的和平主张（这让法国的马克·布洛赫感到震惊）。在随后的几周，大量信件纷至沓来。在下一期中，包括克莱夫·贝尔（Clive Bell）、维拉·布里顿和约翰·米德尔顿·默里（John Middleton Murry）在内的17位知识分子纷纷在一封支持信上签了名。国家和平委员会的成员，包括非常受欢迎的哲学家西里尔·乔德（Cyril Joad）、社会主义知识分子 G. D. H. 科尔（G. D. H. Cole）、女演员西比尔·桑代克（Sybil Thorndike）和演员约翰·吉尔古德（John Gielgud）纷纷写信给张伯伦，敦促他"酌情考虑"中立国提出的和平提议。和平主义观点也得到了一些主要教职人员的支持，其中包括奇切斯特（Chichester）、萨瑟克（Southwark）和伯明翰（Birmingham）的主教。然而，反对这场战争的不仅是和平主义者。1940 年 3 月，颇有影响力的军事专家巴兹尔·利德尔·哈特认为，英国应该"尽快达成最好的协议条款"，"战败不可能避免"。为此，利德尔·哈特反对这场战争，他担心德国的彻底失败将导致苏联对欧洲大陆的统治，并认为希特勒本质上是一个通情达理的政治家。[19]

哈罗德·尼科尔森议员是这场战争的热情支持者，他对自己遇到的许多持失败主义观点的同僚而深感忧虑。他察觉到一种"幻灭和抱怨"的气氛，把这种气氛与法国的气氛作了消极的比较。1939 年 10 月底他访问法国时，在会见了众多法国政界要人后，做出了这样的评论："所有这些谈话都让我相信，在伦敦的我们太悲观了，而这些人对胜利有绝对把握。"[20] 鉴于后来发生的事，尼科尔森的话似乎有些好笑，甚至有些荒唐，但事实上，为争取和平而积极游说的法国议员的人数并不比同样游说的英国议员多多少："议会联络委员会"大约有 15 人反对战争，还有 22 人在 9 月 3 日的一项提议上签了字，呼吁成立一个秘密委员会讨论战争借款问题。当然，像弗朗丹和赖伐尔这样的人物肯定比"议会和平目标团"的成员更有影响力，而且，法国的主和派在政府内部也有像德·蒙齐和博内这样的支持者。但即使在英国，也有一些重要的政治人物，他们虽然不是主和派，却随时准备在适当的情况下支持议和。其中最主要的就是劳合·乔治，1936 年他与希特勒的那次会面，令他对希特勒印象深刻。1939 年 10 月，劳合·乔治在下议院发言支持与德国谈判。此后，他就沉默了，但"议会和平目标团"始终和他保持着联系，他在等待时机。1940 年 1 月，他对报社编辑休·卡德利普（Hugh Cudlipp）说："我们将输掉这场战争。"[21]

另一个似乎准备在某个阶段打出和平牌的人物是报业巨头比弗布鲁克（Beaverbrook）勋爵。3 月 3 日，他邀请了三位左翼独立工党（ILP）中的主要的和平运动活动家共进晚餐，并表示他将支持他们的和平呼吁。英国外交部在得知这一消息后报告说，比弗布鲁克"还以为举国上下都会支持通过谈判实现和平"。1941 年，此事被披露，令比弗布鲁克极为难堪的是，当时他还是丘吉尔的战时内阁成员。

和法国一样，英国也有一些政府成员对战争的投入热情并不高。其中可能就有内维尔·张伯伦首相，他对希特勒占领布拉格的最初反应是继续奉行绥靖政策。最终他的外交大臣哈利法克斯勋爵出面，才使他相信必须放弃这一政策。但在宣战前的几个月里，他和他的亲密顾问贺拉斯·威尔逊（Horace Wilson）爵士显然没有完全放弃希望，他们认为只要做出最后让步，可能就足以阻止希特勒。另一个对参战明显感到不满的政府成员是外交部副国务大臣 R. A. 巴特勒（R. A. Butler）。7 月，他认为英国应该施加影响让波兰人更顺从地接受德国的要求。1940 年 3 月，当罗斯福的特使萨姆纳·威尔斯（Sumner Welles）在欧洲寻求和平的可能时，巴特勒对外交大臣哈利法克斯勋爵说，他不会"排除停战的可能性，如果墨索里尼、教皇和罗斯福介入的话"。哈利法克斯回答说："你真大胆……但我同意你的看法。"[22]

5月10日，温斯顿·丘吉尔接替内维尔·张伯伦担任首相。与法国的比较难道必须就此打住吗？历史告诉我们，丘吉尔正是法国非常缺乏的那种伟大的战争领袖。他不是保罗·雷诺，而是1940年的克列孟梭。正如达拉第的传记作者伊丽莎白·德·雷奥（Elizabeth de Réau）评论的那样："保罗·雷诺未能成功地建立起一个真正的战时内阁，而丘吉尔后来建立了一个这样的内阁。"[23]然而，人们还是有可能因为停留在对过去的认识上而蒙蔽了自己的感知。

1940年时，丘吉尔的地位还很不稳固。和雷诺一样，他也是一个特立独行的人，因他的冲动和野心而备受怀疑；和雷诺一样，他实际上是一个没有党派支持的人。保守党内部对丘吉尔的怀疑最多。戴维森（Davidson）勋爵在给斯坦利·鲍德温（Stanley Baldwin）的信中写道："保守党不信任温斯顿。"他不被信任，因为他"头脑混乱"（哈利法克斯），因为他"做事不能全力以赴"（张伯伦），因为他总是"不着边际、不切实际，还多愁善感、喜怒无常"（卡多根）。张伯伦的私人秘书约翰·科尔维尔（John Colville）认为"温斯顿将彻底失败"。人们尤其不信任他的随从，通常称他们为"匪徒"。张伯伦的议会私人秘书亚历克·道格拉斯（Alec Dunglass），也就是后来的首相亚力克·道格拉斯·霍姆（Alec Douglas Home），认为"温斯顿身边的那些人都是一群败类"。保守党议员"薯条"钱农忠于张伯伦，他在日记中写道：1940年5月10日，丘吉尔取代张伯伦，"这也许是英国历史上最黑暗的一天"。那天晚上，他与巴特勒、道格拉斯以及科尔维尔共同举起香槟酒为"水上之王"（即张伯伦）干杯。丘吉尔第一次以首相身份进入下议院的那天，保守党为张伯伦欢呼的声音远远高于为他欢呼的声音。整个5月，丘吉尔一直受到保守党议员的冷遇。这开始造成一种不好的印象，特别是在美国记者中，他们认为保守党的官员着手为他组织了一个更热情的招待会。[24]

　　由于这些原因，丘吉尔上台时的政治地位还很弱，故而离不开以前那些"绥靖派"的帮助。除了增加了一些工党成员外，其政府组成与上届相比并无二致。其战时内阁的五名成员中就有张伯伦和哈利法克斯。唯一被解职的头面人物是张伯伦的效忠者塞缪尔·霍尔（Samuel Hoare）爵士。他因1935年作为《霍尔－赖伐尔协定》的签字人而闻名。他去职后，被派往马德里担任大使。这可把卡多根高兴坏了，他认为霍尔是"英格兰的卖国贼"。令他感到安慰的是，"在马德里有很多德国人和意大利人，因此，（霍尔）很有可能被谋杀！"[25]

　　5月26—28日，内阁就是否有可能通过与意大利商谈来探寻德国的和平条件而展开激烈辩论。丘吉尔的地位还不够稳固，无法阻止这场辩论。这些讨论是在魏刚制定的反攻计划遭到失败的大背景下发生的。期间，英国内阁召开了五次会议来讨论这个问题。哈利法克斯赞成弄清楚德国人可能会提出什么样的条件，他说："如果……我们可以得到不以破坏英国独立为前提的条件，那么不接受这些条件，我们就是傻瓜。"讨论尤为激烈，哈利法克斯开始考虑辞职。他认为"温斯顿说的都是一派胡言"。

　　最终，哈利法克斯的提议被否决了。法国人被告知英国人不会与意大利人接触。丘吉尔成功地让内阁相信，哈利法克斯的提议是"滑向深渊的斜坡"。然而，如果把英国政府内部的辩论说成是一个竭力想议和的"失败主义者"哈利法克斯和一个准备战斗到底的"坚定的"丘吉尔之间的较量，那就错了。在法国发生的种种事件的背景下，如果英国政府不考虑其今后对战争的立场，那将是不负责任的。在反对哈利法克斯的时候，丘吉尔本人并未放弃有一天会跟德国商谈和平条件的可能性，他说："也许会有一天，我们会意识到必须结束这场冲突，但那时的条件不会比现在给我们的那些条件更为致命。"丘吉尔认为，一旦英国表明准备继续战斗，而且也开始这么做了，那么与现在的弱势状况相比，英国提出一些有利于自己的条件要更容易一些。另一方面，对哈利法克斯来说，在法国完全崩溃之前得到的和平条件可能比其崩溃之后得到的条件更加有利。他和丘吉尔一样不愿意接受任何违背英国"独立"的条件，但对"独立"的定义可能不那么严格。

　　然而，就连丘吉尔也准备同意"恢复德国的殖民地以及它在中欧的霸主地位"，但"决不"允许"德国统治欧洲"。根据张伯伦的说法，丘吉尔甚至还说"如果放弃马耳他、直布罗陀和一些非洲殖民地就能让我们摆脱困境，他也会欣然接受"。但他并不认为事态会如此发展。然而，尽管丘吉尔并不接受主动去询问议和条件这个想法，但如果把这些条件告诉他，他也"愿意考虑它们"。因此，鉴于丘吉尔在1943年1月采取了"无条件投降"政策，哈利法克斯和丘吉尔之间的区别也没有想象中的那么明显。在1940年，这是一个漫长的过程。[26]

　　当然，丘吉尔在1940年可能采取了一种更温和的立场，并将此作为取得哈利法克斯继续支持的一种策略。同样，为了能赢得内阁支持谈判，哈利法克斯也没有着重强调自己对和平的承诺，希望一旦政府走上和谈这条道路，就难以再回头了。这正是肖当在提议雷诺同意寻求停战条件时使用的阴险策略。另一种观点是，哈利法克斯只是为了不给法国任何指责的理由才支持进行和平试探的想法。

无论辩论中隐含的策略是什么，有一点是肯定的，那就是：1940 年 5 月底，英国政府已经认真地把寻求和平可能性的想法提上了日程，尽管以后再也没有进行过像这样高层次的讨论或者如此集中的讨论。在 1940 年的大部分时间里，保守党还是以怀疑的眼光看待丘吉尔。丘吉尔在下议院发表著名的演讲《最辉煌的岁月》那天，工党议员兼大臣休·道尔顿（Hugh Dalton）指出："值得注意的是，工党为他欢呼的声音比保守党支持者的声音要大得多。后者的相对沉默被一些人认为是不祥之兆。"[27] 在敦刻尔克大撤退之后，一场针对所谓"有罪之人"的新闻运动爆发了，这些人以前都是绥靖派，其中很多人仍在政府任职。丘吉尔对此十分担心。他召集了各路新闻界巨头，让他们停止这场运动，"如果丘吉尔肆意践踏这些人，这些人就会与他作对，如此自相倾轧无疑只会便宜了德国人"[28]。就连丘吉尔的崇拜者也对他心存疑虑。报业老板塞西尔·金（Cecil King）就是其中之一，他在 6 月 18 日听到丘吉尔的广播讲话时感觉到失望："几句结结巴巴的话……在本应发表他一生中最精彩的演讲的时候，他却做了可能是最糟糕的一次演讲。"[29]

丘吉尔觉得自己还处于弱势地位，为了不让自己成为众矢之的，他试图劝诱劳合·乔治加入他的政府。6 月底时就有传言说，劳合·乔治希望成为英国的贝当。但是劳合·乔治断然拒绝了所有的邀请，他在 6 月对一位来访者说，希特勒是"自拿破仑以来欧洲最伟大的人物，甚至可能比拿破仑还要伟大"。他在 10 月份对他的秘书说："我会等到温斯顿下台。"即使在政府内部，也仍有人没有完全放弃可能使国家摆脱这场战争的希望。6 月 17 日，巴特勒在伦敦与瑞典大臣比约恩·普里茨（Björn Prytz）举行了会谈。据普里茨讲，巴特勒对他说"不会放过任何能达成和解的机会"，还说"为此决不允许任何'顽固分子'碍手碍脚"，并转达了据说是哈利法克斯的一句话，说左右英国政策的应该是"常识，而非虚张声势"。巴特勒即兴发表的言论备受重视，超乎了他的预想；很快，英国外交部就被迫向瑞典政府保证，英国政府的政策不会改变。丘吉尔警告哈利法克斯说，巴特勒的"反常言论"给瑞典人一种"强烈的失败主义的印象"。巴特勒本人也递交了辞呈，同意自己"应该更谨慎些"[30]。

巴特勒真诚的声明得到了认可，他的话很可能在某种程度上被曲解了。巴特勒不过是政府的一个小职员，但在 7 月初，当教皇提出和平建议时，卡多根指出，"那个老糊涂 H（哈利法克斯）显然渴望那些建议。"据说，7 月初，在马德里的霍尔"极力主张妥协"。希特勒 7 月 19 日发表讲话后，长期拥护绥靖政策的驻华盛顿大使洛锡安勋爵自告奋勇，通过一位美国贵格会（Quakers）教徒作中间人，去问询了德国可能提出的和平条件。7 月 22 日，据传他声称德国的条件"非常令人满意"[31]。

然而，丘吉尔压根儿就不相信任何此类谣传。到年底时，他的政治地位得到了巩固。内维尔·张伯伦在秋天被诊断出患有癌症，丘吉尔便接替他成为保守党领袖。12 月，洛锡安勋爵突然去世，丘吉尔趁机免了哈利法克斯的职务，把他派到了华盛顿（这个职位起初是留给劳合·乔治的）。外交大臣哈利法克斯被长期以来的"反绥靖派"安东尼·艾登（Anthony Eden）所取代。1940年底，英国军队在北非战场战胜意大利军队，这进一步增强了丘吉尔的信心。1941年5月，劳合·乔治在议会发表了略显悲观的演讲，丘吉尔觉得没有必要去安抚他。他如此评价劳合·乔治的讲话："我认为，在保罗·雷诺先生的内阁快要垮台的那段日子，德高望重的贝当元帅很可能用了这些话来活跃一下气氛。"

如果说1940年是丘吉尔最辉煌的岁月，那么这也是他最艰难的一段岁月。只是到了后来，由于不列颠之战的胜利，它才呈现出如此辉煌的色彩。丘吉尔这个神话是胜利的结果，而不是胜利的原因。胜利的主要原因是地理上的：英吉利海峡是入侵英伦三岛的主要障碍。希特勒在准备入侵计划时，也没有认真制定过任何克服这一障碍的计划。希特勒没料到法国这么快就战败了，他相信法国战败后英国人就会求和。直到7月16日他才发布了代号为"海狮行动"的入侵命令。由于陆军没有登陆艇，为入侵铺平道路的重任就落在纳粹德国空军（Luftwaffe）头上。但起初组建纳粹德国空军的目的并不是承担敌后轰炸等这样战略性任务。因此，在这场希特勒并未全身心投入的战斗中，德军的胜算很小。他的心思已经转向了苏联。9月17日，希特勒决定无限期推迟入侵英国。

这并不是说丘吉尔的领导对这场胜利没有一点儿作用。他一当上首相，就成功激发了政府的活力，也鼓舞了人民，而法国的雷诺显然没有做到这一点。1940年8月进行的一次民意调查显示，88%的英国人赞成丘吉尔的领导。即便如此，人们也必须警惕，不要把丘吉尔的言辞赋加以未必在当时就有的光环。回想起来，他那低沉沙哑的声音似乎体现了英国人在1940年时的战斗精神，哈利法克斯称他说话时"散发出波特酒、白兰地和嚼过的雪茄的气味"[32]。至于那些演讲对普通民众的影响，丘吉尔在1940年作为首相发表的演讲中，人们直接听到的只有广播过的五次。他的多数演讲只有下议院的那些议员们才能听到。的确，即使在丘吉尔的崇拜者看来，他那华而不实的言语在几个月前还显得既保守又可笑，现在却破天荒地突然就迎合了国民的情绪，但如果德军成功入侵（当然这不大可能），那么再回过头看，丘吉尔说的那些关于海滩作战的令人振奋的话语，就和雷诺在1940年时说的"我们会胜利的，因为我们是最强的"这句经常遭到嘲笑的话语一样荒谬。正是由于战败，雷诺的言辞才显得如此空洞。

丘吉尔的演讲对士气产生了多大的影响？这很难估计，正如很难估计士气对胜利的影响一样。舆论瞬息万变。英国在宣传时把敦刻尔克大撤退说成是一种胜利，并成功地掩盖了这样一个事实：那些撤回来的士兵一开始情绪很差，在接他们回英国的火车上，许多士兵把他们的装备扔出了车窗。通过跟踪整个战争期间的士气情况，新闻部的结论是，士气的高低取决于军事胜利的大小。的确，在整个战争期间，英军的士气不断地引发各种问题。亚当（Adam）将军在1945年1月访问意大利时就发现高级指挥官"不时受到士兵开小差的困扰"。1942年，两个英国陆军训练中心发现，大多数新兵"对战争缺乏热情和兴趣，而且还流露出对战争相关问题的无知"。那些在1940年第一次经历斯图卡轰炸机轰炸的英国士兵和法国士兵一样恐慌。一名步兵写道："斯图卡轰炸机的攻击……

简直无法形容，没有经历过这些的人完全不能理解。光是那噪音就足以把你吓瘫，还算清醒的大脑让你确信，这一架架的飞机都是冲着你来的。"总之，英国军队和法国军队的士气都不稳定，而且不同的部队情况不同，士气也各不相同。必须要看清现象背后的现实，而不能单纯根据这种不断波动的现象，就对法国或英国的社会状况妄下断言。[33]

无论是说 1914 年法国败了，还是说 1940 年英国败了，这些假设的猜测都不能推导得太过。法国在 1939 年时的政治分歧，肯定比 1914 年或者 1940 年时的英国还要严重。张伯伦对继任者丘吉尔的忠诚与达拉第对雷纳的卑劣行径形成了鲜明对比。雷诺和达拉第之间的矛盾冲突与保守派对布鲁姆的仇恨比起来，根本就算不上什么。这也使得雷诺不可能考虑让布鲁姆进入他的政府，尽管他们两人的关系非常好。1940 年 4 月中旬，丘吉尔访问巴黎时曾拒绝与布鲁姆进行密谈，他说："巴黎的某些阶层痛恨我们对布鲁姆的关爱备至。"这个事实让英国大使坎贝尔颇为尴尬。坎贝尔本想能与布鲁姆保持经常性的联络，但他不得不"刻意回避"，因为在他需要保持良好关系的沙龙里都在说大使馆很"赤色"。几周后，坎贝尔报告说，有传言说要成立一个由所有前总理组成的民族团结政府，却碰到了"布鲁姆问题"，他说："真想不到怎么会处处都碰到这个问题！"[34] 这使任何领导人都很难达成丘吉尔在 1940 年 5月之后能够达成的那种政治和社会共识。

让工党的主要大臣加入丘吉尔政府是为了巩固这一共识，而且他们也为后来英国战时经济作出了重要贡献。但即便如此，两国之间的对比也不能太过鲜明。即使法国工人阶级果真像表面上那样愤懑、那样敌对，也很难证明这对生产会有任何影响。在某些方面，法国的战时经济并不如英国，但雷诺在担任财政部长时采取的反通货膨胀政策是勇敢而又明智的。法国在假战争期间的许多生产问题大都是由于动员时的失误而造成的，而由此带来的影响也正被逐渐克服。战时经济的管理并不是只有一种"正确"的方式。两国都在摸索最有效的政策。

但即使人们承认法国的战争努力在假战争时期确实遇到了问题，那也很难把这些问题与1940年法国的战败直接联系起来。如果这些问题没有得到解决，那很有可能就是致命的，但我们对此无从知晓，因为法国没能拖到长期战争，就已经输掉了这场短期战争。即使是那些认为法国在1940年已经从根本上出现问题的人，也很难证明这些问题和短短6周的战斗有什么联系。他们只能说，法国就像一场暴力谋杀的受害者，后来被发现早就患上了绝症，但他们并不能证明绝症就是造成死亡的原因。法国战败首先是一次军事上的失败，失败来得如此迅速、如此彻底，因而其他因素都没来得及发挥作用。

山的那一边：德国

回答法国为什么战败这个问题，一种方式是审视德国的优势，而不是专注于法国的弱点。从长远来看，法国自19世纪中叶以来明显在走下坡路，在经济和人口方面都被德国迅速赶超。那么，也许我们应该问的不是法国为什么会在1940年或者1870—1871年战

败了，而是为什么它会在 1914—1918 年打赢了。正如法国外交官
朱尔斯·康邦（Jules Cambon）在 1921 年向一位同僚透露的那样，
"年轻人，记住这一点：在不久的将来，就算法国想顺利地进入她
所属的二等强国之列，也会是件难事。"[35]

　　法国在 1918 年的胜利仅仅是由于它的盟友。法国领导人知道
这次胜利是暂时的，是依靠外力取得的。福煦元帅颇有先见之明地
把 1918 年的停战协议称为 20 年的停战期。《凡尔赛条约》试图将
法国在战后暂时的主导地位植根于某种永久性的东西中，尽管人口
和经济实力的结构性恶化趋势在加深。如果说形势恶化的速度甚至
比法国人担心的还要快，那是因为英国人（和美国人）拒绝为法国
的地位承担经济责任，而且法国的财力被战争严重地削弱了。在
20 世纪 20 年代的前半期，法郎迅速贬值。这两个因素在 1923—
1924 年间叠加在一起。因为需要依赖英美两国的贷款来支撑法国
的货币，当时的法国并没有从其在鲁尔取得的对德"胜利"中占到
什么便宜。对鲁尔的占领只是成功地暴露了法国的衰弱。[①] 到 1924
年，法国已经失去了在欧洲的主导地位。

　　20 世纪 20 年代后半期，法国政府惺惺作态，跟德国和解。无

---

　　① 第一次世界大战后，法国希望通过战争赔款彻底将德国击垮，但协约国
内部对此意见并不一致。1922 年，德国提出延期支付赔款，赔款委员会同意了德国
的请求。法国决定抛开英美独自施压，与比利时联合出兵占领了德国的"工业心脏"
鲁尔区，导致德国经济停摆，即"鲁尔危机"。鲁尔危机引发了英美对于法国的严
重不满。此外，在占领鲁尔期间法郎急剧贬值，为了稳定经济，法国不得不向英美
两国大量借贷，导致在后期的德国赔偿问题的谈判中，不得不将主导权让给有意扶
持德国的英国和美国。

论白里安（Briand）用多么理想化的措辞来阐述自己的政策，他都受到了现实主义的驱使。"我是出于出生率而制定的外交政策。"他曾这样说。20世纪30年代，许多主张对德国采取绥靖政策、摆脱对东欧的义务的人都认为自己是白里安的真正后继者。但和解总会有变成推卸责任的时候，而且那是法国领导人和大多数法国人民所不愿意接受的选择。1939年时，法国值得注意的不是所谓的失败主义和悲观主义，许多观察家在回顾过去时早就发现了这一点，恰恰相反，值得注意的是法国的政治和军事掌权人物表现出的那种非凡的信心。他们认为，靠着这种信心能打赢战争，而且要想保住强国的地位，法国也必须这样做。正如甘末林在1938年12月给达拉第的信中所写的："问题是法国是否愿意宣布放弃欧洲强国的地位，把在中欧乃至整个东欧的霸权都拱手交给德国。"[36]

法国终于和英国结盟，这一事实坚定了法国的信心。人们相信，从长远来看，盟国联合起来的资源优势会像1918年那样占上风。事实上，从长远来看，可以说这一战略的正确性已经得到了证明。盟国本来计划大概在1943年击败德国，结果一直打到1945年。1940年戴高乐前往伦敦，并宣布法国的失败仅仅是这场世界大战的第一回合时，他依然忠诚地支持盟军的整个战略。从这个角度来讲，法国战役不应被视为与随后的战争毫无关联，而应被视为这场更大规模的战争中的一部分。在法兰西战役中，德军损失了1428架飞机，占其飞机总数的28%，这大大削弱了纳粹德国空军在不列颠之战前的实力。盟国没有料到的是，就在他们准备打赢这场长期战争时，法国在很短时间内便战败求和了。在某种程度上，战败可以归咎于盟国之间的协调不力，既有英法两国之间的协调问题，也有法、英、比三国之间的协调问题。例如，法国军队认为比利时军队为守卫让布卢缺口做好了充分的准备，撤退开始后，英国远征军和法军之间的协调简直糟糕透顶。然而，关键问题不是缺乏协调，而是一个简单事实：英国军方在早期只能提供非常有限的帮助。艾恩赛德在 5 月 17 日议论道："我发现格林伍德（Arthur Greenwood）想说'这些该死的英勇的盟军'。我告诉他我们依靠的是法国军队。我们还没有组建起陆军，因此说'这些该死的盟军'是不对的。这句话应该是他们说我们。"[37]

这并不意味着法军对英军的指责都是有理有据的。英国空军做出了巨大贡献，而且，英军在采取一切必要措施保障不列颠群岛安全的同时，也尽可能的倾尽全力支援法军。英军在法国战役中共损失了近 1000 架飞机。即使他们不顾自身安全，为了盟军甘愿做出更大的牺牲，这也不可能明显改变这场战役的结果。虽然德军拥有空中优势，但法国战役并非是由空战决定胜负。正如先遣空中打击部队司令、空军上将巴勒特所言："如果法国步兵输了，英国皇家空军就赢不了这场战争。"

法国步兵为什么会败呢？难道是因为德军兵力势不可挡，是因为德军的军事实力更胜一筹，法军才不堪一击的吗？必须指出的是，有很多关于 1940 年德国的荒诞说法，首先便是"闪电战"这个难以捉摸的概念。一般的说法是这样的：闪电战是一种战略，策划闪电战的目的是通过赢得一系列连续的、闪电般的军事胜利彻底击败敌人，以克服德国在工业上相对于同盟国的劣势。这种方法的另一优势是，希特勒可以不必把德国经济转向全面战时状态，出于政治和社会的原因，他也不愿意这么做。但在德国历史学家卡尔 –

海因茨·弗里泽尔（Karl-Heinz Frieser）看来，这种说法并不可信。[38]
他最近对闪电战的概念进行了全面彻底的研究。事实上，闪电战是
从法国战役的经验中以相当偶然的方式出现的，它的成功让德军和
法军一样感到意外。否则，为什么德军统帅部在希特勒的支持下，
会多次减缓德军装甲部队前进的速度，最终在5月24日下令停止
前进了呢？闪电战在法国的胜利，部分原因在于德军最高指挥部暂
时失去了对这场战役的控制权。在这一过程中，决定性的时刻是古
德里安决定在5月14日，也就是渡过默兹河后的第二天立即向西
挺进，此举带动了跟在他后面的其他部队，相当于古德里安的19
军团拖着整个德军快速推进。

在法国的成功确实导致了德国1941年入侵苏联时在战略层面
上也采取了闪电战。因此，用弗里泽尔的话来说："法国战役是一
场毫无准备的但成功的闪电战，而对苏联采取的则是一场有计划的
但失败的闪电战。"从战略层面上讲，闪电战是在现代工业背景
下对战争现实的一种保守的否定。整场战争的结局更像是盟军在
1940年所期望打的战争，而不是德军在1941年希望打的战争。

1940年战役所体现的"闪电战"思想的主要表现是在战术和
作战层面。它源于德军在1918年开创的"渗透战术"，这是为了
打破西线僵局而采用的一种方法。经过短暂而密集的炮击之后，成
群的受过专门训练的攻坚部队或者"暴风突击队"就会出动，在硝
烟和炮弹的掩护下，潜入敌人防线，在敌军防线上打开缺口。必要
时，他们会避开零星的抵抗向纵深前进。这一战术被证明是非常成
功的，但由于缺乏机动性，这种战术无法充分利用迅速获得的优势。
20世纪20年代，古德里安和其他人开始思考如何利用坦克、飞机

和无线电通讯等现代军事技术来解决这个问题。在他们想法中，关键因素在于不同部队之间要密切配合，特别是空军和陆军之间。

"闪电战"思想的另一来源是英国军事理论家富勒和利德尔·哈特等人的著作，他们认为现代技术可以用于"间接路线战略"。这种作战思想是用装甲部队深入敌后，以摧毁敌人的指挥和控制系统。其目标不是让前线部队去打歼灭战，而是攻击敌人的"大脑"。从这个意义上来说，1940年的战役无疑在许多方面都是闪电战的典型范例，但我们并不清楚古德里安在多大程度上受到了"间接路线战略"的影响。或者他更像莫里哀（Molière）笔下的汝尔丹（Jourdain）先生，写得一手散文却不自知[①]？但我们不能夸大德军在1940年所使用的所有战法的新奇之处。除了横渡默兹河的色当战役外，斯图卡轰炸机和装甲车协同作战的这种近距离空中支援能起到的作用极其有限（隆美尔在穿越迪南时，德国空军并不是重要的角色，也就没采用这种近距离空中支援）。当然，即使是在色当，最初的胜利也不是因为坦克，它们直到5月14日凌晨才开始渡河，而是因为少数步兵部队的专业精神，还有像巴尔克和鲁巴特这些步兵指挥官的鼓舞人心的领导。

尽管如此，人们也不能低估了德军在1940年时的弱点。德军的计划动不动就会出现问题。在穿越阿登高地的过程中，交通严重

---

①　汝尔丹先生是莫里哀的喜剧《贵人迷》的主角人物，是个一心想挤进贵族行列的暴发户。他想追求贵妇人，却不会写情书，便跟自己的哲学老师讨论怎么遣词造句。老师问，情书是写成诗还是散文，而汝尔丹对此全无概念。为了恭维汝尔丹，哲学老师指出他平时说话用的就是散文，汝尔丹惊呼："天啊，我说了四十多年散文，一点也不晓得！"

拥堵，步兵部队乱作一团。很幸运的是，法国军队对此浑然不知，也没有趁机实施轰炸，不然德军肯定会更加混乱。在当时德国的新闻短片里，年轻的、古铜色皮肤的、训练有素的军队在法国的麦田里行进，就像半神一样。这些形象是如此鲜明，以至于很容易把德国刻画成一个冷酷高效和军国主义化的社会，每一支力量都因战争而绷紧，还拥有创新的、前瞻性的军事指挥以及高度现代化的武装部队。然而，几乎所有这些看法都大有问题。

研究纳粹德国的历史学家普遍认为，该政权管理混乱，效率低下，尤其是在重整军备的组织方面。虽然德国在这方面比同盟国拥有相当大的领先优势，但到了 1940 年，法国的军备工业生产在许多方面都超过了德国。就现代化军队而言，事实是 1940 年的德军在运输上比法军更依靠驮马。德军的 103 个师中只有 16 个师实现了完全机动化；每个步兵师需要 4000—6000 匹马来将补给从铁路终点运送到部队。战争初期，德军坦克大多还是轻型的一号坦克和二号坦克，其中还有很多坦克在波兰战役中就已经损坏了。至于空军和地面部队之间的配合，虽然可以让旨在用于更大规模行动的斯图卡轰炸机来执行此项任务，但事实上专门负责这一任务的就只有德国空军的一个飞行小队。就高瞻远瞩的德军统帅部而言，德军的许多高级指挥官都对古德里安这样胆大妄为的指挥官感到极为担忧。

德国人的士气如何？当时驻柏林的记者威廉·夏伊勒在宣战前几天指出，这座城市的人们看起来"情绪低落……表情严肃，沉默寡言"，冷酷而沉默。他发现"几乎能明显感到人们的失败主义情绪"。他在 8 月 31 日写道："所有人都反对战争。人们公开谈论着这些话题。"两天后，他又写道："我走在街上。人们的脸上满是惊愕、沮丧的表情……没有兴奋，没有欢呼，没有喝彩，没有抛洒鲜花，没有战争狂热……甚至看不到他们对法国人和英国人有任何仇恨。"另一位观察家在同一天看到一小群德国人默默地站着，他们"神情恍惚"。这些基于主观印象的评论可以从德国秘密警察在 1933—1939 年的报告中得到证实。这些报告称德国人"并不好战，他们满是对战争的无奈和恐惧以及对和平的渴望"。在 1939年 9 月 1 日政府举行的一次记者招待会上，记者们得到指示，为了避免民众恐慌，新闻标题中不得出现"战争"一词。[39] 这没有什么可惊讶的，德国士兵也曾体验过"凡尔登绞肉机"的残酷。波兰战役结束后，德军统帅部担心在波兰的某些部队缺乏斗志；布劳希奇（Brauchitsch）对希特勒说 1939 年的德军士兵并没有表现得像 1914年的德军那么优秀，希特勒听后对他大发脾气。正是由于这些原因，德国军事领导人认为 1940 年的胜利是一个"奇迹"，甚至连古德里安也这么想。

失败的解释："雾中行进"

1940 年，德国最强大的武器不是压倒性的军事优势，而是出奇制胜。法军未能预料到德军入侵的确切地点，和美国未能预料到珍珠港事件或者以色列未能预料到 1973 年埃及袭击事件一样，都属于重大的情报失误。实际上，情报信号早就有过，只是不够明朗，但从战争情报史的角度来看，战争情报信息往往会经过筛选，以巩固被广为接受的观念，而不是去推翻它们。1944 年 6 月，德军统帅部用了几周时间才相信诺曼底是真正的登陆地点，而不是为了掩盖从加来发起进攻的佯攻。1940 年，法军情报部门确实截获了大量关于德军可能从阿登高地发起进攻的情报——例如，1940 年 3 月 13 日，有传言说德国正向卢森堡边境集结大量架桥设备；两天后，又有传言说大批坦克正源源不断地开往比利时南部和卢森堡边境——但更多的情报是说德军的行动可能取道瑞士。问题是如何区分真实信息和"干扰信息"。法军复杂的指挥结构，意味着没有非常明确的机制来集中并核实情报信息，特别是在 1940 年 1 月甘末林把司令部搞得七零八落之后。有历史学家说："没有哪一位高级军官的任务是吃透情报并将其与作战计划联系起来。"[40]

1940 年情报失察的后果，又因法国在代勒河 - 布雷达计划上的孤注一掷而变得更加恶化。甘末林为什么要这么做？一个关键原因是让荷兰军队和比利时军队加入同盟，另一个可能不怎么会被公开承认的原因是在英国和大海之间建立一支军队。即使德军袭击了甘末林所预料的地方，他的计划也很冒险，因为它会置法国军队于遭遇战的危险之中，而这与法国的军事政策背道而驰。但真正的问题在于德军并没有在预想的地方发动进攻。这不仅意味着法军在德军优势兵力集中的地区防御最差，也意味着在法军最需要预备役部队来对默兹河上的德军发起反击时，中央预备队——包括两个轻型机械化师和法军中一些机动能力最强的步兵师在内——却被深深困在比利时境内，没有发挥任何作用。对于这个比约特、乔治和吉罗都曾表示过怀疑的决定，甘末林首先难逃其责。霞飞曾经有一句妙语。当时有人极力主张应该把马恩河战役的胜利归功于加利埃尼

（Gallieni）将军而不是他，对此霞飞机敏地反驳说："我不知道谁为马恩河战役的胜利负责，但我确实知道谁应该为输掉这场战役负责。"甘末林和其他人都会明白霞飞这句著名回答的分量。

一个如此谨慎、如此理智的人竟然会冒如此巨大的风险，结果还赌输了，这是甘末林职业生涯中莫大的讽刺。也许正是甘末林的理性和谨慎才导致了他的失败：他根本无法想象德军会冒巨大风险派大批装甲部队穿越阿登高地。但有时甘末林的性格使他似乎不愿意面对令人不快的现实，好像任何问题都可以通过魅力、运气和个人关系巧妙地应付过去。在这方面非常典型的表现是他希望比利时在1939年突然放弃中立，因为这对法国最为有利。他的这些希望仅在与范·登·伯根进行秘密的非正式接触时才会表露。

另一方面，甘末林不可能成为1940年法国所有问题的替罪羊。在有关1940年的历史文献中，可怜的甘末林怎么做都不讨好。因为没有像乔治那样痛哭流涕，他被指责为消极和冷漠。一些历史学家指责他把自己关在文森的司令部里，但在战役开始的最初5天里，他经常去乔治的指挥部，光5月14日就去了两次，路上就需要大约4个小时，另一位历史学家还为此指责他这样太浪费时间。[41]甘末林在许多方面都堪称将军的典范，他拥有像乔治·马歇尔（George Marshall）将军、艾伦·布鲁克将军或者阿列克谢·安东诺夫（Alexei Antonov）将军那些军事领袖身上的许多优秀的品质，这些将军是1945年盟军胜利的真正缔造者。甘末林的不幸在于，在最需要用他那些无可置疑的品质时，他却再也没有机会了。

但1940年法国军队的问题远远超出了甘末林的想象。1914年，霞飞的战略失误同样也是灾难性的，但那时还有时间补救。然而在

1940 年，时间实在太少了。吉罗的部队未能到位并不是造成这种情况的唯一原因。一个问题是，即使统帅部意识到德军将从阿登高地发起主攻，也无法正确解读出德军的意图。乔治一开始的作战设想是假设德军会绕向马其诺防线背后，或者可能从第 2 军中间穿过去，而不是向西挺进直扑第 9 军的右翼。5 月 13 日晚至 14 日凌晨，乔治组建了一支由图松将军率领的特遣队，以堵上在法军第 2 军和第 9 军之间的缺口。即使在这个时候，他也没有对第 9 军的右翼给予足够的重视。法军在蒙特尔梅成功地抵抗了两天，这可能也让他产生了一种错误的安全感。因此，乔治的对策正中德军下怀，而且德军一旦突破防线，他的对策可能会使法军的情况更加恶化，因为法国几乎没有现成的军队可以部署到德军的进攻路线上。乔治也不愿从马其诺防线后方调动军队，这或许是因为他担心可能需要这些部队来对付德军通过瑞士发起的进攻。这种不应有的担心又是一次重大的情报失误。

比法国军方迟迟未能看出德军进攻方向更为严重的是，他们无力像 1940 年的德军那样掌握这场战争的性质和速度。即使在德军突破防线之后，法军依然确信德军的攻势终将如强弩之末，他们能堵上德军撕开的缺口。在第一次世界大战中，由于进攻部队筋疲力尽，加上补给和后勤的困难，这种突破总是会减缓下来。从战斗开始到战斗结束，法军在 1940 年最引人注目的就是反应迟缓，无论是 5 月 14 日上午拉方丹将军在色当的反击延误，还是弗拉维尼将军第二天进攻时更长时间的延误，或是派出第 1 预备役装甲师抵抗隆美尔时的延误等。隆美尔的士兵在霍克斯的第一次横渡是在 5 月 12 日午夜之前，但指挥第 11 军团（18 步兵师和 22 步兵师）的马丁将军直到 13 日上午 7 时才被告知这一情况，起初无法联系上的科拉普直到晚上才知道情况有多严重。

　　事实上，法军面对的是一种他们毫无准备的战斗，这与他们的军事理论所教的"循序渐进战法"迥然不同。两军的一个显著区别是高级指挥官的指挥方式。德军指挥官会更为靠前指挥战斗，而法军指挥官则通常留在后方。55 步兵师的拉方丹将军在色当后方约 8 公里远的指挥所指挥作战，安齐热将军在位于森努克的指挥所指挥，那里距离前线约 45 公里。他们与像隆美尔这样亲自投入战斗的指挥官完全不同。在法军参加色当战斗的四个团中，没有任何一个团的指挥官阵亡，而德军却牺牲了不少关键位置的指挥官。这与懦弱毫不相干；它反映了不同的理论方法："循序渐进"的战斗要求高级指挥官待在自己的指挥所里，手握"扇柄"，而不是亲自参与作战；而德军的"行动导向"战术理论则鼓励下级指挥官身先士卒。

　　战争局势在 5 月 15 日至 6 月 4 日变得很不稳定，这正是法军最不愿应对的战争。正如普里乌将军所说，敌人"正在把自己的意志强加给我们……我们失去了行动的主动权"。唯一的解决办法是集中包括预备役装甲师在内的所有兵力，对德军发起强攻，但这样一支部队必须在 5 月 16—17 日前就准备就绪。法军缺乏足够的后勤装备来迅速协调他们的反应。部队的行进也因德军的轰炸和道路上拥挤的难民而受到严重干扰。无线电太少了，大多数通讯都是靠通信员或者电话，而这两种方式都很容易中断。法军在通信方面的缺陷从高层开始，在各个级别都随处可见。甘末林的指挥所没有无线电，甚至连信鸽都没有。他不是通过通信员（他们经常是事故的受害者）联系，就是非常耗时地亲自去指挥部进行交流。马克·布洛赫指出，第 1 军司令部常常连自己的军团在什么位置都不知道。法军的指挥体系在由此引发的混乱中逐步瓦解；各团与师部都断了联系。一位士兵写道："我们接到的命令让人感觉完全不协调。我们觉得自己像是在雾中行进。"42

英军的指挥和通讯也好不到那儿去。戈特的行踪常常就是个谜。一位英国军官在战败后评论道："决策必须如此迅速，而且往往不能根据刚收到的情报来确定自己的决策是否正确……德军整体的行动如此迅速，同一地点可能早上时的情况还很稳定，到晚上七八点，如果你不行动、不做点什么，局面可能就会无可挽回。"43

普里乌将军的不幸遭遇，完美地说明了德军突破以后法军的混乱和通讯中断的局面。普里乌是少数几个没有在这场灾难中动摇决心的法国将军之一。他率领骑兵部队和第 1 军的残部从代勒河撤下来后，就急于从北面对德国走廊发起反击。然而，他所面临的问题是自己的部队已经被打散了。他一方面努力重整队伍，另一方面也在寻求命令。5 月 17 日，他从瓦朗谢讷（Valenciennes）打电话给乔治，乔治指示他可以去援助在莫马尔的第 9 军，但又说"这不是命令；不请示集团军总司令，我什么也做不了，也许集团军总司令对我另有安排"。情况的确如此。普里乌去找在杜埃的比约特，比约特告诉他第 1 军"需要你"（比约特还告诉他，法国很可能遭受一场比 1870 年时还要严重的大灾难）。5 月 19 日拂晓，普里乌接到命令南下进攻康布雷，这与他前一天接到的命令相矛盾，虽然他的坦克旅也接到了命令，但此时还没有赶来，所以无论如何也不可能执行。第二天，为了执行他接到的命令，普里乌下令向阿拉斯西南方向进攻。几分钟后，他又得到命令让他原地待命。普里乌沮丧地回忆说，他在4天里就搬了5次指挥所。[44]

揪出个别犯错的人并没有意义。在遭遇最初的失败之后，大约有35名将军被解职，科拉普成为了最引人注目的牺牲品。但这并非是出于刻意。安齐热第2军的表现并不比科拉普的第9军好多少。科拉普至少还在德军进攻前曾试图让大家注意他防区的问题，而不像安齐热那样极其自满。1939年10月，安齐热从驻华沙的法国使馆专员那里听说了波兰战败的消息，他说道："波兰是波兰……我们这是在法国。"据说，他在听说第一批德军已经在瓦德林克成功渡河时说"这意味着会有更多战俘"。当德军开始对色当实施空中轰炸时，他最初的反应是士兵需要经历战火的洗礼。尽管军方在5月13日给安齐热派去了第3预备役装甲师和第3摩托化步兵师这些重要的增援部队，但他并没有组织这些部队发动起有力的反攻。5月15日，第2军在斯通尼的表现似乎比前两天好一些，这也许是他能幸免于难的原因，但那只是因为德军进攻的目标已经向西转移了。如果说安齐热能幸免，而科拉普却不能，那是因为科拉普在高层就没什么人庇护他。安齐热后来成为维希政府的一名部长。

无论个别指挥官有什么缺点，1940年的真正教训是，法军统帅部上上下下都被这种新型战争搞得措手不及。如果说有那么多法国将领痛哭流涕的例子，那是因为几乎无一例外，他们在智力和心理上全都彻底崩溃了。根据布洛赫的说法，因为那些事件，似乎没有谁比布朗夏尔还要崩溃了。一名军团指挥官劝他："你想做什么就做吧，先生，看在上帝的份上，还是做点什么吧。"布洛赫自己注意到布朗夏尔"悲痛地坐着，一动不动，什么也不说，什么也不做，只是盯着我们中间桌子上摊开的那张地图，好像想从中找出哪个是他不能采取的决定"。艾伦·布鲁克将军的描述也几乎完全相同：

> 我仔细看着他（布朗夏尔），他正在研究地图。我很快就觉得他好像是在盯着一面空白的墙，想从中找出他能得到的所有好处。他给我的印象是一个大脑停止运转的人，他仅仅是活着，对周围发生的事几乎全然不知。我们遭受的接二连三的打击使他"思维混乱"，什么事也记不起来了。[45]

军队和社会

那么，现在可以主要从军事角度来解释一下法国的沦陷。而且必须记住的一点是，战斗的成与败之间的差别微乎其微。法国确实勉强熬过了 1914 年，然而 1940 年的情况就不同了。但我们的研究能到此为止吗？正如迈克尔·霍华德（Michael Howard）在其普法战争史的著作中所说的："一个国家的军事制度不是社会制度的一个独立部分，而是整个社会制度中的一个方面。"[46] 在任何社会中，军队都不能完全在真空中运行。在马克·布洛赫看来，法国军队在头脑上已经远远落后，他认为这表明头脑僵化现象开始在这一时期更普遍地影响法国。这种一概而论的说法很难得到证实。布洛赫作为历史学家和年鉴学派的创立者，他自己所做的那些独创性的、开拓性的研究也证明了，肯定不是所有法国知识分子的生活都在两次世界大战之间的岁月里僵化了。事实上，我们有理由说，这是法国现代史上最具文化活力的时期之一。

军队与其有什么不同吗？法军统帅部很容易被描绘成一个自满的老人部门，墨守成规，不思进取。贝当告诉战后调查委员会，1918年以后，"我的军事头脑就封闭了"。但在20世纪30年代，贝当并未影响到法国的军事决策；正如人们所料，在德国和法国都有军事保守主义者和"现代化主义者"，这些说法在一定程度上是正确的。想要解释为什么是某些观点而不是其他观点在每个国家流行，就需要考虑一下社会和政治背景。

在法国，重整军备的拖延和生产瓶颈无疑阻碍了这些"现代化主义者"。1936年，陆军只有27辆B型坦克。就算这些坦克开始列装部队，在作战之前也没有多少宝贵的训练时间。法军未能充分发挥预备役装甲师的全部潜力，也是因为对"循序渐进战法"理念的信奉。然而，这种信奉并不仅仅是盲目地抵制变革。这是对军队行动所处环境的回应。一本陆军手册上写着："实施循序渐进战法，避免遭遇战，这很重要。由于遭遇战带来的不确定性，遭遇战并不适合缺乏经验的部队，相反，他们需要在所有必要的火力支援下，有条不紊地在战场上作战。"[47]换句话说，在军队看来，"循序渐进战法"对于一支主要由服短期兵役的应征士兵、准备不足的预备役军人和劳累过度的专业人员所组成的军队来说是必要的。所有的问题又因为兵役在1923—1930年逐步减少而进一步恶化。法国军方确实对士兵的作战能力表示过怀疑。早在1914年，霞飞就不愿意使用预备役军人，因为他认为这些士兵还没有做好战斗准备。他错误地估计了对方的兵力，是因为他认为德军也会采取同样的行动。

在一种自 19 世纪以来就深深怀疑军方政治野心的政治文化中，按照戴高乐提出的方式组建一支职业军队的想法是难以想象的。征召军队被认为是民主社会的必然产物。还应该记住的是，法军是在一个全面和平主义或者至少是热爱和平的社会背景下活动的。魏刚在 1933 年的日记中写道："法国深爱和平。……军队……是一个国家用来支持其政策的手段之一，也是最重要的手段。政策背后要有军队支持这个古老的道理还没有失去效力。"[48]

在这种背景下，筹备装甲师就必须要有一些技巧和机敏的手段。举例来说，达拉第从来就没有完全相信 B1 坦克的必要性：一个民主、和平社会还需要这种武器吗？德国的情况则迥然不同。20 世纪 20 年代，德国国防军的重建是在没有民间干扰的情况下由军方秘密进行；20 世纪 30 年代，是政治家们推动了战争。纳粹政权的存在是为了发动战争。这并不是说法国"颓废"，也不是说德国不"颓废"，除非法国领导人信奉的那种和平、自由的价值观就等同于"颓废"。在这种情况下，人们确实可以认为，法国为这个国家的备战工作所取得的成就是显著的——这证明了法国政治制度的适应性，也证明了法国统治阶级的才能。

然而，上一场战争以及 20 世纪 30 年代的分裂给人们造成的创伤依然历历在目，许多人对这场"他们的"战争半信半疑。许多左翼的和平主义者和右翼的反共产主义者皆是如此。然而，如果战争初期进展得更好的话，这场战争很可能就会成为"他们的"战争，就像 6 月初发生的那样，就像闪电战期间英国发生的那样，将一场被漠然接受的战争转变成一场真正深得民心的长期战争。在这两个国家，情况比我们回想起来时所认为的要更加多变，更有开放性。

不同的社会和政治因素具体化的体现方式在很大程度上是军事形势的结果。20 世纪 30 年代，许多法国政治家和知识分子深感国家软弱、政治机构颓废。战争前一年才开始出现复苏迹象，悲观情绪不可能完全消失。就连法西斯小说家德里厄·拉·罗谢勒（Drieu La Rochelle）和自由主义哲学家雷蒙·阿隆这些人也对法国的颓废深有同感。阿隆在他的回忆录中写道："在颓废的那些岁月里，我们亲身感受到了法国的弊病。……引起我们触动的……是民主政体的瘫痪与希特勒统治下的德国那引人注目的复苏所形成的反差。"[49]因此，这种颓废感并不完全是 1940 年所投射的怀旧阴影，但另一方面，即使能解释为什么某些人轻易就接受了战败：德里厄通敌叛国，而阿隆去了伦敦，也不能预先决定对 1940 年的反应。在英国，许多政治家和知识分子认为联合政府优柔寡断又缺乏想象力，英国社会那么保守，所有这些都让他们深切地感到自己格格不入。他们很幸运，在 1940 年能够找到归宿——支持丘吉尔的联合政府。如果是其他情况，他们的疏离感也可能会找到其他途径。

诚然，一旦法军战败，法国一些保守派和许多其他因为种种原因而感到自己与共和国格格不入的人很容易就能找到失败的原因，而且也愿意以一种自我牺牲的热情来接受战败，他们把这次战败视为一次重塑国家形象的机会。这就是夏尔·莫拉斯对战败所作评论的影响，他说战败是"天赐的惊喜"。他这样说，并不是指他欣然接受战败，而是说战败至少带来一个有益的结果，那就是法国的救星贝当元帅上台。总之，在我们讨论法国的沦陷时，20 世纪 30 年代的政治确实很重要，不过其更有助于解释战败的后果，而不是其原因。

第六章

影　响

1940年6月：弗朗索瓦·密特朗前往凡尔登——"无须多言"

弗朗索瓦·密特朗（François Mitterrand）中士在 1940 年 6 月的经历在许多士兵中颇有代表性。假战争时期，他的部队——第 23 殖民地步兵团先是驻扎在阿尔萨斯，后来又去了阿登高地后方。密特朗觉得这场无聊的假战争令人深感沮丧，他讨厌当兵，缺乏动力，对战争也不怎么投入。他在 1940 年初的一封信中写道："真正让我心烦的是为了我不相信的价值观去死。"战斗打响后，他的部队虽然竭力团结一心，但仍被迫向凡尔登撤退。6 月 14 日那一天，就在凡尔登附近，密特朗被一枚炮弹炸伤。他被担架抬到一条挤满难民的公路上，这时难民队伍遭到德军飞机的袭击，担架员扔下密特朗就跑了。密特朗躺在路上，仰望着上空飞过的德军飞机。在接下来的五天里，随着法军的节节败退，他只能不停地被转移到新的战地医院。到了第五次，他被转移到了孚日山脉（Vosges）的布吕耶尔（Bruyères）附近。一天早晨，他醒来发现德军已经打过来了，自己现在成了俘虏。后来，密特朗这样描述那段日子："我是一名战败了的士兵，我们的军队也蒙受了耻辱，我恨那些让这一切成为现实的人——第三共和国的那些政治家们。"[1]

密特朗被送往位于黑森州（Hesse）卡塞尔（Kassel）附近的一

个战俘集中营。他在第三次尝试逃跑时，终于成功逃离了集中营，并于 1942 年 1 月返回法国。他在维希政府谋了份差事，负责为那些被释放的战俘重新安置工作。他逐渐从支持维希政权转向积极支持抵抗运动。到 1944 年，他已经开始领导那些逃出来的战俘开展抵抗运动了。

在密特朗 1940—1944 年的所有经历中，最为显著的就是战败和监禁。他说他在战俘集中营里才"第一次真正接触到其他士兵"。他这话与萨特写自己被监禁时所说的那些话如出一辙。在战俘集中营的经历有助于他摆脱青春期特有的个人主义。关于这次失败，他后来写道："我对一个伟大民族的归属感受到了一些打击（伟大的是：这个民族根据一个既不依靠人数，也不依靠暴力或者金钱的价值体系来构建社会、构建自己、构建这个社会中的自己）。我经历了 1940 年，无须多言。"[2] 最重要的是他的那句"无须多言"。正如历史学家斯坦利·霍夫曼（Stanley Hoffmann）所说："1940 年 5 月至 6 月的这场大灾难，与它在这个国家的知识生产中所起的作用极不相称。"[3] 在政治辩论、小说、电影等领域，似乎没有与历史学家亨利·鲁索（Henry Rousso）所谓的"维希综合征"相对应的东西（鲁索在同名的书中追溯了 1945 年以来法国国民生活中有关维希政权的记忆）。类似的，有关 1940 年战败的研究也相当不足。在文学上，最著名的作品有让－保罗·萨特的《自由之路》（*Roads to Freedom*）三部曲的最后一卷，开篇写的就是战败，还有克劳德·西蒙（Claude Simon）的小说《弗兰德公路》（*The Flanders Road*, 1960）和朱利安·格拉克（Julien Gracq）的小说《林中阳台》（*A Balcony in the Forest*, 1958）。罗伯特·默尔（Robert Merle）的小说《聚伊德科特的周末》（*Weekend à Zuydcoote*，1972）中也有对敦刻尔克撤退的详细描述。在电影界，事实上只有勒内·克莱芒（Rene Clément）的《禁忌游戏》（*Jeux Interdits*，1952），讲述了一个小女孩在大逃亡途中遭遇德军空袭而失去父母的故事。一个农民家庭收留了她，她和这个家庭的小男孩建立了一个秘密的动物墓地。虽然他们这种令人毛骨悚然和不安的举动很可能反映了国家遭受的创伤对两个孩子的影响，但这部影片除了在前半小时有非常生动的大逃亡画面外，实际上更多的是讲童年，而不是讲战败。

　　也许并不存在"1940年综合征"的一个原因是"维希综合征"所造成的长期阴影。战败之后紧接着便是一连串令人痛心的新经历——占领、勾结、放逐，这些经历早已使战败显得不那么重要了。对贝当的审判，据说是因为他在签订停战协定以及在共和国垮台——即1940年诸多事件——中所起到的作用。但庭审讨论经常会偏离主题，跑到被占领时期上。在6月的最后那段日子里，谁在波尔多对谁说过什么，在1945年看来几乎已经属于另一个时代了。这个问题远不及1940年以后所发生之事更能引起人们的兴趣。同样，1947年成立的议会委员会也从未引起公众过多的关注，该委员会旨在研究法国在1934—1940年发生的那些事件。

　　很明显，没有哪个国家会愿意一直沉湎于自己的战败。1945年，尽管参加抵抗运动的人数比1940年参军打仗的人数要少很多，但战败的耻辱似乎已经在一定程度上被抵抗运动的英勇表现掩盖了。当然，有一些参加过1940年战斗的人后来又参加了抵抗运动，比如密特朗。但是许多参加过1940年战斗的士兵却无法如此，因为战争期间他们都是在战俘集中营里度日的。这些战俘在1945年回国时很快就觉得，他们在庆祝解放、举国欢庆盛宴上是不怎么受欢迎的幽灵。在最初庆祝他们回国的活动结束之后，他们发现自己对战争的记忆与大众的情绪格格不入。解放后的法国需要的是英雄，而不是激起人们战败回忆的人。正如一家战俘报纸所说："法国官方已经把你们遗忘了，甚至避而不谈那些在1940年牺牲的人。法国以你们为耻……很快就会往你们的坟墓上吐唾沫。"1940年的士兵发现抵抗组织对他们不理不睬，在1914—1918年战争中幸存下来的那些老兵也鄙视他们。一位曾经被俘的士兵回忆说："这些人受尽羞辱，他们一辈子都在努力洗刷他们耻辱的污点。"这些被俘士兵的发言人们辩称，1940年的士兵英勇战斗，但却发现自己陷入了进退维谷的境地。发言人还试图把他们在1940年所起的作用与后来出现的抵抗运动联系起来：

> 战俘们不能有这样的感觉……在这个国家看来，他们是战败者，而其他人则赢得了胜利的桂冠。因为，如果法国真的从未停止过战争……那么战争就是不可分割的……那些在戏剧第一幕就屈服的人在最后一幕得到他们应有的地位，这样才公平。[4]

这种将战争视为一个单一整体的解读，与戴高乐自己对战争的理解相吻合。在解放时期，戴高乐的当务之急是民族团结，他希望把法国被占领时期和维希政府时期都看成是插曲，并淡化被占领时期那些让法国人互相对立的方面。戴高乐认为，自1940年以来，法国人民与德国人的斗争就从未间断过。戴高乐甚至还说1939—

1945 年的战争是 1914 年开始的法德两国长达 30 年斗争的一部分。这样看来，1940 年就是这场最终获胜的冲突中的一次暂时的挫折。所有这些都可能让戴高乐同情战俘们的困境。

但事实并非如此。戴高乐自己在第一次世界大战期间当了 3 年战俘。他曾 5 次试图逃跑，都没有成功。他后来感到的只有羞愧和沮丧，因为自己被强行置身于战斗之外。戴高乐在 1945 年认为，战俘最好保持沉默，不要把注意力吸引到自己身上。据说，他在听说密特朗领导一些先前的战俘发起抵抗运动时，说了一句："战俘的抵抗运动？为什么不是理发师的抵抗运动？"从一开始，戴高乐和密特朗的关系就极其冷淡。1945 年 6 月，密特朗代表归来的战俘前来游说时便受到了冷遇。密特朗对戴高乐长期以来怀有敌意，且这种敌意是完全相互的，也许部分源于他们两人对自己被监禁的不同看法。他们二人，一个对自己当战俘的这段经历感到愤恨，决不想沉湎于这段经历；另一个则认为这是其一生中最有影响的一段经历。

维希：战败的教训

如果说在法国记忆里，1940 年的战争所占的地位没有人们认为的那么重要，那可能是因为这一战事太令人痛苦了，让人不敢去想。人们不禁想起了 1870 年以后甘必大（Gambetta）对阿尔萨斯 - 洛林的禁令："永远记着，永远别说。"显然，这次战败的影响是深远和持久的。另一方面，将 1940 年视为法国的零年，并把 1945

年以来法国的所有重大变革都归因于这一年的战败，这也是错误
的。"在此之后"不同于"因此之故"。

然而，这次战败的直接后果是毫无疑问的。它是第三共和国崩
溃和维希政权建立的诱因。它为维希政权重建法国的意识形态改革
运动设定了议程。贝当政府还在波尔多的时候，就在 6 月 22 日与
德国签订了停战协定。根据条款，法国被分为北部及大西洋沿岸的
占领区和南部的非占领区。由于波尔多和巴黎一样都处于占领区，
政府驻地就选在温泉小镇维希，那里酒店众多，足够部长及官员们
居住。虽然停战协定对法国在非占领区的内部政治安排只字未提，
但法国战败，第三共和国也必然灭亡。7 月 9 日，议会在维希赌场
举行会议，几乎一致投票赞成皮埃尔·赖伐尔关于修改宪法的提
案。正如赖伐尔所说："不能让引发这样一场大灾难的制度继续完
好地保留下去。"第二天，议会以绝对多数票授予贝当元帅全权修
改宪法的权力。贝当随即颁布了一系列宪法法令，这实际上赋予了
他绝对的权力，并宣布议会休会，等待进一步通知。维希政权诞
生了。

在维希政权内部，多股政治势力虽然争权夺利，但在基本问题
上都能达成一致。新政权是专制和反民主政权。共和国"自由、平
等、博爱"的格言被"工作、家庭、祖国"这个新口号所取代。因
此，维希政权代表了那些共和国反对者的胜利，不管他们是一向就
憎恨共和国的人，还是因为人民阵线而反对共和国的人。战败后，
人们听到德拉克斯（Drax）主教宣称："对我们来说，可恨的不是
使我们遭到外部失败的 1940 年，而是使我们遭到内部失败的 1936
年。"当然，共和国反对派的胜利只有通过战败才能实现。1941

年 5 月 28 日，经济学家夏尔·里斯特（Charles Rist）在日记中写道："奥布安（Auboin）夫人告诉我，停战后，她收到一位反动分子朋友的来信，信中写道：'我们终于胜利了。'"[5]

维希政权的意识形态被概括为"民族革命"。它主张用等级社会的传统价值观取代共和国物质至上的自由个人主义，这种等级社会体系是围绕诸如地区、家庭和工作场所等有机的"自然"社会而形成的。它谴责阶级斗争，颂扬农民和手艺人。它强调必须惩罚和迫害某些被视为法国敌人的团体：犹太人、共产主义者和共济会成员。维希政权认为，战败揭示了共和国政治价值观的堕落。雷诺辞职后没几天，魏刚就写了一份备忘录，列出了他所认为的战败的教训："旧秩序，以及一个由共济会、资本主义和国际思想组成的政治制度，造成了我们现在所处的局面。法国已经受够了。""我们一定不要忘记我们战败了，而每次战败都要付出代价。"维希政权领袖、海军总司令达尔朗在 1940 年 9 月这样评论道。

维希政权的大部分演讲都围绕着罪行（过去犯下的）、苦难（在战败和大逃亡期间遭受的）和救赎（通过服从元帅和民族革命）这些主题展开。正如贝当所说："享乐精神战胜了牺牲精神。"维希政府的一部宣传纪录片将战败归咎于"英国人度周末，美国人泡酒吧，苏联人搞合唱，阿根廷人跳探戈"。教会特别喜欢这种论调。正如里昂区大主教热利耶（Gerlier）所说："即使胜利了，我们仍可能为自己的错误所困。"图卢兹（Toulouse）的主教则更加雄辩：

> 我们受够了吗？我们祷告够了吗？我们是否对六十年的民族背叛而悔恨，这六十年来，法国精神受到现代思想的种种歪

曲……法国的道德水准下降，无政府状态奇怪地出现……我们把神从王宫、从学校、从国家赶走了，主啊，求你宽恕我们吧。[6]

战败后不久，这种说教就在最不可能支持的人士中得到了共鸣。安德烈·纪德（André Gide）的作品被维希政权视为不道德和颓废文学的代表，他在 1940 年 7 月 28 日的日记中对"令人遗憾的放纵统治"提出了批评："畏首畏尾、屈服、优雅和安逸中的放松，这些品质蒙蔽了我们的双眼，让我们看不到战败。"正如布鲁姆在牢房里所说："从一开始，国家的灾难就与罪恶或者错误的观念联系在一起，也与它自然引申出来的悔罪、赎罪和救赎联系在一起。"[7]

然而，维希政权所依赖的不仅仅是政治上的反攻倒算和报复。当贝当频繁地到全国各地巡视时，前来为他欢呼的民众人数众多，这表明他确实很受欢迎。他之所以受欢迎，不仅是因为他是凡尔登战役的胜利者这一传奇声誉，还因为他在 1940 年的演讲真正触动了法国人民的心弦。他在 1940 年所表现出的自信对饱受战败和大逃亡创伤的民众有一定的感染力。数百万法国人背井离乡，妻离子散，随后一连数月，试图寻找走散的孩子及亲人的寻人启事在报纸上随处可见，令人心酸。他们亲眼目睹了民族的瓦解和国家的崩溃。政府机关往往是最先一批逃离的。贝当当上总理后的第一次演讲就表达了对难民的同情。他所说的根基与权威、家庭与安全，在一个刚刚经历了动荡和混乱而深受创伤的民族中产生了共鸣。因此，战败为维希政权提供了道德权威，为这个政权提供神话基础。当维希政权似乎不怎么受欢迎时，贝当很快就出来提醒法国人是他让他们避免了什么。"你们真是健忘啊，"1941 年 6 月，他说道，"记住那长长的难民队伍吧。"

人们在被占领时期遭受的苦难使他们逐渐忘掉了战败的痛苦，贝当在 1940 年时享有的巨大善意资本也在逐渐耗尽。但最终导致维希政权灭亡的是它对法国战败的国际影响的误读。大多数维希政权领导人认为，法国战败后，英国很快也会投降或者战败，战争也会结束。他们原以为停战协定只是签订和平条约的前奏，该条约将是法德两国之间的最终协议。由于法国战败似乎确保了德国在欧洲大陆的霸权，维希政府因而奉行与征服者"合作"的政策。1940 年 10 月，贝当在图尔附近的莱 – 卢瓦河畔蒙图瓦尔（Montoire-sur-le-Loire）小镇与希特勒会面。他与希特勒握手的照片被拍了下来，会后贝当宣布自己正在"走上合作之路"。1941 年，维希政权海军总司令达尔朗把法属叙利亚托管地提供给德军作为空军基地。有一两次，维希政权几近再次参战的边缘，而这回是站在德国这一边。这种亲德立场，部分是由于受到意识形态上的亲和力的驱使——皮埃尔·赖伐尔在 1942 年 6 月说道，他渴望德国胜利，因为这将代表苏联人的失败，他的这番言论引起了轰动——但更多的是受到机会主义的驱使：维希政权认为德国已经赢得了战争。这一判断当然是维希政权最大的错误。

"20 世纪的支点"

因其狭隘的、以法国为中心的世界观，维希政府未能预料到法国沦陷对战争的未来所产生的巨大后果。1939年9月爆发的这场战争并不是一场世界大战，而是一场涉及法国、英国、德国和波兰（短暂）的欧洲战争。至少有可能的是：如果盟军成功抵挡住了德军最初的进攻，那么两军就会陷入僵局，最终导致某种和谈（直到1943年1月，盟军才采取了无条件投降的原则）。然而，法国的沦陷改变了国际力量的平衡，把其他国家也卷入了这场冲突。直到1941年底，这场战争才真正成为一场世界大战。正如戴高乐在伦敦宣称的那样，法兰西战役只是世界大战的第一轮。法国的沦陷意味着开始的结束，而不是结束的开始。

法国的沦陷对战争以及战后国际关系的进程产生了巨大的影响，以至于一位历史学家称它为"20世纪的支点"[8]。墨索里尼行动迅速，抢占先机。自20世纪30年代后期以来，意大利和德国的关系日益密切。1940年3月18日，希特勒和墨索里尼在布伦纳山口（Brenner Pass）会面，意大利似乎马上就要参战。但墨索里尼与民主制度还保持着藕断丝连的关系。他的外交部长齐亚诺伯爵反对参战，甚至连陆军参谋长巴多格里奥元帅也极力反对，他深知意大利武装部队的不足。巴多格里奥对墨索里尼说，意大利军队只有在"敌人快撑不住、这种大胆行为可行的时候"才会介入。[9]德军在法国取得的惊人的胜利似乎满足了这一条件。6月10日，意大利对法国宣战。后来才加入战争的墨索里尼赢得了法国东南部一小块占领区，但更重要的是，它开辟了一个新的地中海战场。

这对英国构成了巨大的威胁。英国失去了法军舰队的支持，又要面对充满敌意的意大利，因而现在不得不将海军主力投入地中海，这让英国在远东的利益岌岌可危。1940年6月28日，英国政府通知澳大利亚和新西兰：英国短期内将无法派遣舰队保卫新加坡。日本并没有完全切断与西方的联系，而是像意大利一样，在20世纪30年代一直在亲近德国。[10]1936年11月，日本和德国签订了《反共产国际协定》。日本上层人士普遍希望扩大日本在东亚的影响力，这只能以牺牲西方列强的利益为代价。但日本政府内部也有声音呼吁要保持谨慎，尤其在1939年底苏德协定签订后，这种呼声愈加强烈。然而，法国的溃败使舆论转向支持亲轴心国阵营。随着德国声望的提高和英国在远东地区实力的削弱，法国的战败也为他国染指法属印度支那地区提供了可乘之机。1940年9月，日本提出要求：其军队可以自由穿过东京（Tonkin，越南北部一地区的旧称）并使用河内（Hanoi）附近的军事基地。维希政权在当地的代表——海军上将德古（Decoux）对此别无选择，只能接受，于是日本军队进驻法属印度支那。9月27日，德、意、日三国在柏林签署了《三国同盟条约》。法国的沦陷使日本的政策日益激进，进而导致了日本1941年12月对美国珍珠港的袭击。

德国胜利在望，进一步刺激了意大利和日本的欲望，同时也引起了莫斯科的恐慌。斯大林一直希望西方的这场战争能长期持续下去，虽然最终可能会陷入僵持，但其持续的时间足以让苏联增强自己的军事力量。现在希特勒随时都可能和苏联反目成仇。斯大林的担心是完全有道理的。与法国签订的停战协定墨迹还未干，希特勒就下令他的武装部队开始准备第二年进攻苏联。德军在法国战役取得了巨大胜利，这意味着德军最高指挥部不会反对希特勒的这一命令，就像不反对希特勒在1939年准备进攻法国的命令一样。德国的迅速取胜使德军变得狂妄自大起来，这是极其危险的。希特勒本人也产生了一个致命的信念，坚信自己是一个永不出错的军事天才。这是他最终失败的原因。

斯大林对法国沦陷的第一反应是于 6 月 15 日和 16 日吞并波罗的海诸国，并于 6 月 26 日从罗马尼亚手中夺取比萨拉比亚（Bessarabia）和布科维那（Bukovina）。在采取这些措施的同时，斯大林还作出了加快重整军备的决定。斯大林进军比萨拉比亚是为了巩固苏联在黑海沿岸的地位，并控制多瑙河入海口。这让希特勒很担心，因为他把巴尔干地区视为德国的势力范围，这也让他更加坚信必须尽快对苏联采取行动，因此决定在 1941 年 6 月 21 日入侵苏联。

许多英国政治家对法国沦陷的直接反应都是感到解脱。内维尔·张伯伦评论道："不管怎样，我们都摆脱了法国人，他们对我们来说只不过是一种负担。"曾任现已不存在的法英长期合作委员会主席的汉基勋爵写道："从某种意义上说，我们不得不依靠大英帝国和美国的资源，这几乎是一种解脱。"[11] 这些评论揭示了许多英国观察家因法国的软弱和背叛所感到的那种被压抑的怨恨。但毫无疑问，现在的英国比以往任何时候都更依赖美国的支持。正如参谋长们早在 5 月 25 日就指出的那样，只有在美国"愿意给我们提供充分的经济和财政支持"的条件下，英国才能独立战斗下去，"没有他们的支持，我们认为我们无法继续这场战争，也根本不可能获胜"。

这需要对英国的政策重新做出重要调整。自 1919 年以来，英美关系一直很不融洽。威尔逊参战甚晚又总要左右和平，英国人对他的自命不凡而感到愤慨。美国拒绝免除战争债务一直是英国的痛处。1939年，英国在希望得到美国经济援助的同时，也一直留意美国是否会做出更大的承诺。张伯伦在1940年1月写道："我不希望美国人为我们而战，如果他们有权参与和平谈判，我们将为此付出高昂的代价。"但四个月后，5月19日，张伯伦写道："在我看来，我们唯一的希望寄托在罗斯福和美国身上。"哈利法克斯勋爵7月写信给汉基，告诉他法英合作委员会现已解散："我们很可能将不再需要研究与法国建立更紧密的联盟，而是考虑与美国达成某种特殊约定的可能性。"赢得美国更进一步的支持现在成了英国政策的中心目标。这也与丘吉尔的个人喜好和意识形态相一致。法国的沦陷也在华盛顿引起了恐慌，这使这一战略有了很大的胜算。国会匆匆通过了大笔的军费预算。第二年，罗斯福与英国的关系又近了一步，甚至在日本袭击珍珠港之前，美国就被拉到了与德国开战的边缘。[12]

到1941年底，这场欧洲战争演变成了一场世界大战。在这场战争中，美国和苏联两个超级大国很快就超越了其他交战国，不可避免地造成了1945年后美苏两极格局的新时代。因此，从中期来看，法国的沦陷将成为欧洲列强衰落的关键时刻。许多这样的历史发展可能无论如何都会发生。即使法国仍在战争中，美国也很可能最终加入同盟国。在这种情况下，美国肯定会成为同盟国阵营中的主导力量。但是如果没有法国，欧洲在同盟国阵营中的平衡就会大大削弱。1945年后，英国对法国政策的转变也被证明是持久性的。事实上，战后英法双方都有人希望两国能重建更紧密的关系。在欧洲共同体（The Common Market）形成的第一阶段，法国的那些"设计师"当然希望英国能参与进来，但到了1950年，他们已经确信这是不可能的。英国对欧洲经济一体化的矛盾心理无疑在一定程度上受到1940年记忆的影响。英国的政策自1904年以来就在某种程度上受英法友好关系的影响，而法国的沦陷促使这种关系被英美之间的"特殊关系"所取代，这种英美之间的"特殊关系"自建立以来便在某种程度上影响着英国的政策。

戴高乐主义和1940年

没有人比戴高乐将军更了解这一事态的发展，并准备得出他认为恰当的结论。1944年，丘吉尔在与戴高乐的一次激烈交锋时说："如果我必须在欧洲和大海之间、你和罗斯福之间做出选择，我将永远选择美国。"戴高乐经常跟别人说起这句话。他和他的继任者对"盎格鲁－撒克逊人"一直抱有怀疑，这在很大程度上是因战败而产生的。戴高乐在1963年和1967年两次否决英国加入欧洲共同体，部分原因就在于他认为英国将在欧洲扮演美国的"特洛伊木马"。

戴高乐主义诞生于法国的沦陷以及戴高乐从中吸取的教训，这场政治运动成为了战后法国历史的显著特征。"戴高乐主义"始于1940年，是戴高乐6月18日在伦敦发表的第一次演讲中所提出的。但戴高乐在抵达伦敦之前就已经形成了完善的历史观，戴高乐主义是他根据自己对法国历史的长期理解来解释1940年法国沦陷的结果。戴高乐生于1890年，他的世界观植根于19世纪晚期的浪漫民族主义。正如他后来在他的战争回忆录的第一页上所写的："我终其一生，都对法国持有某种信念。"这种"信念"最根本的基础是坚信"法国与伟大共存"。遗憾的是，戴高乐那一代人仍然生活在1870年战败的阴影中，他们非常清楚法国不可能永远"伟大"。戴高乐认为法国的历史是一部伟大的史诗，辉煌与衰落、光明与阴暗、荣耀与悲剧交替。1940年的战败很容易就融入了这一千年史诗之中，并使他能相对性地看待其长期重要性。

　　戴高乐根据这次战败的特定情况——包括战败原因及直接后果——得出了两个对戴高乐主义这一政治学说的发展至关重要的结论：第一，需要一个强大的国家；第二，需要维护国家独立。与维希政权的政治家不同，戴高乐并没有花太多时间讨论战败的原因。因为他想证明法国仍然是一个前途远大的伟大国家，老是抱着自己的痛处不放，在某种程度上只会适得其反。对于维希政权来说，这不是什么大问题，因为它已准备好接受法国地位被进一步削弱的事实。戴高乐也没有花太多时间来指责那些难辞其咎的人。他在1943年写给记者安德烈·热罗的一封信中清楚地阐述了自己的理由。当时，安德烈·热罗刚刚以佩蒂纳克斯（Pertinax）的笔名出版了两卷书，抨击他所称的那些"法国掘墓人"。热罗在书中几乎控诉了第三共和国的所有政治和军事当权派——甘末林、魏刚、达拉第、赖伐尔，等等——但戴高乐写道，过于严厉是错误的，"我并不否认他们的失败！只是我觉得……他们……深受一种令人发指的整体制度的影响，这种制度把他们压垮了。事实上，长期瘫痪使法国不可能真正地被治理和指挥"[13]。对戴高乐来说，法国战败最重要的原因是国家的软弱无能，结果把一场军事上的失败变成了国家的灾难。他在战争回忆录中简明扼要、一针见血地指责总统勒布伦："作为国家元首，他缺少两样东西：他不是一个国家元首，也没有一个国家。"

当戴高乐于 1944 年以临时政府总统身份回到法国时，他并没有制定出具体的宪制安排，用以维系他所认为必要的国家政体。因此，他在享有无与伦比的声望时，错过了实践自己想法的机会。直到 1946 年 1 月辞职后，戴高乐才公布了自己的宪法提案，提出强化总统权力、削弱议会权力。他的提案遭到了忽视，因为它与法国的共和主义传统格格不入。这一传统是在 19 世纪波拿巴主义的阴影下产生的，任何带有专制主义色彩的东西都深被怀疑。而距此不远的维希政权的经历更加深了这种怀疑。因此，1947 年诞生的第四共和国与 1940 年前的前身非常相似。

戴高乐拒绝与这个新共和国有任何瓜葛。他创立了"法兰西人民联盟"，提出自己的主张，推动宪制改革。"法兰西人民联盟"失败了。1953 年，戴高乐退出政坛。由于阿尔及利亚危机，1958 年，他重新掌权，得以实施他的提案。他的新宪法在 1958 年 9 月的全民公决中获得通过。第四共和国被延续至今的第五共和国所取代。新宪法中最具争议的条款之一是第 16 条，该条允许总统在危机时行使紧急权力。戴高乐本人在 1961 年阿尔及利亚的一次军事政变未遂后就使用了这一条款。根据新宪法的主设计者、戴高乐主义者米歇尔·德勃雷（Michel Debré）的说法，戴高乐特别强调了第 16 条的重要性："他反复强调，如果 1875 年的法律（即《第三共和国宪法》）规定了这一权利，1940 年 6 月时勒布伦总统就会把政府迁往北非，那么法国的情况就截然不同了。"[14]1958 年以后，曾经拥有欧洲最软弱的国家元首之一的法国有了最强有力的国家元首。

戴高乐从 1940 年事件中得出的第二个教训，与法国在世界上的地位有关。在战争期间，戴高乐就已经开始展望未来。1943 年 6 月，他对让·莫内说："盎格鲁－撒克逊人在欧洲的统治威胁越来越大，如果这种威胁在战后继续下去，法国将不得不转向德国或苏联。"[15] 戴高乐在 20 世纪 60 年代整个的外交政策都蕴含此意。

戴高乐从法国的沦陷中得到的另一个外交政策的原则是：尽可能地实行独立的外交政策，避免依赖任何其他国家。这种看法部分源于 20 世纪 30 年代法国对英国屈辱性的依赖，但更多的是源于戴高乐在战争期间在伦敦的亲身经历。对于戴高乐这样一个脾气暴躁又骄傲自大的人来说，他在 1940 年的经历，以及他对英国的言听计从，都让人无法想象他受到何等的羞辱。正如一位英国观察家（实际上是斯皮尔斯的妻子）在 1940 年所指出的那样：

> 他为这个国家所感到的耻辱是很少人能感受到的，因为在基督教信仰里，基督已经承担了世界的罪孽。我认为，在那些日子里，他就像被活剥了皮，即使善意的人们对他最轻微的接触也会触到他的痛处，以至于想咬人……我确信，我在他面前感到的不安，源于他内心沸腾的痛苦和憎恨。[16]

戴高乐在战争期间的大部分时间都在对自己在盟友那里遭受冷落而感到愤怒，这些冷落有的是真实的，有的是他想象的。他从未忘记或原谅的事情是没有被邀请参加 1945 年 2 月的雅尔塔会议（Yalta Conference）。他得出了教训：任何国家都不应该指望其他任何国家的支持。这也促使戴高乐在 1966 年决定退出北约。也正是出于这个原因，戴高乐把发展法国的核武器放在首位。他认为这是小国能够与大国实现某种表面上平等的唯一途径。为了发展原子研究和技术，他于1945年10月成立了原子能委员会（Commissariat à l'Énergie Atomique: CEA）。

1960年2月12日，法国的第一颗原子弹在撒哈拉沙漠上空爆炸。这被重新掌权的法国总统戴高乐誉为举国欢庆的伟大时刻。讽刺报纸《鸭鸣报》嘲笑他的热情："这颗核弹解放了法国——我是说——它把法国人从强烈的忧虑中解放了出来。它解放了我们心中自1940年以来一直不敢出现的高卢雄鸡……亲爱的法国人，这颗核弹让我们度过了一生中最美好的一天。"[17] 尽管戴高乐的核政策在当时引发了反对，但在他离任后，没有一个政府对法国独立核打击力量的必要性提出质疑，无论左翼还是右翼。他们毫无保留地接受了戴高乐战后发表的一篇演讲中所说的："今天被技术力量击败，明天我们可以用更强大的技术力量击败对方。"

1945年后的民族复兴

毫无疑问，戴高乐在1958—1969年取得了卓越的成就：他使法国避免了内战，把法国从阿尔及利亚战争中解救出来，并带来了十年前所未有的政治稳定和经济增长的局面。他遗留的许多问题在他有生之年备受争议，但他的继任者也未能解决。戴高乐当上总统后取得的成功在很大程度上也归功于第四共和国的成就，尽管他把第四共和国时期描绘成白白浪费的、灾难性的十二年。他在20世纪 60 年代初访问法国城市时，有时会对战后城市重建的速度感到惊讶，就好像第四共和国不曾存在过一样。事实上，第四共和国可能没有给法国带来政治稳定，但它确实为所谓的"黄金三十年"（trente glorieuses）奠定了基础，法国出现的近 30 年的强势经济增长一直持续到 20 世纪 70 年代中期。这种增长的原因是一个有争议的问题。许多因素都起了作用，包括世界贸易的整体增长、马歇尔计划、生产率的提高等。但有两个重要的、也许是决定性的因素，这两个因素与 1940 年的影响直接相关：一是战后法国新出现的、以近乎神秘的方式致力于经济现代化理念实施的管理者中的那些技术精英所起的作用；二是欧洲一体化（European unity）的发展。

　　1870 年法国战败后，哲学家欧内斯特·勒南（Ernest Renan）撰文呼吁法国进行彻底的思想改造。他评论说，战争是"进步的条件之一，是迫使自满的平庸之人摆脱冷漠，从而将一个国家从沉睡中唤醒的有力鞭笞"[18]。1944 年，法国解放时的所有政治力量虽然在许多事情上都存在分歧，但他们能团结起来，因为他们深信这次战败暴露了法国上层集团极其平庸的一面。事实上，一些抵抗组织对战前法国政权的谴责，与对维希政权的谴责几乎没有什么区别。抵抗组织认为自己是能重塑法国、一改往昔颓废的新精英。这一分析的一个关键方面是声称法国战前的资产阶级过于自私自利和冷漠，还称实业家们是"马尔萨斯人口论"价值观的奴隶，他们宁可谨慎，也不冒险，宁可储蓄，也不投资。由于法国的自由资本主义已经暴露出自身的不足，国家有必要介入并提供必要的动力。经济自由主义必须被"计划"所取代的观点，在某种程度上被大多数抵抗力量所认同。

这种雄心在许多解放时成立的或者一些经过深化改革的机构中都有所体现。国家行政学院（ENA）的成立是为了培养现代国家所必需的行政人员。在战争前夕成立的国家科学研究中心（CNRS）经过彻底改革，在促进科技研究和向政府提供科学咨询方面发挥了主导作用。法国还成立了国家规划总署，用以规划重建工作和经济现代化。国家规划总署的由来是让·莫内向戴高乐提交的一份报告。报告警告称，法国必须在经济现代化和颓废之间做出选择。莫内说，如果法国不选择现代化的道路，就有可能沦为葡萄牙或西班牙之流，只能吃过去辉煌的老本。在国家规划总署，莫内召集了一群年轻的经济学家和管理人员，其中一些人在战争期间去了美国或英国，还有一些人参加了抵抗运动。他们对现代化的必要性都有同样的紧迫感。虽然国家规划总署对战后经济增长的重要性难以估量，但至少在改变工业家和经济决策者的心态方面发挥了重要作用。这些规划者们是这一新增长路线的忠实信徒。

1940 年并不是出现这种新心态的唯一因素。自 20 世纪 30 年代以来，有关更有效地规划和管理经济的提议就一直在酝酿之中。对法国经济决策转变最详尽的历史研究认为这是一个累积的过程，在这个过程中，人民阵线甚至维希政权的一些政策都发挥了作用。1945 年成立的国家行政学院最初是由布鲁姆的人民阵线政府在 1936 年提出的，只不过并没有成功地将这一措施写入法规。这次战败之所以如此重要，是因为那些"现代化主义者"由此成为经济决策的核心。

对战后法国经济的成功起到重要作用的第二个因素是 1957 年《罗马条约》签订后欧洲经济共同体的成立。其起源可以追溯到 20

世纪 40 年代末法德友好关系的恢复，以及 1951 年法、德等四国建立的超国家的欧洲煤钢共同体。虽然 1950 年的和解和 1940 年的战败并没有直接联系，但战败的影响在这里又一次起到了决定性作用。一些抵抗者对欧洲联邦主义的模糊承诺确实鼓舞了他们，但这些想法对抵抗运动来说从来就不是最重要的，而且他们的想法对战后紧接的政府政策也没有产生影响。相反，由于许多通敌者曾声称要建立一个新"欧洲"，这种与维希政权的联系使这一"欧洲"整体思想在 1945 年多少受到一些玷污。战后法国政府首先想到并加以实施的政策不是与德国和解，而是彻底摧毁德国的力量。他们想分裂德国，剥夺鲁尔区的工业中心地位。在莫内的第一个计划中，并未言明的假设是法国可以利用德国的煤炭资源。

一直到法国以前的盟友明确表示不会支持对德国采取这种做法时，法国政府才惺惺作态，接受与德国的和解。既然法国无法摧毁德国，它就必须找到与之共存的方式。和平共处的代价是两国都会接受必须牺牲一定程度的国家主权。这是煤钢共同体的基础。即便是对任何形式的超国家主义都持怀疑态度的戴高乐，在 1958 年重新掌权时，也非常务实地接受并执行了《罗马条约》。后来，他把与德国和解作为其外交政策的核心内容之一。

1940 年与殖民地怀旧

1940 年的教训并非都指向一个方向。法国在致力于经济现代化的同时，也卷入了一系列代价巨大、颇有争议的殖民战争，首先是在印度支那（1947—1954），然后是在阿尔及利亚（1954—1962）。毫无疑问，1940 年的遗产使法国的非殖民化进程变得极其复杂。（而在英国，"殖民帝国"在国民意识中已经越来越令人忧虑，殖民地独立的创伤就要小得多。）1945 年后，对许多法国人来说，"帝国"是对 1940 年耻辱的一种补偿。它代表了法国宣称成为强国后所剩下的一切。早在 1938 年，慕尼黑会议之后，许多评论员就利用"法兰西殖民帝国"的概念来缓和法国威望所遭受的打击。

1940 年后，"法兰西殖民帝国"的重要性大大增加。这是维希政权的宝贵财富，证明法国虽然被德国占领了半壁江山，但仍然举足轻重。戴高乐也曾寄希望于"法兰西殖民帝国"，希望能从中得到支持。事实上，只有法属赤道非洲在 1940 年加了戴高乐阵营，但即便如此，戴高乐也总算在伦敦以外建立了基地。然后在 1943 年，一旦盟军从维希政权手中攻占了北非，戴高乐就能够在那里建立自己的政府。自由法国的全部壮举都与"帝国"密切相关。

很少有人相信，"法兰西殖民帝国"在经历了法兰西殖民战争的动乱之后还能保持原状。1945 年，关于将"帝国"彻底改变成所谓的"法兰西联邦"的讨论无休无止。1944 年，戴高乐发表《布拉柴维尔宣言》，发出了著名的改革呼吁。但所有这些改革都是为了找到方法，使殖民地人民与法国更紧密地拴在一起，从而维护"法兰西殖民帝国"的未来，而不是让其灭亡。1954 年，法军在奠边府（Dien Bien Phu）战役中被越南民族主义者击败，这一事件被视为奇耻大辱（而且，需要强调的一点是，保罗·雷诺是当时执政政府的成员）。在一些人看来，这次失败只会让法国更加迫切地不惜任何代价保住法属阿尔及利亚。阿尔及利亚是法国对 1940 年和 1954 年复仇的象征。

然而，到 20 世纪 50 年代中期，有越来越多的政治家开始质疑试图保住"法兰西殖民帝国"的可行性，左右两派的人皆有参与。对这些人来说，奠边府战役几乎是一种解脱，因为它结束了一场对这个国家来说耗资巨大的战争。由于印度支那战争，1952—1954 年间的军费开支占总预算的三分之一，在国民收入中所占的比例甚至高于 1938 年。法兰西殖民帝国非但没有增强和扩大法国的力量，反而在削弱法国的力量，并成为阻碍其经济现代化的障碍，而经济现代化才是真正实力的更好保障，这一点不是越来越清楚了吗？到 1954 年，这样的想法得到了足够广泛的认同，总理皮埃尔·孟戴斯·弗朗斯（Pierre Mendès France）在没有太多异议的情况下将法国从印度支那问题中解脱了出来。

1954 年，阿尔及利亚战争的爆发再次引发争论。从阿尔及利亚撤军比放弃印度支那更加令人痛苦。部分原因是，这块领土"严格说来"不是殖民地，而是法国的一部分，同时还有大量的欧洲移民。但阿尔及利亚最大的问题是军队，让我们再次回到 1940 年的"遗产"上来。这场战争微妙地影响了法国政府与其军队的关系。1945 年后，尽管 1918 年以后和平主义十分重要，但整体而言，军队不再被认为是国家政权的代表。福煦和贝当这样的人物曾是民族英雄，几乎是半人半神，军队的威望从未如此之高。1945 年后，虽然戴高乐在北非重新组建的法国军队在意大利战役中发挥了重要作用，但当时的英雄是抵抗运动。军队在战争中与政权是有一定脱节的。

　　战后在殖民地作战的那一批职业军人，有许多都是有过自由法国的冒险经历的，自由法国产生于对维希政府的反抗。因此，这些人被军队所同化，同时缺乏法国军队传统上那种对文职政府的尊重。远离法国的印度支那的连年征战使他们对国家的疏远感更加突出，他们确信政治家们让他们失望了。在两次世界大战之间的那些年里，军队的形象集中在"一战"中的那些法国步兵身上，他们是这个国家武装的代表；而在1945年后，军队的形象越来越集中在伞兵身上，他们是坚强的职业精英中的一员，鄙视平民的软弱。在这种情况下，不难看出在阿尔及利亚有多少士兵会觉得他们在反抗法国政府时，还会像戴高乐在1940年反抗政府时那样忠于真正的法国。

　　阿尔及利亚的军队曾两次违抗巴黎政府。第一次是在1958年5月，结果戴高乐重新掌权。第二次发生在1961年4月，是在戴高乐明显准备放弃阿尔及利亚的时候，军队反对戴高乐本人。戴高乐之所以能够最后安然度过危机，正是因为这些士兵与整个政府脱节，他们在阿尔及利亚对政府的反抗未能得到大多数普通士兵的支持。阿尔及利亚获得独立，也就是从那时起，戴高乐可以随心所欲地实现他更广泛的外交政策野心。值得注意的是，一旦戴高乐在1962年承认了阿尔及利亚的独立，法国似乎很快就适应了后殖民时代的存在。当然，这得益于20世纪60年代经济的快速增长，也得益于戴高乐在将现代化进程转变为一种史诗般的冒险时所用到的技巧。1960年6月，他对法国人民说："我们必须把我们的祖国——法国，改造成一个新的国家，它必须与时代结合起来……法国必须成为一个伟大的工业国家，否则我们就只能任由它衰落下去。"在许多关于这个主题的演讲中他从未明确提到过 1940 年，但这一信息已经足够清楚了。

今天再看 1940 年

20 世纪 60 年代，法国似乎终于把战败抛之脑后。但是，相对于对维希政权的过分关注，1940 年则很少被人提及，这可能代表着拒绝或不愿面对法国实力逐渐下降的现实（尽管取得了黄金三十年的辉煌）。这一点在戴高乐去世后的几年里变得更加明显。戴高乐主义一方面是要吸取 1940 年的教训；另一方面是要假装 1940 年没有发生，或者至少否认 1940 年对法国在世界上的地位有任何重大影响。法国可以而且必须仍然是"伟大的"（戴高乐最喜欢的词）。戴高乐可能自己也知道这是不可能的。有一次，他说他已经写好了"我们伟大法国的最后几页"。戴高乐把自己在战争期间的政策称为"虚张声势"，目的是为了迷惑盟国，好让他们盲目地认为法国比以前还要重要。这就是他在第五共和国时期自始至终一直在做的事情；而且，因为戴高乐是一个极其杰出的表演者，他做得非常成功。但戴高乐的障眼法不可能永远持续下去。戴高乐下台后，关于法国影响力的幻觉越来越难以维持下去，部分原因是 20 世纪 70 年代的经济危机导致经济增长的终结，部分原因是戴高乐的继任者缺乏他那样的号召力。20 世纪 80 年代，法国人的情绪变得非常悲观和冷漠。人们对法国身份所受到的威胁以及对全球化给法国文化"例外论"造成的危险感到非常痛苦。自 1983 年以来，法国右翼国民阵线的成功无疑要归功于这种环境下的文化悲观主义。国民阵线的吸引力在一定程度上是建立在防止想象中的法国民族颓废下去的虚华辞藻基础之上的。

那么，法国也许只是迟迟不敢正视 1940 年对法国在世界上的地位的全部影响。当然，本书试图反驳对第三共和国所做的一些关于法国沦陷的灾难主义式解释，也反驳了那种认为战败不可避免的观点。但毫无疑问，这次战败意味着世界力量的平衡在军事上从法国和欧洲转移出去。1940 年的战败也许是可以避免的，但法国实力的长期衰退却是不可避免的。如果这个结论是正确的，那么戴高乐主义从 1940 年战败中得出的结论就是相当不恰当的：它谴责一个在许多方面为法国服务良好的政权，但拒绝接受法国衰落背后的地缘政治现实。许多法国民众对法国现行政治体制明显不再抱有幻想，这表明戴高乐对国家的构想越来越没有吸引力。另一方面，人们可以提出相反的观点：虽然 1940 年的记忆给人们留下了创伤，虽然 20 世纪 80 年代存在略有夸张和肤浅的悲观情绪，但在第一次世界大战可怕的杀戮之后，20 世纪下半叶法国最显著的特点是它的生命力和革新能力、快速恢复能力以及文化的持续吸引力。

理解过去已经够难了，历史学家也应该审慎地理解现在，更不用说试图预测未来了。关于 1940 年影响的辩论无疑仍会继续，对历史学家们来说，下结论为时尚早。

延伸阅读指南

除非另有说明，所有法语书籍均在巴黎出版，英语书籍则在伦敦出版。如果有法语作品的英译本，我所援引的就是英译本。

一般研究

有关法国沦陷最全面的研究是 J.–L. 克雷米约–布里亚克（J.-L. Crémieux-Brilhac）写的《1940 年的法国人》（*Les Français de l'an 40*，1990）中的第一卷《要不要战争？》（*La Guerre oui ou non?*）和第二卷《工人和士兵》（*Ouvriers et soldats*）。他对下文几乎每个主题都有所涉及，并做了很重要的阐释。L. 梅西罗维奇（L. Mysyrowicz）写的《战败剖析：1940 年法国军事崩溃的起因》（*Autopsie d'une défaite: Les Origines de l'effondrement militaire français de 1940*，Lausanne，1973）也很有帮助，特别是其中关于 20 世纪 30 年代的那部分。

关于历史文献的概述，J. C. 凯恩斯（J. C. Cairns）在《美国历史评论》上发表的《重返法国之路，1940》（Along the Road Back to France, 1940，*American Historical Review*，64/3，1959：583-605）和在《近代史杂志》上发表的《一些近代历史学家和 1940 年的"奇怪的战败"》（Some Recent Historians and the "Strange Defeat" of 1940，*Journal of Modern History*，46，1974：60-85）给出了许多深刻的见解，并对当时的文献进行了概述；M. 亚历山大（M. Alexander）发表在《战略研究杂志》上的《法国的沦陷》（The Fall of France，*Journal of Strategic Studies*，13/1，1990：10-44）就目前而言是 1990 年所作的一篇极好的文献综述。

　　最近出版了一些关于 1940 年各个方面的文集，大多数较新的史学观点都可以从中找到：J. 布拉特（J. Blatt）编的《1940 年法国的战败：重新评估》（*The French Defeat of 1940: Reassessments*，Providence, R.I.，1998）；M. 瓦伊斯（M. Vaïsse）编的《1940.5—1940.6：外国史学家眼中的法国战败和德国胜利》（*Mai-juin 1940: Défaite française, victoire allemande, sous l'oeil des historiens étrangers*，2000）；C. 莱维瑟 – 图兹（C. Levisse-Touzé）编的《1940 年战役》（*La Campagne de 1940*，2001）；B. 邦德（B. Bond）和 M. 泰勒（M. Taylor）合编的《1940 年法兰西和佛兰德之战：六十年过去了》（*The Battle of France and Flanders 1940: Sixty Years on*，2001）。E. 梅（E. May）的《奇怪的胜利：希特勒征服法国》（*Strange Victory: Hitler's Conquest of France*，New York，2000）耐人寻味，这本书把修正主义写得淋漓尽致（如果不说登峰造极），德国方面写得尤其好。

　　战败后不久，一些有良好社会地位的见证者写了不少纪实历史作品。这些作品介于回忆录、历史和辩论文章之间，有很多内部消息和趣闻轶事，但显然在引用时必须谨慎：A. 莫洛亚（A. Maurois）的《法国为何沦陷》（*Why France Fell*，1940）、佩蒂纳克斯（安德烈·热罗）的《法国掘墓人：甘末林、达拉第和赖伐尔》（*The Gravediggers of France: Gamelin, Daladier, Reynaud and Laval*，New York，1944）、E. 博伊斯（E. Bois）的《法国灾难的真相》（*Truth on the Tragedy of France*，1941）、P. 拉扎雷夫（P. Lazareff）的《从慕尼黑到维希》（*De Munich à Vichy*，New York，1944）；P. 科特（P. Cot）的《叛国的胜利》（*Triumph of Treason*，New York，1944）。在同类作品中（仅在战后出现的）还有 M. 布洛赫的《奇怪的战败》（*Strange Defeat*，Eng. trans. New York，1968）。

日记和期刊

　　法国领导人物最有趣的两本日记是：P. 博杜安的《私人日记：1940.3—1941.1》（*Private Diaries: March 1940–January 1941*，1948）和 P. 德维勒鲁姆的《1939.8.23—1940.6.16 失败日记》（*Journal d'une défaite 23 août 1939-16 juin 1940*，1976）。他们都是停战派的主要成员，而且非常接近权力中心。1945 年后，博杜安可能篡改了他的日记。法国主要政治家的其他相当翔实的日记包括：J. 巴杜（J. Bardoux）的《第三个证人的日记：1939.9.1—1940.7.15》（*Journal d'un témoin de la troisième, 1 septembre 1939-15 juillet 1940*, 1957），J. 让纳内的《政治日记：1939.9—1942.7》（*Journal Politique: septembre 1939-juillet 1942*，1972）。让纳内的日记是由他的孙子、历史学家让－诺埃尔·让纳内（Jean-Noel Jeanneney）精心编辑的。A. 德·蒙齐的《以前》（*Ci-devant*，1941）给出了曾在达拉第和雷诺政府任职的一位亲意大利成员的意见。H. 克耶的《战争日记：1939.9.7—1940.6.8》（*Journal de guerre: 7 septembre 1939-8 juin 1940*，Limoges，1993）是另一位同样曾在两届政府任职的部长的日记，但他的评论非常简短。雷诺和达拉第在任职期间都没有写日记，但他们在占领期被囚禁时写了日记，这些日记包含了对 1940 年的许多思考。见 E. 达拉第的《监狱日记：1940—1945》（*Prison Journal 1940-1945*，Boulder, Colo.，1995）和 P. 雷诺的《战俘日记：1941—1945》（*Carnets de captivité, 1941-1945*，1997）。人们还可以从经济学家夏尔·里斯特的《变质的季节：战争和占领日记》（*Une Saison gâtée: Journal de guerre et de l'Occupation*，1983）中对假战争时期的氛围有相当的了解。魏刚的笔记虽然没有涉及战争本身，但也值得参考，以便深入了解他的思想。它们被结集出版为《魏刚将军的日记：1929—1935》（*Le Journal' du Général Weygand, 1929-1935*，Montpellier，1998），由 F. 盖尔顿（F. Guelton）编纂。

要了解那些从"底层"来描述事件的法语日记，见：J.-P. 萨特的《战争日记：假战争笔记，1939.11—1940.3》（*War Diaries: Notebooks from a Phoney War, November 1939-March 1940*，1984）、D. 巴洛尔（D. Barlone）的《一名法国军官的日记（1939.8.23—1940.10.1）》（*A French Officer's Diary, 23 August 1939-1 October 1940*，Cambridge，1942）、G. 萨杜尔的《战争日记（1939.9.2—1940.7.20）》（*Journal de guerre，2 septembre 1939-20 juillet 1940*，1994）、F. 格雷尼尔的《奇怪的战争日记（1939.9—1940.7）》（*Journal de la drôle de guerre, septembre 1939-juillet 1940*，1969）、G. 弗里德曼的《战争日记：1939—1940》（*Journal de guerre 1939- 1940*，1987）、R. 巴尔博（R. Balbaud）的《这场奇怪的战争：阿尔萨斯—洛林—比利时—敦刻尔克》（*Cette drôle de guerre: Alsace-Lorraine-Belgique-Dunkerque*，London，1941）。

在英国方面，有几位重要的军事和外交人物的日记写得非常坦率：B. 邦德编的《参谋长：中将亨利·波纳尔爵士的日记》（*Chief of Staff: The Diaries of Lieutenant-General Sir Henry Pownall*，1972）、R. 麦克劳德（R. MacLeod）和 D. 凯利（D. Kelly）编的《艾恩赛德日记：1937—1940》（*The Ironside Diaries, 1937-1940*，1962）、A. 丹切夫（A. Danchev）和 D. 托德曼（D. Todman）编的《陆军元帅艾伦布鲁克勋爵的战争日记》（*War Diaries of Field Marshal Lord Alanbrooke*，2001）、J. 哈维（J. Harvey）编的《奥利弗·哈维的外交日记：1937—1940》（*The Diplomatic Diaries of Oliver Harvey, 1937-1940*, 1970）、D. 迪尔克斯（D. Dilks）编的《外交部亚历山大卡多根爵士的日记：1938—1945》（*The Diaries of Sir Alexander Cadogan, O.M., 1938-1945*，1971）。

回忆录

多年来，雷诺写了三本回忆录。其中有一个版本是英文版的《激战1930—1945》（*In the Thick of the Fight 1930-1945*，1955）。魏刚在他回忆录的第三卷《被召回服役》（*Recalled to Service*，1952）讲述了他担任总司令的那段时期。正如人们料想的那样，书中表达了反英立场，并对共和国未能充分备战表示强烈批评。甘末林的三卷回忆录《服役》（*Servir*，1946—1947）都没有英文版。A. 博弗尔的《1940 年：法国的沦陷》（*The Fall of France*，1965）生动描述了一名年轻军官眼中的法国沦陷。J. 肖韦尔的《评论》（*Commentaire*，1971）叙述了一个年轻外交官所看到的事件。当然，法国的沦陷在戴高乐和丘吉尔的回忆录中也是很重要的部分。参见W. S. 丘吉尔的《第二次世界大战》（*The Second World War*）第二卷《他们最辉煌的岁月》（*Their Finest Hour*，1949）和 C. 戴高乐的《战争回忆录》（*War Memoirs*）第一卷《荣誉召唤》（*Call to Honour*，1955）。同类作品还有斯皮尔斯将军写的两卷回忆录《大灾难的原因》（*Assignment to Catastrophe*，1954）。这部作品的作者不仅是事件的中心人物，而且对这些事件的描述堪称文学杰作。

法国士兵写的两本耐人寻味的回忆录是 G. 福尔彻的《走向囚禁：一位法国农民的战争日记（1939—1945）》（*Marching to Captivity: The War Diaries of a French Peasant, 1939-1945*，1996）和 P.-A. 勒索尔的《1940.5—1940.6 的那段日子：记忆、见证、历史》（*Quelques jours de mai–juin 40: Mémoire, témoignage, histoire*，1992）。勒索尔的这本书结合了他自己在这一时期写的日记和信件以及他后来的记忆，对 1940 年作了非常灵性的描述。

传记

关于法国重要人物的传记写得最好的有：E. 德·雷奥的《爱德华·达拉第》（*Édouard Daladier*，1993）、P. 班克维茨（P. Bankwitz）的《马克西姆·魏刚和现代法国的军民关系》（*Maxime Weygand and Civil-Military Relations in Modern France*，Cambridge，Mass.，1967）、G. 舍伍德（G. Sherwood）的《乔治·曼德尔和第三共和国》（*Georges Mandel and the Third Republic*，Stanford, Calif.，1970）、P. 勒戈耶的《甘末林之谜》（*Le Mystère Gamelin*，1976）。有关甘末林的传记，另见 M. 亚历山大的《莫里斯·甘末林与法国战败》（*Maurice Gamelin and the Defeat of France*），收录于 B. 邦德（编）的《陨落之星：20 世纪军事灾难的 11 项研究》（*Stars: Eleven Studies of Twentieth Century Military Disasters*，1991：107-40）。还没有有关雷诺的传记。

关于英国重要人物的传记，参见：M. 吉尔伯特（M. Gilbert）的《最辉煌的岁月：温斯顿·S. 丘吉尔 1939—1941》（*Finest Hour: Winston S. Churchill 1939-1941*，1983）、J. 科尔维尔的《勇士：陆军元帅戈特子爵的一生》（*Man of Valour: The Life of Field Marshal the Viscount Gort*，1972）、M. 埃格勒蒙特（M. Egremont）的《两面旗之下：少将爱德华 斯皮尔斯爵士的一生》（*Under Two Flags: The Life of Major General Sir Edward Spears*，1997）。

两次世界大战间的法国政治

这一主题的历史文献有很多。J. 杰克逊（J. Jackson）的《法国：1940—1944 年的黑暗岁月》（*France: The Dark Years 1940-1944*，Oxford，2001）对两次世界大战之间的岁月作了概述。有关人民阵线的书，见 J. 杰克逊的《法国人民阵线：捍卫民主 1934—1938》（*The Popular Front in France: Defending Democracy 1934-1938*，Cambridge，1988）。关于在两次世界大战间出现的法国法西斯主义，见 K. 帕斯莫尔（K. Passmore）的《从自由主义到法西斯主义：法国一个省的右翼（1928—1939）》（*From Liberalism to Fascism: The Right in a French Province, 1928-1939*，Cambridge，1997）。R. 雷蒙（编写）的《政府首脑爱德华·达拉第》（*Édouard Daladier, chef de gouvernement*，1977）和《1938—1939 年的法国和法国人》（*La France et les Français en 1938-1939*，1978），后一本书包含了一次重要会议的会议记录，这些会议记录改变了我们对达拉第政府的看法，也因此改变了我们对第三共和国最后两年的看法。有关两次世界大战间的法国和平主义，N. 英格拉姆（N. Ingram）的《政治异议：1919—1939 年的法国和平主义》（*The Politics of Dissent: Pacifism in France 1919-1939*，Oxford，1991）虽然思考路径略显狭隘，但仍然是有帮助的。

两次世界大战间的外交政策和防御计划

J. 杜瓦斯（J. Doise）和 M. 瓦伊斯写的《1871—1991 年的外交与军事手段》（*Diplomatie et outil militaire 1871-1991*，1997）中的有关章节对此作了很好的概述。R. 道蒂（R. Doughty）的《安全的幻觉：法国 1919—

1940》（The Illusion of Security: France 1919–1940）也不例外，这篇文章收录于 W. 默里（W. Murray）等人编写的《战略的制定：统治者、国家和战争》（*The Making of Strategy: Rulers, States and War*，1994：466-97）。

最重要的"修正主义的"著作有：M. 亚历山大的《危难中的共和国：莫里斯·甘末林将军和法国防御策略》（*The Republic in Danger: General Maurice Gamelin and the Politics of French Defence*，Cambridge，1992）和 R. 扬的《指挥法国：1933—1940 年的法国外交政策与军事计划》（*In Command of France: French Foreign Policy and Military Planning, 1933–1940*，Cambridge, Mass.，1978）以及《法国和第二次世界大战的起因》（*France and the Origins of the Second World War*，New York，1996）。P. 杰克逊（P. Jackson）也以同样精神写了《法国和纳粹的威胁：1933—1939 年的情报与决策》（*France and the Nazi Menace: Intelligence and Policy-Making 1933–1939*，Oxford，2000），其范围比书名所暗示的还要广泛。

更多关于第三共和国晚期的负面观点来自：J.-B. 迪罗塞尔的《颓废（1932—1939）》（*La Décadence 1932–1939*，1979）、A. 亚当思韦特（A. Adamthwaite）的《法国和第二次世界大战的到来》（*France and the Coming of the Second World War*，1977）、N. 乔丹（N. Jordan）的《人民阵线和中欧：法国无能的困境》（*The Popular Front and Central Europe: The Dilemmas of French Impotence*，Cambridge，1992）。乔丹的观点更为简短的版本是他写的《周边地区的廉价战争：法国总参谋部、莱茵兰和捷克斯洛伐克》（The Cut-Price War on the Peripheries: The French General Staff, the Rhineland and Czechoslovakia），这篇文章收录于 R. 博伊斯（R. Boyce）和 E. 罗伯逊（E. Robertson）合编的《战争之路：第二次世界大战起因新论》（*Paths to War: New Essays on the Origins of the Second World War*，1989：128-66）。S. 舒克（S. Schuker）发表在《法国历史研究》上的《法国与 1936 年莱茵兰的再军事化》（France and the Remilitarization of the Rhineland, *French Historical Studies*，1986：299-338，1936）一文对两次世界大战间国际关系中所谓"转折点"作了重要论述。

关于苏联同盟的问题，见 J. 哈斯拉姆（J. Haslam）的《苏联与 1933—1939 年欧洲集体安全斗争》（*The Soviet Union and the Struggle for Collective Security in Europe 1933-1939*，1984）以及 P. 比福托（P. Buffotot）在《战略研究杂志》上发表的《法国统帅部与法苏同盟》（The French High Command and the Franco-Soviet Alliance，*Journal of Strategic Studies*，1982，546-60）。M. 卡利（M. Carley）在其《1939 年：从未有过的同盟和第二次世界大战的到来》（*1939: The Alliance that Never Was and the Coming of World War II*，1999）一书中提出的观点太过二元论，难以令人信服。

有关马其诺防线的作品，见 J. 休斯（J. Hughes）的《马其诺防线：20 世纪 20 年代法国军事准备策略》（*To the Maginot Line: The Politics of French Military Preparation in the 1920s*，Cambridge, Mass.，1971）和 M. 亚历山大的《保卫马其诺防线》（In Defence of the Maginot Line），后者收录在 R. 博伊斯（编写）的《1918—1940 年的法国外交与国防政策》（*French Foreign and Defence Policy 1918-1940*，1998，164-94）。

武装部队

要想总体研究法国武装部队，R. 道蒂的《1918—1940 年的法国武装部队》（The French Armed Forces 1918-1940）是不错的开始。这篇文章收录于 A. 米利特（A. Millett）和 W. 默里合编的《军事效能》第二卷《两次世界大战之间的岁月》（*Military Effectiveness, ii. The Interwar Years*，Boston，1988）。

关于法国在 20 世纪 30 年代的军事思想，见：R. 道蒂的《灾难的种子：1919—1939 年法国军事理论的发展》（*The Seeds of Disaster: The Development of French Army Doctrine 1919-1939*，Hamden, Conn.，1985）；H. 杜泰利（H. Dutailly）的《法国陆军的问题（1935—1939）》（*Les Problèmes de l'armée de terre française, 1935-1939*，1980）；J.R. 图尔努（J. R. Tournoux）的《最高指挥部：政府和北部及东部边境防御（1919—1939）》（*Haut-Commandement: Gouvernement et défense des frontières du*

Nord et de l'Est, 1919–1939, 1960）；B. 波森（B. Posen）的《军事理论的来源：法国、英国和德国》（*The Sources of Military Doctrine: France, Britain and Germany*，Ithaca，NY，1984）；R. 扬的《战败准备：两次世界大战间的法国战争理论》（Preparations for Defeat: French War Doctrine in the Inter-war Period），收录于《欧洲研究杂志》（*Journal of European Studies*，1972，155-72）；E. 基斯林（E. Kiesling）的《备战抗击希特勒：法国及军事计划的局限》（*Arming against Hitler: France and the Limits of Military Planning*，Lawrence, Kan.，1996）；E. 基斯林的《"东西没坏的话，那就别去修理它"：法国在战争之间的军事理论》（"If it ain't broke, don't fix it": French Military Doctrine between the Wars），发于《历史战争》第 3 期（*War in History*，3，1996，208-12）。

　　要评论戴高乐的贡献，见 B. 邦德和 M. 亚历山大的《利德尔·哈特和戴高乐：有限责任和移动防御理论》（Liddell Hart and de Gaulle: The Doctrines of Limited Liability and Mobile Defence），收录于 P. 帕雷特（P. Paret）编的《现代战略的制定者》（*Makers of Modern Strategy*，Princeton，1986，598-623）。

　　关于法国重整军备，见 R. 斯托尔菲（R. Stolfi）的《1940 年法国胜利的装备》（Equipment for Victory in France in 1940），发表于《历史》（*History*，1970，1-20）。R. 弗兰肯斯坦的《1935—1939 年法国重整军备的代价》（*Le Prix du réarmement français 1935–1939*，1982）揭示了法国由于出资重整军备而造成的紧张局势。关于坦克，最新的书是 G. 圣马丁（G. Saint-Martin）的《法国装甲部队，1940 年 5—6 月！风暴中的坦克》（*L'Armé blindée française, Mai–juin 1940! Les Blindés dans la tourmente*，1998）。

　　关于法国空军，见：P. 弗里登森（P. Fridenson）的《1935 年—1940 年 5 月，法国和英国面临的空中问题》（*La France et la Grande Bretagne face aux problèmes aériens 1935–mai 1940*，1976）、P. 费肯的《风暴中的空军》（*L'Armée de l'air dans la tourmente*，1997）、C. 克里斯蒂安娜（C. Christienne）的《1939 年 9 月—1940 年 6 月法国航空工业》（L'Industrie aéronautique française de septembre 1939 à juin 1940），收录于《文章和研究汇编 1974—1975》（*Receuil d'articles et d'études 1974-1975*，1977，142-65）、查尔斯·克里斯蒂安娜等人编写的《1928—1980 年的法国航空史：空军》（*Histoire de l'aviation française: L'armée de l'Air 1928-1980*，1981）。关于空军理论，见 R. 扬的《战略梦想：两次世界大战间的法国空军理论》（The Strategic Dream: French Air Doctrine in the Inter-War Period），发表于《当代史杂志》（*Journal of Contemporary History*，9/4，1974，57-76）。

法英关系

要了解大背景，见 J. C. 凯恩斯的《1919—1940 年寻找合适法国的店主之国》（A Nation of Shopkeepers in Search of a Suitable France 1919-1940），发表于《AHR 79》（1974，710-43）；P. M. H. 贝尔（P. M. H. Bell）的《1900—1940 年的法国和英国：结盟和疏远》（*France and Britain 1900-1940: Entente and Estrangement*，1996），收入第二次世界大战历史委员会编写的《1935—1939 年的法英关系》（*Les Relations franco-britanniques de 1935 à 1939*，1975）。

关于假战争期间盟国的关系，见第二次世界大战历史委员会编写的《奇怪战争中的法国和英国》合订本（*Français et Britanniques dans la drôle de guerre*，1979）；F. 贝达里达（F. Bédarida）在其《奇怪战争中的秘密策略：盟军最高委员会（1939.9—1940.4）》（*La Stratégie secrète de la drôle de guerre: Le Conseil suprême interallié septembre 1939-avril 1940*，1979）一书中，公布了假战争期间最高战争委员会的完整会议记录并作了优秀评论；D. 迪尔克斯（D. Dilks）的《暮光之战与法国的沦陷：1940 年的张伯伦和丘吉尔》（The Twilight War and the Fall of France: Chamberlain and Churchill in 1940）收录于他所编的《从权力中撤退》（*Retreat from Power*，1982，36-65）；R. A. C. 帕克（R.A.C. Parker）的《英国、法国和斯堪的纳维亚（1939—1940）》（Britain, France and Scandinavia, 1939-1940），发表于《历史》（*History*，1976，369-87）；D. 约翰逊（D. Johnson）的《1940 年的英国和法国》（Britain and France in 1940），发表于《英国皇家历史学会学报》（*Transactions of the Royal Historical Society*，1972，141-57）。

要了解直到战败时的法英关系，见 J. C. 凯恩斯的《大不列颠和法国的沦陷：盟国不和的研究》（Great Britain and the Fall of France: A Study in Allied Disunity），发表于《近代史杂志》（*Journal of Modern History*，27/4，1955：365-409）；P. M. H. 贝尔的《某种不测事件》（*A Certain Eventuality*，1974）；E. 盖茨的《事件的结束：英法同盟的瓦解（1939—1940）》（*The End of the Affair: The Collapse of the Anglo-French Alliance 1939-1940*，1981）。

假战争

F. 丰维埃尔 - 阿尔奎尔（F. Fonvielle-Alquier）的《法国与假战争》（*The French and the Phoney War*，1973）有点印象派，但英语著作中几乎没有其他选择；G. 罗西 - 兰迪（G. Rossi-Landi）的《奇怪的战争：法国政治生活（1939.9.2—1940.5.10）》（*La Drôle de guerre: La vie politique en France 2 septembre 1939-10 mai 1940*，1971）虽然狭隘但却有用；H.-J. 海姆塞特（H.-J. Heimsoeth）的《法兰西第三共和国的崩溃：奇怪战争时期的法国》（*Zusammenbruch der Dritten Französischen Republik: Frankreich während der "Drôle de guerre"*，Bonn，1990）可能是对假战争时期法国政治最好的全面研究。T. 伊姆利即将出版的《面对第二次世界大战：1938—1940 年英法两国的战略、政治和经济》（*Facing the Second World War: Strategy, Politics and Economics in Britain and France 1938-1940*，Oxford，2003.5）一书将大大加深我们对假战争的理解。他的一些结论我们可以在 T. 伊姆利的《法国与假战争（1939—1940）》（*France and the Phoney War 1939-1940*）一文中先睹为快，这篇文章收录于 R. 博伊斯所编的《法国外交与国防政策（1918—1940）（*French Foreign and Defence Policy 1918-1940*，1998：261-82）。关于盟军的军事计划，见 J. O. 理查森（J. O. Richardson）发表于《法国历史研究》（*French Historical Studies*，1973：130-56）中的《法国制定的盟军

进攻高加索计划》（French Plans for Allied Attacks on The Caucasus）一文。关于远征挪威，见 F. 凯尔索迪（F. Kersaudy）的《挪威 1940》（*Norway 1940*，1990）。（另见上一节所列的贝达里达和帕克的作品）

关于比利时的问题，见 B. 邦德的《英国、法国和比利时（1939—1940）》（*Britain, France and Belgium 1939-1940*，1990）；J. 万维尔肯胡伊森（J. Vanwelkenhuyzen）的《军队中立：奇怪战争期间比利时的军事政策》（*Neutralité armée: La Politique militaire de la Belgique pendant la Drôle de guerre*，Brussels，1979）；M.亚历山大的《1936—1940年法国总参谋部与中立的比利时的合作》（The French General Staff's Co-operation with Neutral Belgium, 1936–1940），发表于《战略研究杂志》（*Journal of Strategic Studies*，14/4，1991，413-27）。

德国

关于德国的计划，见 K. H. 弗里泽尔写的两卷《闪电战传奇：1940年法国战役》（*Blitzkrieg-Legende: Der Westfeldzug 1940*，Munich，1996）和 B.波森的《军事理论的来源：法国、英国和德国》（*The Sources of Military Doctrine: France, Britain and Germany*，Ithaca，NY，1984）。L. 戴顿（L. Deighton）的《闪电战：从希特勒的崛起到敦刻尔克的沦陷》（*Blitzkrieg: From the Rise of Hitler to the Fall of Dunkirk*，1979）极具可读性；R.L.迪纳多（R. L. Dinardo）的《机械化主宰还是军事过时？第二次世界大战中的马匹和德军》（*Mechanized Juggernaut or Military Anachronism? Horses and the German Army of World War II*，New York，1991）以全新的视角介绍了德国军队。要了解纳粹德国空军，见 W. 默里的《取胜之道：1933—1945年的纳粹德国空军》（*Strategy for Defeat: The Luftwaffe 1933–1945*，1983）。B. H. 利德尔·哈特写的《山的另一边》（*The Other Side of the Hill*，1951）是一本著名的书，书中德国将军讲述了他们那一边的故事。

战役

有关战役的过程，最具可读性的叙述是 A. 霍恩写的《战败：1940 年的法国》（*To Lose a Battle: France 1940*，1969）。J. 冈斯堡写的《分裂与征服：法国统帅部和法国的战败》（*Divided and Conquered: The French High Command and the Defeat of France*, Westport, Conn., 1979）是一部尖锐的"修正主义"的叙述。A. 古塔尔的《1940 年法国战役》（*La Guerre de 1940*，1958）至今仍是值得一读的杰出的开拓性研究。P. 洛科尔（P. Rocolle）写的两卷《1940 年战争》（*La Guerre de 1940*，1990）是最近法国出现的对这场战役写得最好的描述，但它所描述的战争更像是从上面来看的战争。对穿越色当描写最详细的是 R. 道蒂的《崩溃边缘：色当与法国的沦陷》（*The Breaking Point: Sedan and the Fall of France*，Hamden, Conn., 1990）。

关于 D 计划，见 D. 亚历山大（D. Alexander）的经典文章——《布雷达变体的影响》（The Repercussions of the Breda Variant），发表于《法国历史研究》（*French Historical Studies*，1973，459-88）。关于英国远征军的作用，见 L. 埃利斯（L.Ellis）的《1939—1940 年法国和佛兰德战争》（*The War in France and Flanders 1939-1940*，1953）。关于战败原因的一篇很有启发性的文章，见 B. 李（B.Lee）的《战略、武器和法国的崩溃》（Strategy, Arms and the Collapse of France），收录于 R. 兰霍恩（R.Langhorne）编的《第二次世界大战期间的外交和情报》（*Diplomacy and Intelligence during the Second World War*，1985，43-67）。

关于战士，见让·戴尔马（Jean Delmas）、保罗·德沃图尔（Paul Devautour）、艾瑞克·勒费尔（Eric Lefèvre）的《1940.5—1940.6：荣誉战士》（*Mai-juin 40: Les Combattants de l'honneur*，1980）；L. 梅努（L. Menu）的《废墟上的灯光：1940 年参战士兵昭雪》（*Lumières sur les ruines: les combattants de 1940 réhabilités*，1953）；M. 亚历山大的《"不喜欢战斗？"：1940 年法国的作战表现和法国沦陷的政治观点》（No Taste for the Fight?: French Combat Performance in 1940 and the Politics of the Fall of France'），收录于 P. 艾迪生（P. Addison）和 A. 考尔德（A. Calder）编写

的《杀戮时刻：西线士兵的战争经历（1939—1945）》（*Time to Kill: The Soldiers' Experience of War in the West 1939–1945*, 1997, 167-76）；J. 维达朗（J. Vidalenc）的《法国军队在法国战役中的 B 系列师》，发表于《军队历史杂志》第 4 期（*Revue historique des armées*，1980，106-26）。

1940 年的后果

A. 沙南（A. Shennan）的《1940 年法国的沦陷》（*The Fall of France 1940*，2000）是一篇关于法国沦陷后果的优秀论文。关于战俘的经历，见 C. 勒温（C. Lewin）的《法国战俘的回归、民族阵线的诞生与发展》（*Le Retour des prisonniers de guerre français, naissance et développement de la FNPG*，1997）。D. 雷诺兹（D. Reynolds）在《国际事务》（*International Affairs*，66/2，1990，325-50）上发表的《20 世纪的支点？》（"Fulcrum of the Twentieth Century？"）是一篇关于法国沦陷所造成的国际后果的耐人寻味的文章。

注释

序

1. R. MacLeod and D. Kelly, eds., *The Ironside Diaries*（1962），204.

2. L. Werth, *Trente jours*（1992 edn.），30.

3. A. Shennan, *The Fall of France*, 1940（2000），165-6.

4. R. West, *Black Lamb and Grey Falcon*（1941），ii. 510.

5. *Khrushchev Remembers*, i（1977 edn.），191.

6. *Fullness of Days*（1957），215.

7. *Flight to Arras*（Eng. trans. 1942）.

8. L. Tolstoy, *War and Peace*（OUP, 1983 edn.），1069.

第一章 "我们战败了"

1. J. Chauvel, *Commentaire: De Vienne à Alger*（1971），95-7.

2. W. S. Churchill, *The Second World War*, ii. *Their Finest Hour*（1949），40-4.

3. F. Delpla, *Les Papiers secrets du général Doumenc*（1939-1940），（1991），206.

4. P. le Goyet, *Le Mystère Gamelin*（1976）.

5. B1bis 是一款改进型坦克，防护装甲厚度由 40 毫米增加到 60 毫米，重量也由 25 吨增加到 31.5 吨。

6. 因为前两次计划——第三、第四计划的失败，这次计划被称为第五计划。

7. *Les événements survenus en France de 1933 à 1945*（1951-2），i; 67.

8. 事实上，"轻型"这个形容词现在就不恰当了，如果仍然称它们轻型机械化师，那是为了把它们与命名为 DMs 的摩洛哥师和命名为 DIMs 的摩托化步兵师区分开来。

9.　由于没有足够的索玛坦克，只有一半的轻型机械化师能装备这种索玛坦克，而另一半装备另一款中型坦克——哈奇开斯 H39。

10.　G. Saint-Martin, *L'Armée blindée française. Mai–juin 1940* (1998), 18, 35. E. Kiesling, *Arming against Hitler: France and the Limits of Military Planning* (1996), 162.

11.　R. Doughty, *The Breaking Point: Sedan and the Fall of France, 1940* (Hamdon, Conn.1990), 132.

12.　*The Halder Diaries,* iii (Washington, 1950), 75; E. May, *Strange Victory: Hitler's Conquest of France* (2000), 284.

13.　M. Gamelin, Servir (1946), ii. 128.

14.　M. Alexander, 'Prophet Without Honour? The French High Command and Pierre Taittinger's Report on the Ardennes Defences, March 1940', *War and Society,* 4:1 (1986), 53–77.

15.　Le Goyet, *Le Mystère,* 250.

16.　埃里希·霍普纳（Erich Hoepner）将军的第 16 装甲军团（第 3、第 4 装甲师）。

17.　第 1 师、第 2 师、第 10 师。

18.　肯普夫（Kempf）将军的第 6 师和孔岑（Kuntzen）将军的第 8 师。

19.　第 5 师、第 7 师（隆美尔）。

20.　May, *Strange Victory,* 419.

21.　B. H. Liddell Hart, *The Other Side of the Hill* (1951), 169。这位将军是布鲁门特里特（Blumentritt）。

22.　Doughty, *Breaking Point,* 100.

23.　Ibid. 155–6.

24.　A. Beaufre, *The Fall of France* (1967), 189.

25.　D. Richards and H. Saunders, *The Royal Air Force, 1939–1945,* i. *The Fight* at *Odds*（1953），120.

26. 有关这一点的例子，见下文第 177 页第 61 步兵师的命运。

27. A. Horne, *To Lose a Battle*（1969），301.

28. J. Minart, *P. C. Vincennes: Secteur 4*, ii（1945），148.

29. Beaufre, *The Fall*, 188. 当时的具体细节存在很大争议，一些作者对博弗尔的说法不屑一提，他们甚至声称甘末林在午饭前就走了。虽然博弗尔描述的细节想象力有些过于丰富，但经过仔细参照所有能找到的资料，似乎确实表明他当时在场。

30. M. Gamelin, *Servir iii, La Guerre*（*September 1939–19 Mai 1940*），iii.（1947），435.

第二章　靠不住的盟友

1. 见前文第 60 页。

2. M. Weygand, *Recalled to Service*（1952），59.

3. R. van Overstraeten, *Albert I–Léopold III: Vingt ans de politique militaire belge, 1920–1940*（1948），655–6.

4. R. Young, 'The Aftermath of Munich: The Course of French Diplomacy', *French Historical Studies*,（1973），305–22, 308.

5. J. C. Cairns, 'A Nation of Shopkeepers in Search of a Suitable France, 1919–1940', *American Historical Review*, 79（1974），710–43, 711, 713, 718, 722; B. Bond, *Britain, France and Belgium, 1939–1940*（1990），8; P. M. H. Bell, *France and Britain, 1900–1940: Entente and Estrangement*（1996），130.

6. Cairns, 'A Nation', 741; H. Nicolson, *Diaries and Letters 1939–1945*（1967），298–9；Bond, *Britain, France*, 14.

7. O. Bullitt, *For the President: Personal and Secret Correspondence between Franklin D. Roosevelt and William C. Bullitt*（1973），310（6 Feb. 1939）.

8. J. Zay, *Carnets secrets*（1942），53–4. 这位部长就是曼德尔。

注释

9. M. Carley, *The Alliance that Never Was and the Coming of World War II* (1999), 169.

10. G. Bonnet, *Défense de la paix, ii. Fin d'une Europe* (1948), 277.

11. J. Haslam, *The Soviet Union and the Struggle for Collective Security in Europe 1933-1939* (1984), 228.

12. M. Alexander, *The Republic in Danger: General Maurice Gamelin and the Politics of French Defence1935-1940* (1993), 303.

13. Ibid. 311.

14. *The Diplomatic Diaries of Oliver Harvey, 1937-1940*, ed. J. Harvey (1970), 329-30 (13Nov. 1939).

15. N. Jordan, *The Popular Front and Central Europe: The Dilemmas of French Impotence, 1918-1940* (1992), 297.

16. *Chief of Staff: The Diaries of Lieutenant-General Sir Henry Pownall*, ed. B. Bond (1972), 178 (以下简称 *Pownall Diaries*).

17. J. R. Colville, *Man of Valour: Field-Marshal Lord Gort* (1972), 177-8.

18. *Pownall Diaries*, 244 (12 Oct. 1939).

19. 英国本土防卫义勇军有三个师还不完整，而且又在后方。

20. *Ironside Diaries*, 77.

21. Colville, *Man of Valour*, 137-8; *War Diaries of Field Marshal Lord Alanbrooke*, ed. A.Danchev and D. Todman (2001), 7; *Pownall Diaries*, 249.

22. *Ironside Diaries*, 200; *Pownall Diaries*, 243; *War Diaries of Alanbrooke*, 4.

23. Cairns, 'A Nation', 739; D. Johnson, 'Britain and France in 1940', *Transactions of the Royal Historical Society* (1972), 141-57, 148-9.

24. Bullitt, *For the President*, 370 (3 Sept. 1939).

25. *The Diaries of Sir Alexander Cadogan, O.M., 1938-1945*, ed. D. Dilks(1971), 218.

26. *Ironside Diaries*, 173 (20 Dec. 1939).

27. *Ironside Diaries*, 215, 226; *Cadogan Diaries*, 262.

28. Letter to Hilda, 30/3/40; PRO/FO 800/312, Campbell to Halifax, 12 Feb. 1940; *Ironside Diaries*, 234–5.

29. P. Baudouin, *Private Diaries: March 1940-Jan. 1941*（1948）, 41.

30. PRO/FO 800/312, Campbell to Halifax, 29 Apr. 1940; F. F. Bédarida, *La Stratégie secrète de la drôle de guerre: Le Conseil suprême interallié, septembre 1939–avril 1940*（1979）, 526.

31. Bond, *Britain, France*, 67; *Pownall Diaries*, 323.

32. *Ironside Diaries*, 321; *Pownall Diaries*, 323–4.

33. G. Chapman, *Why France Collapsed*（1968）, 186.

34. E. L. Spears, *Assignment to Catastrophe*（1954）, i. 184.

35. *Pownall Diaries*, 333.

36. P. de Villelume, *Journal d'une défaite, 23 août 1939–16 juin 1940*（1976）, 350.

37. J. Vanwelkenhuyzen, *Pleins feux sur le désastre*（1995）, 304–5.

38. Bond, *Britain, France*, 92.

39. Delpla, *Papiers de Doumenc*, 278; Bond, *Britain, France*, 97 n. 28.

40. Baudouin, *Private Diaries*, 76; *Villelume, Journal*, 370; J. Cairns, 'The French View of Dunkirk' in B. Bond and M. Taylor（eds.）, *The Battle of France and Flanders 1940: Sixty Years on*（2001）, 87–109, 90.

41. Cairns, 'The French View', 95.

42. Baudouin, *Private Diaries*, 73.

43. Spears, *Assignment*, ii. 19, 171; *Churchill, Finest Hour*, 97.

第三章　失败的政治

1. A. Werth, *The Last Days of Paris*（1940）, 144–5.

2. P. Reynaud, *La France a sauvé l'Europe*（1947）, ii., 315.

3. Baudouin, *Private Diaries*, 47.

4. P. Reynaud, *In the Thick of the Fight 1930–1945*（1955）, 504.

5. R. Aron, *Histoire de Vichy* 1940–1944（1954）, 21.

6. P. Lazareff, *De Munich à Vichy*（1944）, 32–3.

7. C. Micaud, *The French Right and Nazi Germany 1933–39*（1943）, 120.

8. Zay, *Carnets secrets*, 58.

9. Harvey, *Diplomatic Diaries*, 223, 250.

10. Villelume, *Journal*, 42, 70, 74; J. Jeanneney, *Journal Politique: Septembre 1939–juillet 1942*（1972）, 23; Bullitt, *For the President*, 373（16 Sept. 1939）.

11. H. Nicolson, *Diaries and Letters 1939–1945*（1967）, 42.

12. PRO/FO 371/22913, Phipps to Halifax, 23 Oct. 1940.

13. P. Reynaud, *Finances de guerre*（1940）.

14. Harvey, *Diplomatic Diaries*, 342.

15. *The Ciano Diaries 1939–1943*（1945/6）, 238.

16. Villelume, *Journal*, 248（24 Mar. 1940）.

17. P. Reynaud, *Carnets de captivité*, 1941–1945（1997）, 72.

18. M. Alexander, "The Fall of France", *Journal of Strategic Studies*, 13/1（1990）, 10–44, 26.

19. H. Queuille, *Journal de guerre: 7 septembre 1939–8 juin 1940*（1993）, 281; A. de Monzie, *Ci-devant*（1941）, 214.

20. 见前文第 98 页。

21. Harvey, *Diplomatic Diaries*, 347（7 Apr. 1940）, 349（14 Apr. 1940）.

22. Villelume, *Journal*, 43（25 Sept. 1939）.

23. Baudouin, *Private Diaries*, 17.

24. 见前文第 101 页。

25. *"Le Journal" du général Weygand, 1929–1935,* ed. F. Guelton（1998）, 233, 303.

26. E. Gates, *The End of the Affair: The Collapse of the Anglo-French Alliance,*

1939–1940（1981），139.

27. Baudouin, *Private Diaries*, 57–8.

28. Bullitt, *For the President,* 434, 441.

29. A. Fabre Luce, *Journal de France, mars 1939–juillet 1940*（1940），313.

30. J. C. Cairns, "Great Britain and the Fall of France: A Study in Allied Disunity"，*Journal of Modern History*, 27/4（1955），365–409, 382.

31. Villelume, *Journal*, 403–4（11 June 1940）.

32. PRO/F0371/24310 C7125/65/17.

33. Baudouin, *Private Diaries*, 57, 79.

34. Spears, *Assignment*, ii., 148.

35. Spears, *Assignment*, ii., 229.

36. Ibid., ii. 222; Baudouin, *Private Diaries*, 108–9.

37. PRO/PREM 188/6, Spears to Churchill, 27 May 1940.

38. Bullitt, *For the President*, 452–4.

39. W. Shirer, The *Collapse of the Third Republic: An Inquiry into the Fall of France in 1940*（1969），813; A. Maurois, *Why France Fell*（1940），69.

第四章　战争中的法国人民

1. P. Pétain, *Discours aux Français*（1989），57–8.

2. G. Friedmann, *Journal de guerre 1939–1940*（1987），273, 305.

3. G. Sadoul, *Journal de guerre*（*2 septembre 1939–20 juillet 1940*）（1994 edn.），352.

4. Gamelin, *Servir*, iii. 425.

5. Bullitt, *For the President*, 368（8 Sept. 1940）; Sadoul, *Journal*, 44.

6. G. Folcher, *Marching to Captivity: The War Diaries of a French Peasant, 1939–1945*（1996），12, 36.

7. Friedmann, *Journal*, 40, 76–7.

8. H. Clout, *After the Ruins: Restoring the Countryside of Northern France after*

the Great War（1996），3, 19.

9.　J.-L. Crémieux-Brilhac, *Les Français de l'an 40*, i. *La Guerre oui ou non?*（1990），59；Bullitt, *For the President*, 368; PRO/F0371 22918, 2 Nov. 1939.

10.　佐阿夫兵团是殖民地兵团，但该团只由白人应征士兵组成。

11.　Roger Escarpit, *Carnets d'outre siècle*,（1989），232; J.-P. Sartre, *War Diaries: Notebooks from a Phoney War, November 1939–March 1940*（1984），222; Friedmann, *Journal*, 46, 谈到了生活在"petit milieu replié"（只关注自己的小圈子）中。

12.　Crémieux-Brilhac, *Les Français de l'an 40, ii. Ouvriers et soldats*（1990），527.

13.　Friedmann, *Journal*, 173（16 Feb. 1940）.

14.　Sartre, *War Diaries*, 46, 224–5; F. Grenier, *Journal de la drôle de guerre*（*septembre 1939–juillet 1940*）（1969），85–8; Sadoul, *Journal*, 84–7, 121.

15.　Crémieux-Brilhac, *Ouvriers et soldats*, 433.

16.　Facon, 135–6.

17.　J.-P. Sartre, *Carnets de la drôle de guerre: Septembre 1939–mars 1940*（1995），50–1（24 Sept. 1939）（萨特在假战争期间9、10月份的日记尚无英语版）; Folcher, *Marching*, 286; Sadoul, *Journal*, 101, 123, 139.

18.　H.-J. Heimsoeth, *Der Zusammenbruch der Dritten Französischen Republik: Frankreich während der 'Drôle de guerre'*（1990），339.

19.　Sartre, *War Diaries*, 356; Crémieux-Brilhac, *Ouvriers et soldats*, 518–21.

20.　本段及接下来六个段落中的分析主要借鉴了 E. Kiesling, *Arming against Hitler*。

21.　由于第一次世界大战的影响，出现了人口短缺的"空心年"，因而实行了更长的服役期。

22.　Kiesling, *Arming against Hitler*, 114.

23.　见前文第 52 页，以及后文第 209 页之后。

24. Paul-André Lesort, *Quelques jours de mai–juin 40: Mémoire, témoignage, histoire*（1992），105–6, 111.

25. C. Paillat, *Le Désastre de 1940, ii. La Guerre immobile*（1984），40, 327.

26. A. Bryant, *The Turn of the Tide 1939–1943*（1957），71.

27. Crémieux-Brilhac, *Ouvriers et soldats*, 545–6.

28. M. Alexander, "'No Taste for the Fight?': French Combat Performance in 1940 and the Politics of the Fall of France", in P. Addison and A. Calder（eds.）, *Time to Kill: The Soldiers' Experience of War in the West, 1939–1945*（1997），167–76, 166.

29. 见前文第 54 页。

30. Horne, *To Lose a Battle*, 248–9.

31. R. Balbaud, *Cette drôle de guerre: Alsace-Lorraine-Belgique-Dunkerque*（1941），49.

32. *Horne, To Lose a Battle*, 247.

33. Ibid. 250.

34. E. Ruby, *Sedan, terre d'épreuve*（1948），38.

35. Crémieux-Brilhac, *Ouvriers et soldats*, 585.

36. 见前文第 52—53 页。

37. Lesort, *Quelques jours*, 64, 84, 160–1.

38. Folcher, *Marching*, 82, 84, 73, 75.

39. 见前文第 44 页。

40. Balbaud, *Cette drôle de guerre*, 98.

41. Ibid. 48.

42. Folcher, *Marching*, 99, 101.

43. A. Shennan, *The Fall of France 1940*（2000），8.

44. N. Dombrowski, "Beyond The Battlefield: The Civilian Exodus of 1940", Ph.D. thesis（New York, 1995），166.

45. 对 1914 年战争暴行的回忆，见：J. Horne and A. Kramer, *German*

Atrocities, 1914（2001），375–410。

46. J.-J. Becker, 1914: *Comment les Français sont entrés dans la guerre*（1977），554.

47. Crémieux-Brilhac, *Ouvriers et soldats*, 635–43.

48. J.-J. Arzalier, "La Campagne de mai–juin1940: Les Pertes?", in C. Levisse-Touzé（ed.），*La Campagne de 1940*（2001），427–47. 例如，他减掉了死亡的约 1.5 万平民以及在关押期间死去的 3—4 万名战俘，尽管其中许多人可能是因为在战斗中受伤而死的。

49. *Documents on German Foreign Policy 1918-1945*, D, IX（1956），No. 317. 相反，希特勒在 6 月 16 日确实也对胡安·维贡（Juan Vigon）将军说过，1940 年的英法两国士兵比 1914 年时的士兵更糟。另请注意当时德国人对法国士兵的作战表现给出的正面评价，见：Heimsoeth, *Der Zusammenbruch*, 11 n. 6.

50. PRO/FO371/ 24311 C7451/65/17.

第五章　原因和假设

1. B. Lyon, "Marc Bloch: Did He Repudiate *Annales* History?", *Journal of Medieval History*, 11（1985），181–91, 187–9.

2. R. de Aylana and P. Braudel, *Les Ambitions de l'histoire*（1997），12; F. Braudel, "Personal Testimony", *Journal of Modern History*, 44/4（1972），448–67, 454.

3. M. Alexander, "The French View", in Bond and Taylor, *The Battle of France*, 181–205, 194.

4. Horne, *To Lose a Battle*, 29, 59.

5. J. C. Cairns, 'Some Recent Historians and the "Strange Defeat" of 1940', *Journal of Modern History*, 46（1974），60–85, 81.

6. Saint-Martin, *L'Armée blindée*, p. xviii.

7. S. Berstein, *La France des années 30*（1993），169.

8. G.-H. Soutou, "Introduction", in Levisse-Touzé（ed.）, *La Campagne*, 21–37, 21.

9. P. Vidal-Naquet, *Les Juifs, la mémoire et le présent*（1991）, 87.

10. Becker, 1914.

11. J. B. Duroselle, *L'Abîme*, 1939–1945（1982）, 51.

12. 关于戈特和朗勒扎克，见：E. L. Spears, *Liaison 1914: A Narrative of the Great Retreat*（1930）。

13. *War Begins at Home* by Mass Observation, edited and arranged by Tom Harrison and Charles Madge（1940）, 80–100.

14. S. Nicholas, *The Echo of War: Home Front Propaganda and the Wartime BBC 1939–1945*（1996）, 31–54.

15. I. McLaine, *Ministry of Morale: Home Front Morale and the Ministry of Information in World War II*（1972）, 42.

16. *War Begins at Home*, 177, 183; *The Diary of Beatrice Webb*, iv. 1924–1943（1985）, 443.

17. R. Griffiths, *Patriotism Perverted: Captain Ramsay, the Right Club and British Antisemitism 1939–1940*（1998）, 34–65.

18. *Cadogan Diaries*, 220.

19. C. King, *With Malice Towards None. A War Diary*（1970）; J. Mearsheimer, *Liddell Hart and the Weight of History*（1988）, 154–6.

20. Nicolson, *Diaries 1939–1945*, 44–5.

21. King, *With Malice Towards None*, 14.

22. M. Gilbert, *Finest Hour: Winston S. Churchill 1939–1941*（1983）, 190.

23. "Édouard Daladier: La Conduite de la guerre et les prémices de la défaite", *Historical Reflections/Reflexions Historiques*, 22/1（1996）, 91–115, 102.

24. D. Thorpe, *Alec Douglas Home*（1996）, 102; *Chips: The Diaries of Sir Henry Channon*, ed. R. Rhodes James（1967）, 249–50; J. Colville, *The*

Fringes of Power: Downing Street Diaries（1985）, 141; K. Jefferys, *The Churchill Coalition and Wartime Politics 1940–1945*（1991）, 48.

25. *Cadogan Diaries*, 287.

26. 关于这场辩论最有见地的讨论有：D. Reynolds, "Churchill and the British Decision to Fight on in 1940: Right Policy Wrong Reasons", in R. Langhorne, *Diplomacy and Intelligence during the Second World War*（1985）, 147–67; and Reynolds, "Churchill the Appeaser? Between Hitler, Roosevelt and Stalin in World War Two" in M. Dockrill and B. McKercher（eds.）, *Diplomacy and World Power: Studies in British Foreign Policy, 1890–1950*（1996）, 197–220。

27. *The Second World War Diary of Hugh Dalton*, ed. B. Pimlott（1986）.

28. Reynolds, "Churchill and the Decision to Fight on", 149.

29. King, *With Malice Towards None*, 55.

30. A. J. Sylvester, *Life with Lloyd George: The Diary of A. J. Sylvester*（1975）, 281; T.Munch-Petersen, ' "Common Sense not Bravado" : The Butler-Prytz Interview of 17 June 1940 ', *Scandia*, 52/1（1986）, 73–114.

31. *Cadogan Diaries*, 80（2 July 1940）; C. Ponting, 1940: *Myth and Reality*（1990）, 116–17; A.Roberts, *The Holy Fox: A Biography of Lord Halifax*（1991）, 250.

32. Roberts, *The Holy Fox*, 186.

33. D. French, *Raising Churchill's Army: The British Army and the War against Germany, 1919–1945*（2000）, 122, 126, 177.

34. PRO/FO 371 24310/C5767（15 Apr.）; PRO/FO 800/312（1 May）.

35. Jordan, *The Popular Front*, 5.

36. P. Jackson, "Intelligence and the End of Appeasement", in R. Boyce（ed.）, *French Foreign and Defence Policy, 1918–1940*（1998）, 234–60, 252.

37. *Ironside Diaries*, 313.

38. K.-H. Frieser, *Blitzkrieg-Legende: Der Westfeldzug 1940*, 2 vols.（1996）. 他

的论点更为概括的是'La Légende de la "Blitzkrieg"', in M. Vaïsse（ed.），
*Mai–juin 1940 Défaite française, victoire allemande, sous l'oeil des historiens
étrangers*（2000），75–86.

39. W. Shirer, *Berlin Diary: The Journal of a Foreign Correspondent 1934–1941*
（1941），152, 162; R. Overy and A. Wheatcroft, *The Road to War*（1989），
60; W. Diest et al., *Germany and the Second World War, i*（1990），120–1.

40. May, *Strange Victory*, 368.

41. Vanwelkenhuyzen, *Pleins feux*, 87.

42. Balbaud, *Drôle de guerre*, 96.

43. French, *Raising Churchill's Army*, 178.

44. R. Prioux, *Souvenirs de guerre*（1947），86–96.

45. Alan Brooke, *War Diaries*, 68.

46. M. Howard, *The Franco-Prussian War: The German Invasion of France,
1870–1871*（1961），1.

47. H. Dutailly, *Les Problèmes de l'armée de terre française*（1980），180.

48. *'Le Journal' du Général Weygand*, 65.

49. R. Aron, Memoirs: *Fifty Years of Political Reflection*（1990），106–7.

第六章　影　响

1. P. Péan, *Une Jeunesse française, François Mitterrand, 1934–1947*（1994），
113.

2. F. Mitterrand, *L'Abeille et l'architecte*（1978），281.

3. S. Hoffmann, "The Trauma of 1940" in J. Blatt（ed.），*The French Defeat
of 1940: Reassessments*（1998），354–70, 356.

4. C. Lewin, *Le Retour des prisonniers de guerre français, naissance et
développement de la FNPG*（1997），91, 295 n. 126, n. 129.

5. C. Rist, *Une Saison gatée: Journal de guerre et de l'Occupation*（1983），165.

6. Heimsoeth, *Der Zusammenbruch*, 19 n. 32.

7. L. Blum, *For all Mankind*（1946）, 24–5.

8. D. Reynolds, "Fulcrum of the Twentieth Century?", *International Affairs,* 66/2（1990）, 325–50. 这一部分在很大程度上得益于雷诺兹的分析。

9. Overy and Wheatcroft, *Road to War*, 179.

10. A. Best, *Britain, Japan and Pearl Harbor: Avoiding War in East Asia*（1995）.

11. M. Dockrill, *British Establishment Perspectives on France 1936–1940*（1999）, 157.

12. Reynolds, "Fulcrum", 22; D. Reynolds, *The Creation of the Anglo-American Alliance 1937–1941*（1981）, 101.

13. Shennan, *Fall of France*, 78.

14. Ibid. 165.

15. E. Roussel, *Charles de Gaulle*（2002）, 364–5.

16. M. Borden, *Journey Down a Blind Alley*（1946）, 113–15.

17. G. Hecht, *The Radiance of France: Nuclear Power and National Identity after 1945*（1998）, 232.

18. Shennan, *Fall of France*, 166.